大国运势 2050

王鸿刚——著

中信出版集团 | 北京

图书在版编目（CIP）数据

大国运势 2050 / 王鸿刚著 . -- 北京 : 中信出版社，
2021.6

ISBN 978-7-5217-2999-3

Ⅰ . ①大… Ⅱ . ①王… Ⅲ . ①国际关系 Ⅳ . ① D8

中国版本图书馆 CIP 数据核字（2021）第 053860 号

大国运势 2050

著　　者：王鸿刚
出版发行：中信出版集团股份有限公司
（北京市朝阳区惠新东街甲 4 号富盛大厦 2 座　邮编　100029）
承 印 者：三河市中晟雅豪印务有限公司

开　　本：880mm × 1230mm　1/32　　印　　张：10.75　　字　　数：244 千字
版　　次：2021 年 6 月第 1 版　　印　　次：2021 年 6 月第 1 次印刷
书　　号：ISBN 978-7-5217-2999-3
定　　价：69.00 元

目　录

前　言

在 21 世纪的头 20 年里，从各项指标综合来看，美国仍然是世界上最强大的国家。这是一个客观现实。可是，大家也普遍感觉到美国有问题，而且这个问题不是小问题，而是大问题，是很严重的问题，是可能关涉到美国前途命运的问题。正是基于“美国有问题”的心态，人们对美国内部乱象的关注，以及对美国衰落的讨论，自 21 世纪以来就一直不断，到了特朗普时代，这种讨论和批评就更多了。

眼见着美国在“9 · 11”事件后出现“过激反应”，因同时发动两场战争而严重消耗国家元气，眼见着美国在爆发百年未遇的 2008 年金融危机之后，政治极化、社会分化和经济虚假繁荣愈演愈烈，眼见着美国以穷凶极恶之势发动贸易战，对后发国家疯狂打压，又在应对新冠疫情的过程中漏洞百出，无论是中国人还是其他各国的人们，都忍不住要问：美国怎么了？美国的问题到底出在哪儿？如何从更具历史性和结构化的视野来看待这些问题？这些问题将在未来几十年里如何发展，将如何影响美国的前途命运，又将对整个世界局势、中国的民族复兴大业和中美关系带来哪些影响？

这正是本书努力做出回答的核心问题。

可以说，在百年变局加速展开，中美博弈日渐升级，中国“第一个百年”顺利收官、“第二个百年”历史征程循序展开的特殊历史时刻，对美国的前途命运以及由此带来的世界巨变进行长时段、前瞻性的思考，无疑是具有重大意义的。对中国而言，“美国因素”是我们在内政外交各个领域都绕不开的重大问题，尤其是当我们面对美国的咄咄逼人和中美关系的颠簸震荡时，我们更是要把美国的实力地位和前途命运搞清楚。

要搞清楚这样一个事关我们民族复兴全局的重大问题，指导这一研究的理论、立场和方法论就显得特别重要。理论选对了，立场站对了，方法论用对了，才有可能得出正确的结论。否则，便只能在别人设定的话语体系内打转转，要么是怎么绕也绕不出来，要么是绕出来之后也只能得出让自己“理亏”的结论。因此，大家眼前所见的这本书，在理论和方法论的选择上是颇费了些心思的。从马克思所说的“世界历史”的开启讲起，借鉴沃勒斯坦、阿瑞基（又译阿瑞吉）等人的“世界体系论”，力争用几百年的时间坐标，去归纳总结主导国的兴衰规律以及这一规律如何作用于美国，并隐含地推导出中国的前途命运和时代责任，是本书在理论和方法论方面的鲜明特色。

本书值得一提的研究结论或者说核心观点，主要有五个。

一是考察了主导国兴衰的历史规律，从理论上阐明了主导国兴盛的动力学和走向衰败的必然性。这是本书第一、第二和第三章要解决的问题。在中外学术界，对大国兴衰进行解释的研究已经很多了，研究者分成各门各派，各有侧重。本书的贡献是对这些不同流派的思想进行综合，并以一种更加结构化的方式将历史规律明确呈现出来。这样做的目的，一方面是便于读者从卷帙浩繁的历史记述中快速获得一些可以直接取用的论断，另一方面是为接下来对美国的分析提供框架和指标。与西方学术传统中比较强调“崛起国”对“守成国”进行挑战从而引发大国兴衰的传统解释路径不同，本书认为，引起主导国兴衰的乃是主导国内部发生的变化、主导国与外部世界的“大交换”，以及主导国在整个世界现代化进程中的历史方位。通俗点儿说，这部分的核心观点是：一个大国把自己的事情做好了，通过几种重大创新把自己搞得更先进了，并辅以其他各种机缘，它就有可能成为国际体系中的主导国，并带着整个国际体系和其他各国一起往前走，而主导国是从中获益最多的；待到它墨守成规、拘于现状、不再先进，它就逐渐被“大交换”掏空，它的内部短板就会充分暴露，国际体系就会陷入紊乱，它就失去了主导国的资质，其他更先进的国家就会崛起成为新的主导国。过去几百年来，世界现代化进程始终是在主要大国的“比学赶超”过程中不断向前演进的。

二是从经济的角度观察了美国的实力地位与前途命运。这是本书第四、第五和第六章的主要内容。重点选取了三个指标：技术创新、模式创新（即美国的跨国公司模式）和政策选择（即美国的保护主义措施）。这是基于前文设定的分析框架做出的选择。为了让本书的分析论断看起来更加可信，在对技术创新、跨国公司和保护主义这三个问题进行阐释时，笔者遵循了马克思所倡导的要彻底探寻事物的“历史起源”和“逻辑根源”的研究方法，花了不少工夫去讲历史。笔者相信，如果对未来 30 年的判断能深深地根植于过去几百年的美国历史和世界历史，那么我们得出的结论将是比较可信的。这一部分的研究发现是：长期以来美国的技术创新能力一直很强，那是因为其与国家的工业现代化进程相辅相成；如今，美国工业体系的历史沉淀包袱沉重，要将技术创新成果全面应用于工业体系是很难的，因此未来的美国可能将长期处于“脑带”和“锈带”并存的状况；跨国公司在帮助美国维系国际经济体系主导权的同时，也慢慢“掏空”了美国，导致美国国内就业减少、资本外流和技术扩散，侵蚀了美国国际主导权的根基；保护主义政策的实施，将进一步弱化美国对国际经济体系的掌控，加速其国际主导权的丧失。

三是从政治的角度去探寻美国国家治理体系的基因缺陷和体制短板。这是本书第七和第八章的主要内容。基于现代国家的治理方略要求，笔者并不认为美国的分权制衡民主始终是一种先进的制度形态，而是将其视为与资本主义自由竞争阶段相匹配的政治权力安排。本书认为，与曾经的国际体系主导国荷兰一样，美国的政治体制打下的也是分权的“底子”，正是这种分权的“底子”为荷兰的衰败埋下了伏笔。对美国而言，在国家快速兴起阶段和日益走向垄断的情况下，对分权体制进行改进，以适应现代国家成长的内在要求，到“新政”阶段算是初步确立现代国家治理体系，并在其后几十年中不断加以完善。但是，分权的“底子”总是在发挥作用，使美国的现代国家体系无法达到最优状态，这成为美国的重大基因缺陷和体制短板。当国家走下坡路的时候，不同集团各自为政、强化分权的冲动进一步上升，分权体制的破坏性会日益显露出来。同时，与分权相伴相生的政治合法性不足问题，也成为美国维系主导国地位的内部羁绊。

四是从社会的角度去探寻美国内在不稳定的机理及其对美国运势的影响。这是本书第九章的主要内容。人民群众是历史的创造者，一个国家的民众能否团结一致，能否对决策者倡导的各项政策给予强有力的支持，将从根本上决定这个国家的气象和运势。对美国而言，社会的稳定有序更是其主导国地位的重要支撑，若是社会不稳，不仅其国内治理成本显著上升，而且其作为国际体系主导国的全球信誉也将不复存在。不幸的是，在过去近半个世纪里，美国的社会矛盾持续上升，社会稳定性不断下降，尤其是在 21 世纪以来的 20 年里，美国的社会矛盾更是呈加速升级态势。这既与美国固有的种族对立的历史有关，也是去工业化带来的必然结果，并将与美国国际地位的衰落形成深度互动。

五是总结构建出有关“世界危机”的理论论述，详细探讨了过去几百年来每一轮世界危机的爆发与出清过程及其与主导国兴衰的关系，并落脚到当前正在展开的新一轮世界危机将如何影响美国和中国。这是本书第十、第十一、第十二和第十三章的主要内容。2018 年 5 月，笔者曾发表过一篇题为《新时代我们迫切需要一些重大理论创新》的短文，其中提到，中国理论界和战略界应构建出中国版本的“世界危机理论”“民族复兴理论”“大国竞争理论”“海外行动理论”“新型意识形态理论”，以适应未来 30 年的战略需要。在笔者的其他一些作品中，已对大国竞争、意识形态等问题从理论层面有所论述，此处则花一些工夫完成了对“世界危机理论”的构建。这一部分既可单独成篇，名曰“有关世界危机的理论、历史、现状和未来”，也可被视为对本书第一篇所论主导国兴衰规律的一种补充和拓展。这一部分的主要理论基础是马克思主义的“资本剩余”理论，同时适当借鉴吸收了其他各家理论成果，并辅以大量历史进行说明。这一部分的核心观点是：当前正处于新一轮世界危机之中，各种矛盾会集中爆发，美国的主导地位越来越不稳固，美国为维系主导国地位会释放出更多破坏性能量，世界将很不太平，而国际体系的深刻重塑与主导国的新老更替，很可能在未来几十年内发生。

相对于目前在自媒体上常见的关于美国的一些表象性、片段性、臆测性甚至情绪性的分析评论，笔者希望能把对美国运势的研究做得更理论一些、更历史一些、更客观一些、更辩证一些、更长远一些，以便使这一研究跳出目前各类的话语陷阱，具有更大的自主性和可信度，能基于历史规律的确定性对一些重大问题做出更有底气和信心的判断，并且让研究得出的结论既符合历史规律和客观现实，也符合未来30年中国实现民族复兴的战略需要，从而使本书成为一项为中国说话、为中国谋划，体现中国视角、中国特色和中国情怀的研究成果。当然，这只是笔者的愿望，至于研究能力上能否做到这一点，笔者也是心中惴惴，还请各位读者多多批评指正。

第一篇 主导型国家的兴衰规律

导读

本篇是为大家理解主导型国家的兴衰提供一些背景性的知识，并通过对历史上主导型国家的兴衰轨迹分析，抽取出一些历史规律和考察指标，从而为后文对美国运势的分析提供必要的依据。本篇共有三章。第一章的主要任务，是完成关于历史背景、相关的概念、理论和研究方法等方面的准备性工作。第二章通过对荷兰与英国两个主导国的兴起、主导和衰败的三阶段考察，总结出主导国兴衰的基本动力学，并为后文的涉美分析确定若干分析指标。第三章把镜头拉得更深远些，力争置身于4万米高空，徜徉于500年历史长河，提炼出一些有关现代国家兴衰演进的深层次规律。

而后，把这些规律用在西班牙、葡萄牙、法国、德国、日本、苏联等国身上，看看它们为什么没能成为主导型国家，到底是差在哪儿了。第三章的最后，是把本书的研究对象（美国）正式介绍登场。

第一章　世界现代化大潮中的主导型国家

本书的目的，是对 21 世纪中叶以前的美国运势进行展望。这个题目很大、很复杂，方方面面的论述也已有很多。为了让读者能对这一研究主题的历史背景有大概了解，懂得本书使用的一些基本概念的确切含义，为了保证本书对美国运势这一问题能有比较周延的阐释，同时避免使本书沦为既有研究成果的重复论述，或者成为一系列“感性杂多”的简单堆砌，以至让大家读完之后感觉是在浪费时间甚至更添困惑，本书有必要先对历史背景、概念、理论和方法等问题做一下简要说明。这便是本章的任务。

社会科学领域的各种研究，无论是经院式的研究还是经世致用的政策研究，大都是人类理性思维的天然结构以及长期沉淀下来的哲学方法在某一具体专业学科和具体议题上的运用与体现。上述提及的这些准备性工作，是人类认识外部世界不可缺少的要件和不可逾越的过程。任何对象都不可能高深到无法理解的程度，或者独特到不可通约的地步。只要有相应的背景支撑、概念支撑、理论支撑和方法支撑（当然还包括证据支撑），任何对象都是可研究的。而且，也只有循着这些基本的研究要求，我们才有可能科学地认识世界和改造世界。对于美国的兴衰运势这一重大复杂问题，只要我们运用合适的理论和方法，便也能用一本书的篇幅说明白，并得出比较确信的论断。本章以下各节就是为说明白这个问题提供必要的背景支撑、概念支撑、理论支撑和方法支撑。

世界历史的开启与世界现代化浪潮

这一节的目的，是为理解这一问题提供必要的背景支撑。核心知识点有两个：一是关于“世界历史”的含义，二是关于“世界现代化”的含义。

不同大陆上的不同人种，在身体构造上有着神奇的相似性。这让人们坚定地相信，他们一定在很早的时候曾有过某种联系。此后，或许由于气候变冷，海平面下降，大陆桥露出，他们得以徒步穿行到不同大陆；或许由于气候变暖，海平面上升，部分陆地被淹没，一块地区被硬生生分作两块，或者是其他什么原因切断了他们的最初联系。在 500 多年前地理大发现之前的漫长岁月里，人类分散在地球的各个角落，彼此不知其他人种、族群或文明的存在，或者知之有限，很少往来。

在 500 多年前的地理大发现前后，欧亚大陆上存在着奥斯曼帝国、萨非帝国和莫卧儿帝国三大各领风骚的政治力量，它们作为伊斯兰世界的三大帝国，其风头远远盖过欧洲的基督教世界。[1] 在非洲，主要由加纳帝国、马里帝国和桑海帝国先后统治着。[2] 在东亚，则以中国为核心组成了一个强大、固定且封闭的朝贡体系。至于美洲，当哥伦布“发现”它时，它仍处于相当封闭和落后的阶段。澳大利亚更是一个长期与世隔绝和严重落后的大陆。全球范围内的这几大文明或者说人群之间，尤其是几个帝国之间，即便彼此之间偶有活动区域的重叠或边界地带的冲突，或者一部分财政收入来自对外贸易，甚或有时蓄意发动对外侵略和扩张，就其封建主义的经济政治属性而言，它们仍然是内向型的。

地理大发现堪称人类历史长河中的重大标志性事件。人类从此进入了全球交往的全新时期，彻底改变了人类的存在方式和世界整体面貌。

这并不是说地理大发现之前世界各地区的人们毫无交往，也不是说是哥伦布这个人有能力改变世界。它确切的意思是说，这是一个标志，标志着人类社会在生产力有一定发展的基础上，终于有一部分人开始寻求打破地理的局限，探索更大的发展空间，结果一下子触发了世界深刻巨变的按钮。地理大发现启动了“哥伦布大交换”：蚯蚓与老鼠等小动物，细菌和病毒，还有玉米、烟草、番薯、棉花等农作物，得以从一个大陆“交换”到另一个大陆。对此，作家克罗斯比撰写的《哥伦布大交换：1492 年以后的生物影响和文化冲击》一书，以及曼恩撰写的姊妹篇著作《1491：前哥伦布时代美洲启示录》和《1493：物种大交换开创的世界史》，都进行了很好的描述。[3]“哥伦布大交换”改变了自然界的面貌，改变了人们的食物结构，改变了人口规模，更标志着人类社会进入“世界历史”的新阶段。

“世界历史”这一提法，是马克思主义学说的重要概念之一。在 1845—1846 年所写的《德意志意识形态》中，马克思首次提出“世界历史”的概念。此后在《共产党宣言》《资本论》中又做了进一步阐释；在晚年的《人类学宣言》与《历史学笔记》写作中，马克思仍在就世界历史的动力机制、发展趋势和未来结果进行探索。在马克思主义者看来，此前的人类社会的历史，只能说是各个相互割裂的部分单独发展的历史，而“世界历史”的开启，在空间上把各地的人们联系起来，推动人类社会的所有成员进入了深度联系、普遍交往、激烈碰撞、共同演进的新阶段。不仅在自然界发生着被称作“哥伦布大交换”的动植物的陆际转移，而且商品、资本、人员以及所有与人类生产生活有关的要素也都统统进入了全球交换的大循环中。人类社会的各个部分再也分不开了。

世界历史开启后的结果，是造就了世界范围内的大规模现代化进程，我们可以将它称作“世界现代化”。按照最为质朴的理解，所谓“世界现代化”，就是与以前相比，世界在各个层面都变得更先进了。短短几百年间，几次工业革命就创造出比以往所有时代加在一起还多得多的财富，人类从自然界中汲取能量，并将其转化为自身福利，这种本领是此前根本无法比的，而且这种努力是在广泛的国际分工中完成的。世界上的绝大部分人终于得以从千百年来的土地束缚、人身依附和等级压迫中解放出来，获得了至少是形式上的自由和平等。人类开发和生产出来的物质产品相当丰富，如果得到恰当分配，人类根本不必愁吃愁穿愁用。除了少数地区尚存在争议和摩擦，世界上几乎所有地方都建立起现代民族国家，按照一些具有深层共通性的政治智慧，对其边界之内的各种事务进行管理。国家和国家之间的关系，也在长期的磨合中（这种磨合既包括异常激烈的竞争，也包括不可回避的合作）

逐步探索出一些普遍信奉的理念和有义务共同遵守的原则，比如主权独立的观念、各国平等（至少是形式上的平等）以及和平共处的概念。

不过，也不能认为世界现代化进程现在已经到达很高的阶段了。500年，相对于人类社会的漫长进化史，真的很短。在我们列举世界现代化种种成就的同时，我们也必须承认，过去几百年来的经济活动，其实是在一种很野蛮的方式和很不完善的环境中拓展开来的，周期性的经济危机往往带来巨大的破坏。几乎所有经济活动都是以资本增值为目的的，不是以推动人的发展为核心的。国家和国家之间的发展步调很不一致，实际上的经济剥削、政治控制和安全威胁一刻也没有消失。因而，危机、战争、贫困、压迫、不幸从未因世界现代化进程的推展而从雷达屏幕上消失，它们时刻都在叩问人们的理性和良知。可以说，要实现高水平的世界现代化，还有很多工作要做。

以上，便是对“世界历史”和“世界现代化”这两个概念的简介。接下来要论及的荷兰与英国作为主导型国家的兴衰史，以及美国作为主导型国家的前途命运，都是要放在世界历史的开启和世界现代化进程的大背景中才能看清楚、说明白的。

什么是主导型国家

对概念的内涵和外延进行准确界定，是一项很重要的工作。人们在研究问题的时候出现困惑和争论，往往都是因为最基本的概念没搞清楚，或者在概念的理解上出现分歧。在对规范性有明确要求的学术研究中，首要的工作就是对概念进行清晰的界定。即便是政策研究以及政策文件的拟定，也回避不了这项工作，往往要对其中的概念和提法反复推敲。本节的工作，就是对本书的核心概念（“主导型国家”）进行初步的界定。

要理解“主导型国家”，还必须从“国家”和“现代国家”这两个概念说起。

“国家”是政治学研究领域的最基本概念，不同学术流派对国家的起源、性质和功能有各具特色的论述。在不同历史时期，国家的形态和功能也是不断发展演化的。一般而言，经典的“国家”概念，是指人类社会发展到一定阶段，即出现社会阶层的明显分化后，所形成的人类社会的特定组织形式，一般被认为是统治阶级压迫被统治阶级的工具。国家作为一种“统治工具”，对国家内部的重要资源（如土地）有支配权，掌控着武装暴力机关，以某种强制性方式维系着特定的秩序安排，使其符合特定阶层的利益。就此而言，它一方面具有“对立性”特征，即“统治阶级”与“被统治阶级”的对立，或者说“国家”与“社会”的对立，并因此意味着不同阶层在经济上的单向依附性，以及政治地位的等级化色彩。另一方面，它还具有“内向性”特征，即国家的主要职能是维持国家内部秩序稳定，即便有的时候国家的功能也体现为对外侵略。

“现代国家”，是人类社会发展到“世界历史”的新阶段，在世界现代化总体进程中呈现出来的新型政治组织形态。也就是说，

“现代国家”是过去500多年间发展出来的更高版本的国家形态。既然“现代国家”是从“国家”这一基本概念中衍生出来的，那么它就不可能完全摆脱经典的“国家”概念中所反映出的“阶级对立”属性和“统治工具”特征。事实上，过去500多年间的很长一段时期，在很多现代国家中，资产阶级与无产阶级的对立和斗争是相当激烈的。资本家阶层对工农阶层的经济剥削，以及对大多数人政治权利的剥夺和反抗活动的镇压，都得到了国家法律制度的认可和暴力机关的支持。即便是在当今，国家的本质仍然是要代表主流阶层的利益和诉求。

然而，随着世界现代化进程的不断展开，以及人们生产和生活方式的深刻变化，“现代国家”至少在两个层面越来越和经典的“国家”含义划清界限。

一是现代国家的特征已明显从以“内向性”为主转变为以“外向性”为主。打个不贴切的比方，我们可以说，前现代国家的主要任务是自己过好自己的日子，主要依托土地资源，集中主要精力抓好农业生产，推进必要的国内商品交换，养活这块土地上的人，保证他们的整体存续，调控好他们彼此之间的社会关系，就可以了。换言之，封建时代的前现代国家不必将参与国际分工、参与国际竞争与国际合作，谋取国际比较优势作为国家的首要议题和常态性任务，也不必考虑如何在相互依赖、相互制约甚至相互渗透的国际环境中维护国家安全。可是，“世界历史”开启后的现代国家就不能再延续这种老路了。国家与国家之间的商品、资本、人员和理念的交换，获得极强大的势头，时时刻刻都在进行，不以人的意志为转移，若是不主动参与，就得被动卷入。这种全方位、常态化的“大交换”，不仅成为现代国家必须面对的首要和常态性问题，而且也只有借助这种“大交换”，才有可能实现国家的长期存续。“外向性”程度的高低，乃是评判一个国家现代化程度的关键。现代化程度高的国家，其外向性程度一定也高。迄今，仍有少数国家紧闭大门、自我封闭，我们只能说，它们的现代化程度很低，它们的日子肯定过得不会太好。若是一个国家从开放外向日益转向封闭内向，那它很可能前途不妙。

二是现代国家的职能从纯粹的“统治工具”逐步转变为更为精细复杂的国家治理。即便是在经典的“国家”概念中，国家也不是只有强制性的“硬”的一面。它也有“软”的一面，那就是一定的公共服务职能。如果没有这“软”的一面，被统治阶级一定会不惜性命地去强烈反对它，导致它的统治很快垮台，根本无法延续。在现代国家中，国家职能中“软”的一面更加突出，不仅看上去更具妥协性，而且其行动更具能动性，已经从最初的被迫“妥协”进一步转向对政府与市场和社会之间、人与自然生态之间以及国内事务与国际事务之间的主动调控和统筹兼顾。“国家”的概念已经成为各种政治要素、经济要素、社会要素、生态要素和对外关系要素（它们是组成现代国家的不可再行化约的基本要素）的统称。原来的“国家”概念则被更精准地界定为现代国家中的“政府”，作为现代国家中最具自觉性和能动性的政治性力量，负责协调国家各个要素之间的关系，指挥国家体系的整体运转。也就是说，现代国家的应然职能越来越从“统治”转向“治理”。哪个国家的治理意识强、治理体系好、治理方法对路，哪个国家就能政通人和、蒸蒸日上。

说完了“国家”和“现代国家”，“主导型国家”就比较好理解了。

“主导型国家”首先是现代国家，具有现代国家的一切特征，并且是国内治理得比较好、外向性程度比较高的现代国家。甚至可以说，它应该是在国家治理方面做得最好、外向性程度最高的国家。之所以敢说它在国家治理方面做得最好，是因为它从诸多现代国家中脱颖而出，成为主导国，通常是此前在国家治理方面做出某些重要改进（如后文所说的理念创新、技术创新、制度创新和模式创新），使它的经济盈利性更强、社会稳定性更强、政治合法性更强，甚至是生态可持续性（主要体现为矿产等自然资源对经济生产的支持能力以及对污染的控制能力）也更强。否则，我们很难想象为什么是它而不是别的国家成为主导国。之所以敢说它的外向性程度最高，是因为它一定是最善于调动全球一切资源来增进本国实力和本国利益的那个国家。在国家治理方面高人一筹，在国际竞争中处于优势地位，在国际合作中处于主导地位，乃是“主导型国家”这一概念的题中应有之义。

有关“主导型国家”，还要简略提及的一点，就是它与“霸权国”这个概念之间的关系。霸权的本质，是经济活动中的不对等获利，以及国际政治方面的等级化安排和国际安全方面的外在强迫性。过去数百年间，曾经的荷兰、英国还有当前的美国，这些国际体系中的主导国都是以霸权的形式存在的。它们要当霸权，能成为霸权，或者说国际体系中竟能容得下霸权的存在，其根源在于，过去几百年间的世界现代化进程主要是由资本的扩张来推动的。资本主义是“得令”的、“当值”的。放眼长远，未来的世界现代化进程未必总是靠资本的逐利和扩张本性来推动，也未必靠资本主义的相关理念来维系和优化。相应地，未来的主导型国家也就未必要行霸道了。

破解主导国兴衰之谜

前面两节用一些笔墨论及了相关的历史背景和概念内涵。本节的任务是说说与理论和方法有关的事。古往今来，关于大国兴衰之道，相关研究成果汗牛充栋。即便是关于最近 500 年来的现代大国兴衰，也有不少流派的论述。因此，在说明本书所秉持的理论和方法之前，还有必要对前人就此问题进行的研究做一下简单的梳理。大家可能会发现，本书梳理的大多是西方学界关于霸权国的研究成果。这是因为虽然过去 2 000 多年间我们中国的先辈们在国家兴衰方面论述颇丰，但本书的重点是最近 500 年来的几个现代大国，而中国在过去几百年间是相当被动地卷入世界现代化进程的，到 21 世纪的第二个 10 年才基本重塑起世界大国地位。因此可以说，我们迄今仍缺乏作为现代主导型国家的实际经验。加之西方话语的强势，我们国人在此方面即便有所论述，也大多要借助西方的叙事。

这倒是问题不大。世界现代化进程本就是个“大交换”的过程，当然也包括理念的“大交换”，大家免不了要相互学习。如今的世界现代化进程尚处于比较早期的阶段，来日方长。今天我学习你的，明天你也可能学习我的。我们只要避免落入别人的话语陷阱，站稳自己的国家立场，基于本国的思想情怀和战略需求，就完全可以洋为中用、六经注我、辩证扬弃，借着别人的研究成果，形成自己的理论和方法。

其中，“世界体系论”对本书观点的形成是影响比较大的。属于这个理论流派的学者有很多，从布罗代尔到沃勒斯坦，从阿瑞基到彭慕兰、弗兰克，再从卢格霍德到王国斌，等等。中国国内也有一些学者，或者师从这些人，或者对这一理论有专门研究。“世界体系论”的基本观点，是认为这个世界，尤其是近 500 年来的世界，乃是一个体系、一个有机整体，各国之间、各种力量之间，以及各类要素之间，时刻发生着深刻全面的联系，是世界现代化进程的持续展开，主要国家的兴衰起伏都是这一体系变化的一部分。这类似于马克思所描述的“世界历史”开启后的世界特征。这种思想与本书的主旨是一致的。

世界体系论者的研究风格大多具有突出的“结构性”特色，即以一个复杂严谨的逻辑结构将各种繁杂的历史事实串联起来，从而阐释一个十分鲜明的观点。这对笔者很有启发，本书的写作也试图呈现这种风格。沃勒斯坦等人所阐释的“中心 – 外围”的世界经济结构（以及世界力量结构），还帮助本书形成了有关“危机”（经济危机、政治危机、社会危机、国际安全危机以及国际体系危机）的想法，也激励笔者在此基础上继续深挖，勾勒出主导国与其主导的国际体系如何进行“交换”的基本原理。阿瑞基等人在《现代世界体系的混沌与治理》一书中有关新老霸权之间如何更替的研究，则推动笔者去进一步探索霸权国兴衰的深层动力学，以及主导国兴衰与国际体系演进之间的关联，并推动笔者举一反三，确定出“技术创新”“理念创新”“模式创新”等重要指标。在本书此后的行文中，大家可以在很多地方发现“世界体系论”的影子。对美国兴衰运势的考察，也是放在世界体系视角下进行的。

“霸权周期论”的相关研究也对本书观点的形成有所帮助。有关霸权兴衰周期的研究很多，在这里仅列举一些笔者注意到的比较典型的观点，并说明它们如何启发了本书的写作。

苏联早期的经济学家康德拉季耶夫提出，资本主义的经济发展存在着上升和下降两种趋势交替出现的规律，以 50~60 年为一个大周期。他据此创立了著名的“康德拉季耶夫长波论”。[4] 这种“经济长波论”给人一种联想，即它很可能与主导国的兴衰密切相关。与康德拉季耶夫的经济长波论相映成趣的，是莫德尔斯基提出的“政治长波论”。他认为，过去几百年来的世界政治，可基于世界领导权的更迭，划分为几个大的霸权周期。在每个霸权周期之内，也呈现出明显的阶段性特征，即“全球战争”阶段、确立“世界强国”地位阶段、“丧失合法性”阶段、“去中心化”阶段四个时期。[5] 金德尔伯格也注意到了霸权周期问题。他在《世界经济霸权：1500—1990》一书中写道，就像一个人的一生可以划分为童年和青少年、成年、中老年和暮年几个阶段一样，国家也有一个类似的“生命周期”，这个国家生命周期演进的顺序，通常是由贸易到工业再到金融，从模仿到创新再到抵制创新，最后在墨守成规中黯然衰败。[6] 国际政治经济学界的著名学者罗伯特·吉尔平在其《国际关系政治经济学》一书中，著名历史学家保罗·肯尼迪在其《大国的兴衰：1500—2000 年的经济变迁与军事冲突》一书中，都提到了霸权国往往因过度扩张而导致海外成本上升、收益相对下降，结果陷入消耗状态而衰落。[7] 奥根斯基关于“权力转移”的相关研究，则专注于新老霸权更替的原因，以及老霸权和新霸权各自采取的策略。[8] 上述这些研究，启发笔者将主导国兴衰过程划分为兴起、主导、衰败三个阶段，并分别考察在每一阶段政治、经济、社会、文化、安全性等各类要素如何发挥作用。

“国家制度论”的相关论述让笔者在构思本书时更加重视制度和国内因素的作用。弗朗西斯·福山在《政治秩序与政治衰败》一书中，十分强调制度的重要性，并对制度衰败的原因进行了研究。他认为，一个起初很好的民主制度，可能因为人类对权力的贪恋本性以及对亲近人士的偏私倾向逐步形成“家族制复辟”，最终令政治制度失去效率与合法性。[9] 曼瑟·奥尔森在《国家的兴衰：经济增长、滞胀和社会僵化》一书中富有洞见地写道，大量的“分利集团”和“分利联盟”，是二战后西方民主国家经济增长缓慢的重要原因。[10] 这警醒人们，“分利集团”和“分利联盟”作为固守现状的力量，它们依附于制度之上，成为制度的受益者，并利用制度赋予的权利，很可能成为制度变革与创新的阻碍。德隆·阿西莫格鲁和詹姆斯·罗宾逊合著的《国家为什么会失败》[11]

一书，虽然多少戴着有色眼镜来比较当今既存的各种制度，但它同样提出了一个重要命题，那就是：国家制度的效率是高还是低，乃是决定一个国家繁荣还是贫困的根源。这些都对本书的构思很有帮助。

同时，本书的写作还从中国在国家治理方面的实践探索和经验总结中汲取了不少灵感，例如，新时代的中国在处理政府、市场、社会、生态四者之间关系上的很多政策，在处理国内和国际两个大局方面的很多提法与做法，党的十九届四中全会中对“制度建设”的强调，等等。中国的这些经验和政策提示笔者必须高度重视“制度”因素，重视对国家治理体系的分析，以及将“制度优势转化为治理效能”对现代国家走向兴盛的重要性。对这些理论和实践的思考与借鉴，促使本书在后文中专门论及了“制度创新”问题，以及国家治理的效率与合法性出现变化的原因，论及了现代国家的政治形态、经济形态、社会形态的不断发育问题，现代国家治理体系的平衡与失衡问题，并把这些概念作为对美国运势进行分析的重要指标。

至于研究方法，可以非常简短地说清楚，那就是用联系、发展和辩证的眼光去看待主导国的兴衰过程。不是过分强调某个单一因素的作用，而是强调国家内部多个要素如何共同发挥作用；不是单单考察主导国，或者过分聚焦于国际体系，而是强调主导国的兴与衰和国际体系的稳与乱之间的关系。并且，立足于主导国的不同发展阶段，考察各个因素如何在不同时空条件下发挥的可能截然相反的作用。

关于本书的一些必要的背景、概念、理论和方法，就算介绍完了。下一章便是在这些铺垫的基础上构建起关于主导国兴衰的分析框架，确定若干分析指标，以便用于此后几章对美国的分析。

第二章　荷兰与英国的兴衰浮沉

在这一章，我们将以荷兰和英国为例来考察现代世界体系中的主导国在兴起阶段、主导阶段、衰败阶段的不同状况及内在的演进动力学。大家知道，过去500年来，在不断展开的世界现代化进程中，有三个公认的国际体系主导国，分别是荷兰、英国和美国。荷兰和英国的主导地位已经成为历史，美国的主导地位还没有完结。我们在这里选择荷兰和英国做例子进行分析，目的是为预测分析美国的前途命运提供历史的对比和方法论支撑。既然是为后文做铺垫，本章对荷兰和英国兴衰历程的描述就没有必要面面俱到，只需提供一些能为后文所用并对读者有所启发的思路就足够了。

在阅读过程中，大家将会发现，本章的行文中会有一些颇具学术味道的固定概念（笔者希望这些概念既具有必要的学术严谨性，又能对读者友好一些，不让人望而生畏），比如理念创新、制度创新、国家治理体系的失衡、国际体系的失衡等。这些概念以及这些概念之间的逻辑关系是很重要的，因为它们不仅构成了本章的论述逻辑，而且是了解整本书的方法和观点的关键所在，是本书对美国运势进行分析的主要方法和切入点。为了让读者对这么长的一章内容事先有个全景式了解，不妨先把本章中将要出现的这些主要概念及其相互关系简单勾勒一下。

本章认为，现代世界体系中的主导国必然经历兴起、主导和衰败三个阶段。

兴起阶段的主要动因源自四方面的重大创新，分别是理念创新、技术创新、制度创新、模式创新。这四大创新会推动现代国家的经济形态、政治形态、社会文化形态和对外关系形态的改进，让它们在国际竞争中占据更大优势，最终脱颖而出，成为现代世界体系的主导国。

在主导阶段，主导国在世界体系中居于最有利的中心位置，推动着本国国内与外部世界的商品交换、资本交换和人员交换。一方面，这种大开大合的交换加速了主导国内部的经济形态、社会形态和政府治理体系的发育成熟，有助于维持主导国内部的经济盈利性、政治合法性和社会稳定性（甚至包括生态可持续性），因而对主导国是最有利的；另一方面，这种交换为国际社会提供必要的公共产品，有助于维护现代世界体系的平稳运转，并推动现代世界体系的规模扩张和进一步纵深发展——尽管这种交换对其他国家而言可能是被迫的和不平等的。

上述交换也会悄然侵蚀主导国的优势地位，久而久之，就把主导国拖入衰败阶段。随着各类重大创新的红利逐步释放干净，主导国的国内治理效率开始降低，治理成本开始上升，政治合法性趋于下降。与此同时，维系国际体系运转的海外成本上升，而海外收益却越来越少。主导国的国家治理体系出现失衡，现代世界体系也出现失衡，开始频繁爆发经济危机、政治危机、社会危机（或许还有生态危机）和国际安全危机。这些频繁爆发的危机，是主导国进入衰败阶段的报警信号。主导国的国内与国际两个大局的良性协调关系被打破，主导国和其他国家之间的和平关系与合作模式也被打破。这迫使主导国做出一系列战略策略调整，但大多无济于事，甚至还会加速其衰败。

与主导国的衰败形成鲜明对照的，是其他后发国家的群体性崛起。这些后发国家往往通过“模仿”“保护”“搭车”“超越”“竞争”等方式，逐步缩小与主导国的差距。最终，各方面条件最有利、机缘凑得最足的后发国家成为新的主导国，开启新一轮世界现代化进程。

下面，我们就按照上述叙事结构将这些概念的含义以及逻辑关系加以展开说明。

重大创新活动与国家的兴起

无论是封建时代的国家还是现代国家，要维持发展和谋求兴盛，天上掉馅饼的机会是不多的。就算有现成的馅饼掉下来，也只会砸向那些事先做好准备的国家。但凡现代国家要谋求兴盛，都必须对国家的经济形态、政治形态、社会文化形态和对外关系形态做出某些改进，使其效率更高、更富有合法性和感召力。唯此才是正道，才能在国家间竞争中更有优势。那么，如何才能使国家的经济形态、政治形态、社会文化形态和对外关系形态更加先进，或者说，什么因素有助于推动国家经济、政治、社会文化和对外关系形态的改进呢？更具体点儿说，什么因素推动了荷兰和英国这两个现代世界体系中的主导国一前一后地脱颖而出呢？对此，本节总结了四方面因素，分别是理念创新、技术创新、制度创新和模式创新。它们分别对应着国家社会文化形态、经济形态、政治形态和对外关系形态。

一是理念创新。

自 15 世纪以来，从文艺复兴到宗教改革，再到更晚些的启蒙运动，这些发生在欧洲文化界和欧洲政治生活中的重大事件，其实是新生的资本主义生产方式以及越来越普遍的商业活动与社会交往在人们思想观念方面的反映。这些具有现代特征的文化运动带来了两方面的理念创新：一是“人”的地位（相对于上帝）变得越来越高，二是现代“民族国家”（或者说“现代国家”）的意识逐步清晰起来。

与当时即将破土而出的资本主义生产方式相呼应，发源于意大利的文艺复兴尝试用一种含蓄的方式表达对“人性”的敬意和对世俗生活的向往，而宗教改革中涌现出的新教派教徒明确主张“因信称义”，认为个人可以通过自己的直觉与上帝直接建立联系，有权对《圣经》做出不同的解读，无须借助教士的帮助和服从教会的权威。这意味着，无论是文艺复兴还是宗教改革，都把人、人性、人的自主性、人的权利以及人的世俗生活提到了更高的位置，也为人们从事商业活动提供了哲学上的论证和道义上的支持——这么做没什么不对，大胆地去做好了。此后的启蒙运动更是呼吁人的独立性和人与人之间的平等。

这种关于“人”的理念创新，大大解放了人们的思想，让人们得以更有意识地摆脱封建教权和皇权对人们的束缚与压迫，心安理得地甚至急不可耐地去拥抱属于个人的无拘无束的世俗生活，大胆参与商业活动，大胆探索未知世界，利用自己的技能和勤奋去争取更多财富与更高的社会地位。一旦人性中的占有欲与资本天生的增值本性结合在一起，资本主义就变得势不可当了。

有关“现代国家”的理念创新，则产生于16—17世纪的频繁战争之中。起初，人们仍旧在为宗教信仰而战，打着打着，人们就变得越来越现实了，有相同利益诉求的人越发紧密地团结在一起，一种朴素的“国家利益”观念开始形成。人们对战争与和平的决断越来越多地受“国家利益”的左右。与宗教认同相比，建立于“现代国家”之上的政治认同变得越来越强。保罗·肯尼迪在《大国的兴衰：1500—2000年的经济变迁与军事冲突》一书中这样写道：“1519—1659年，时代的主要特点是奥地利－西班牙的哈布斯堡政权轴心国同新教国家及法国作战，不过这一特征现在已经消失了，取而代之的是短暂多变的、松散得多的联盟体系……它们在决定政策时首先考虑的是现实政治，而不是虔诚信仰的宗教信念。”[1]同时，战争还以消极的方式催生出日益清晰的民族意识——它“让英国人学会恨西班牙人，瑞典人恨丹麦人，荷兰反叛者恨他们从前的主子哈布斯堡家族”。[2]而且，地理大发现和世界市场的拓展也让欧洲人意识到，除他们之外，这个世界上还有其他诸多国家的存在，这也有助于国家观念的强化。此时的哲学家已经认为，“民族国家”乃是最好的政治组织形式，无论是统治者还是被统治者，都应该为民族国家的共同利益而和谐地工作。[3]有了现代“民族国家”（“资本主义国家”）这种“先进”的政治组织形式做辅助，资本主义的发展如虎添翼。

荷兰、英国以及其他一些欧洲国家都是这种理念创新的受益者，尤其是由于荷兰商业基础好，“民主思想”容易萌芽和存活，吸引而至的新教徒为数众多，[4]处于新旧理念交锋的前沿地带，承受的斗争压力格外巨大，事后从理念创新中得享的好处自然就更多些。荷兰（尼德兰联合省）奋起反抗西班牙哈布斯堡王朝的税收压榨和政治控制，这种斗争的社会文化基础或者说意识形态基础，就是加尔文派的宗教改革理论。由于荷兰秉持的是更先进的思想理念，追求的是更先进的政治形态（现代“民族国家”），还有资本主义这种更先进的生产方式做后盾，因此它就把人的力量给激发出来了，把其他各类组成国家力量的元素也更好地调动起来了。这决定了尽管荷兰与西班牙的战争持续长达数十年，荷兰却能得道多助，在战斗中越打越强。

二是技术创新。

人类社会的每次巨大飞跃，都离不开技术与工具的创新进步。从简单粗糙的石块到更为坚硬锋利的石器，从使用石器到使用金属器具，生产和生活工具的日益精巧反映出人类持之以恒的创新观念以及不断增大的人脑容量是推动生产力水平不断发展的决定性要素。尤其是在过去500年间，自然科学和技术创新的革命性飞跃成为世界现代化的核心特征与首要推动力。若是哪个现代国家通过创新掌握了更先进的技术设备，便为本国赚取高额利润、改进经济形态、提升国家实力注入了无比强大的动力。

荷兰的技术创新和技术进步，既得益于其率先起步因而基础较好的工商业环境，也在很大程度上得益于前文刚刚谈及的理念创新。宽容的政治文化吸引了大量因宗教迫害而逃难至此的加尔文派教徒，其中不少人身怀高超的生产技能。宗教和政治上的宽容促成了文化科技上的兼收并蓄，形成了有利于技术创新和广泛应用的社会氛围，宽容精神在这片土地上转化为实际的物质利益。从德国南部和莱茵州来的人，带来了印刷术和雕刻术。他们开起了印刷作坊，大大便利了知识的传播；他们印制了大量地图和航海图，为荷兰后来的海外商业扩张提供了重要的智力支持。西班牙和葡萄牙的犹太人逃到这里，把他们以往的贸易关系也带到了这里。[5]各行各业的人纷纷发挥自身特长，大大推动了包括造船、纺织、制陶等多个领域的技术改进与技术创新。特别是在造船领域，凭借先进的大型锯机、起重机和大批熟练技术工人，荷兰拥有了比其他国家更加先进的造船业。造船业的先进，使得荷兰的海军装备比其他国家更强，国际航运能力比其他国家更强。荷兰小心翼翼地对这些技术创新成果采取保护性措施，禁止熟练技术工人移居海外，唯恐其他国家把这些技术学了去。[6]航运事业的发达又进一步拉动了国内制造业需求，推动了生产工艺的改进。为了加快进出口贸易的速度和提高产品的信誉，荷兰制定了更加统一的质量标准，经荷兰转口的商品，尺寸更加整齐，质量更有保证，大多无须开箱验货。

再看英国。英国的技术创新，除了纺纱技术和焦炉炼铁技术外，便是以蒸汽机的发明和使用为最突出标志了。如果说荷兰的技术创新主要立足于较好的工商业基础和宽容的政治文化，那么英国的技术创新则主要源自较好的农业基础和充沛且易开发的煤炭资源，以及实际生产活动中的迫切需要。工业革命前的英格兰是一个农业繁荣的区域，被欧洲的旅行家称为“肥沃之地”。较好的农业基础夯实了经济起飞的基础，粮食产量的提高带来了人口的快速增长和民众收入水平的提高。社会教育水平也提高了，因为人们可以有更多的钱用于接受教育。收入水平的提高（也就是所谓的相对“高工资现象”），以及相对广泛的知识普及，促使了一系列能够大幅节省人力的新发明、新技术应运而生。[7] 另一个有利于英国技术创新的条件，是稳定高产的煤矿都在英国，英国因此获得了蒸汽机得以广泛应用的能源供给保证。与此同时，生产中的迫切需要也加速了技术创新。英国矿产行业长期面临矿井渗水难题，不得不靠畜力唧筒抽水，为此必须饲养大量马匹，成本高，效率低。为了改变这种状况，英国军事工程师萨弗里研制出一种蒸汽水泵。18 世纪后，纽科门又对其进行重大改革，发明了蒸汽抽水机。尽管蒸汽抽水机耗能巨大，却依然在采矿活动中被广泛应用。此后，又经历长达一个世纪的集体努力，通过对重要零部件和运转流程的不断改良，终于产生耗能相对较低、运行总体平稳、应用场景十分广泛的蒸汽机，为英国工业革命提供了稳定高效的动力来源。[8]

三是制度创新。

保罗 · 肯尼迪在《大国的兴衰：1500—2000 年的经济变迁

与军事冲突》中写道：为了把一个国家从最低级的野蛮状态发展到最大限度的繁盛，除了和平、轻税和宽容公正的政府外，就不再需要什么了。意识到这一点的精英团队或执政者都有意识地将谋求制度优势作为一项重要工作，而那些洞察力较少的领导者，如西班牙卡斯蒂利亚的君主或法国一个偶尔上台的波旁国王，企图杀掉下金蛋的鹅，结果便是财富减少，以及随之而来的军事实力衰退。[9] 这段话很好地说明了制度创新对提升国家治理效能、政治合法性以及提升国家信誉有十分重要的作用。在这方面，荷兰的金融制度创新以及英国的财政制度创新都是很好的例证。

对后世影响深远的现代金融制度首先发端于荷兰，乃势之必然。中世纪后期的意大利城邦衰落之后，大量资金无处可去，其中的很多转到了荷兰，带动了荷兰金融活动的发展。荷兰人长期重视金融知识的学习，“荷兰西部和北部的每一个村庄都建有一所学校，广为传授货币经济所必需的算术知识”，为其后出现的金融创新打下了坚实的基础。[10] 这一时期的荷兰人本来就极为节俭、注重理财，商业活动的发展客观上推动了金融制度的发展，与西班牙的战争更需要高效的融资机制，这样，荷兰的金融制度创新就呼之欲出了。1609 年，阿姆斯特丹银行和阿姆斯特丹股票交易所在荷兰成立。这不仅是荷兰现代化进程中的大事，而且在世界现代化历史中都值得写上一笔。凭借这种金融制度的创新，阿姆斯特丹迅速成为欧洲的国际清算中心、世界贵金属贸易中心以及欧洲的股票交易中心。货币资本流动性的加速，使荷兰的利率比其他欧洲国家低很多，荷兰货币成为广为接受的货币，荷兰得享铸造货币带来的巨大收益，这有力地支持了荷兰的经济扩张和军事行动。[11]

英国不仅在建立现代金融市场方面学习荷兰，而且在与法国的“百年战争”中，为支持长期且巨大的战争耗资，建立了比法国更有秩序也更有效的国家财政体系，确保了财政健康。这在当时是很不容易的，可被视为重大的财政制度创新，也是影响英法竞争结果的决定性要素。因为战争就是烧钱，谁能取胜，很大程度上要看哪个国家在财政上能撑到最后。如果说在荷兰发生的是一场“金融革命”，在英国发生的则是一场“财政革命”。英格兰银行、南海公司、联合东印度公司三家企业的建立，是发起这场财政革命的一套组合拳。1694 年，英国政府以 8% 的利率发行了 120 万英镑的公债，建立了英格兰银行，帮助威廉三世的大臣们解决长期融资难题。随后，英国政府重组联合东印度公司、成立南海公司，以向国家提供长期贷款为条件，授予这两家公司以经营特权。这种稳固的财政制度安排，使英国在 1713 年签订《乌得勒支和约》时仍保持良好的金融信誉，尽管它当时已背负沉重的公债包袱。相比之下，缺乏公众信誉成为法国财政体系的最严重缺陷。[12]

四是模式创新。

这里的模式主要说的是这些潜在主导国处理对外关系的方法。作为现代国家，它们的首要任务，或者说谋求发展的首要途径，便是处理好与外部世界的关系，尽可能多地从外部世界汲取国家发展所需的资源。谁的模式更先进，谁就发展得快。对海外财富的寻求与对大国竞争中的安全感和荣誉感的寻求，驱动了这种模式创新。相对于其他欧洲国家，荷兰和英国的最主要模式创新莫过于“政府特许经营”，即所谓“东印度公司”（也包括“西印度公司”）这一半官半商的海外扩张模式。两国几乎同步启动这一模式创新。荷兰在这方面规模大、进展快，早期获利大；英国规模小、进展慢，早期获利远不如荷兰。但相比荷兰涸泽而渔、横征暴敛的重商主义特征，英国的特许经营更注重长线经营，逐步发展到殖民主义的新形态，结果英国后来居上，开辟了更富效力和持续性的模式创新。在这些模式创新的背后，折射的是特定类型的资本主义形态，或者说代表着世界现代化进程中资本主义的不同发展阶段。

特许经营这一官、商、军结合的运营模式，其实是在当时现代国家的政府形态尚不完善、功能不够强大的情况下资本主义谋求快速扩张时的一种特殊状态，是一种兼顾经济收益、政治收益和地缘收益的模式安排。1602 年，荷兰政府效仿英国，筹资组建了“联合东印度公司”（缩写为 VOC，被称为荷兰东印度公司，以区别于其他国家的东印度公司），其资本规模是英国的 10 倍。荷兰东印度公司依据章程获得了从好望角到麦哲伦海峡之间的贸易垄断权，并开始在“香料群岛”[13] 建立堡垒、组建军队，一边开拓贸易渠道，一边打击竞争对手，很快排挤掉来自葡萄牙和英国的竞争，垄断了“香料群岛”的肉豆蔻和丁香贸易，并以高出收购价 14~17 倍的价格向欧洲和印度出售，赚取高额利润。17 世纪，欧洲市场平均年需香料100万磅[①]左右，而独占了“香料群岛”的荷兰东印度公司完全占领该市场，对欧洲的香料供应量竟达112万磅。这个具有国家性质、进行血腥掠夺、垄断东方贸易的商业公司，为荷兰积累了大量财富。[14]“它的财富，以及它不久即赢得的权势，使它在整个17世纪具有一种不可匹敌的声望。”[15]

英国的东印度公司成立于1600年，比荷兰组建东印度公司还早两年，几乎与荷兰同步开启了模式创新。与荷兰一样，英国最初也想在“香料群岛”追逐商业利益，但此时英国的实力不如荷兰，在竞争中处境不利，不得不避其锋芒，转向南亚次大陆和中南半岛的莫卧儿帝国、暹罗和缅甸，结果开创出比“重商资本主义”更先进的、可被称为“殖民资本主义”的更新型模式——这意味着英国实现了二次模式创新。殖民资本主义是一个包括经济剥削、政治拉拢、社会压制和军事裹挟等在内的综合体，血腥程度稍低了些，从事经营的方式和种类也更多元。相较荷兰，英国可以用更小的代价从殖民地更加稳定地获得原料、市场和人力支持。而荷兰东印度公司重商主义属性过重，说是贸易，其实是半骗半抢，利用当地人的不开化，故意压低价格，甚至不支付货币，仅以一些旧物品做交换来糊弄当地人。不仅与当地矛盾激烈，常常遭遇激烈抵抗，而且由于过分聚焦于香料贸易，一旦香料价格下跌，荷兰东印度公司就陷入窘境。英国的二次模式创新，乃是英帝国全球领导地位的核心支撑。尤其是在美国独立、英国失去

---

① 1磅≈0.453 6千克。——编者注

北美殖民地之后，英国在南亚的殖民为英国提供了重要的原料支持、市场支持、财政支持和人员支持（包括兵员支持），对维系英国的国家运转及其在国际体系中的主导位置起到了决定性作用。

上述一系列重大创新的结果，是增大了潜在主导国的综合优势，帮助这些国家确立真正的主导地位。从 17 世纪开始，在上述四方面创新的推动下，荷兰的政治形态、经济形态、社会形态和对外关系形态不仅比西班牙更加先进，而且比当时其他欧洲国家也更先进——内部国家形态有所优化，对外扩张也获得强大势头。这保证了荷兰在反抗西班牙统治的过程中越来越强，可以一边打着仗，一边谋发展。待到战争结束时，荷兰已完成崛起大业，成为盛极一时的“海上马车夫”和世界贸易枢纽，并成功利用这一有利位置实现了国家利益最大化。

这四方面创新同样成就了后来居上的英国。自 1588 年战胜西班牙无敌舰队，1600 年成立东印度公司，1607 年在北美建立第一块殖民地，英国也较早地驶入世界现代化的快车道。英国借助不断增长的国家实力，通过四次英荷战争，击败日渐衰败的荷兰，成为新的主导国，并不断扩大在全球的殖民活动。

主导阶段的演进动力学

本章的开头曾简要介绍过主导国自身如何演进、如何主导国际体系和推动国际体系演进，并将二者良性协调起来的基本原理。那就是：在主导阶段，主导国在世界体系中居于最有利的中心位置，推动着本国国内和外部世界的商品交换、资本交换和人员交换。一方面，这种大开大合的交换加速了主导国内部的经济形态、社会形态和政府治理体系的发育成熟，形成更加现代化的政府治理体系、更加现代化的经济运行体系、更加现代化的社会形态、更可持续的人与自然关系，以及平衡协调的内外政策关系，从而有助于维持主导国内部的经济盈利性、政治合法性、社会稳定性、生态可持续性，以及内外大局的统筹性；另一方面，这种交换是在为国际社会提供公共产品，有助于维护现代世界体系的平稳运转，并推动现代世界体系的规模扩张和进一步纵深发展，带动更多国家参与世界现代化进程。

接下来，本节将分别就荷兰和英国的状况对这种演进动力学略做展开。

先说说“荷兰奇迹”与“荷兰的世纪”。

由于此前一系列重大创新活动，加之艰苦卓绝的长期努力，17 世纪的荷兰当之无愧地成为国际贸易中心和国际金融中心，以及重商主义国际体系的中心。荷兰的经济发展被称为“荷兰奇迹”，这一时期的荷兰被称为“黄金共和国”，17 世纪也被称为“荷兰的世纪”。凭借巨大的货物吞吐规模、统一的货币质量标准、可靠的商业信誉保证（这种信誉的一个重要例证是，即便是正与荷兰交战的西班牙的资金，也可以从荷兰的银行流入流出）、发达的航运能力和由此而来的更低运输成本，以及更加可靠的航行安全保证（此时荷兰商船可以请求荷兰海军为其护航，从而免于海盗掠夺），17 世纪荷兰的货物转运地位无可撼动，其他国家根本无法与荷兰竞争。[16] 巨大的货物转运又为荷兰快速积累了大量资本。一方面，这种巨额资本推动了荷兰金融制度不断提高效率、优化模式、好上加好，竞争力更强，更加有助于贸易便利化；另一方面，这种充裕的资本为荷兰提供了低廉可靠的投资，推动生产的扩大和服务的改进，这又可以拉动社会就业和增加民众福利，从而形成良性循环。

这种良性循环的重要体现是荷兰社会形态的改进和社会稳定性的维持。在荷兰作为主导国的鼎盛阶段，荷兰的社会构成得到进一步优化。由于经济环境更好、政治环境更好、国际信誉更好，此时的荷兰吸引了大量高素质移民不断涌入，每个人都希望在这块“希望之地”找到实现个人价值的机会。这些人带来了更多的新思想、新技术、新技能，进一步促进了荷兰经济发展和社会进步。在这些人中，涌现了一大批科学家、哲学家、艺术家、法学家（如近代国际法鼻祖雨果·格劳修斯，他的《论海洋自由》一书是影响极为深远的作品，对确立现代国际秩序的基本规则有重要贡献），又大大促进了社会文化的繁荣。[17]

即便不是社会精英，也可以是经济发展的受益者。经济的繁荣形成“涓滴效应”，为人们提供了多元且充足的就业机会；即便是找不到正式工作或者一时受了伤，也可以打些零工勉强糊口，例如给人跑跑腿儿，在教堂生个炉子，或是星期天看守城镇的大门，等等。[18]

经济的繁荣还让慈善事业的兴起变得可能，这种社会救济也有助于社会稳定。此时的荷兰有 30 多个行会，每周为部分陷入生活困难的行会成员提供疾病救济金和贫困补助金，防止他们在社会等级中快速下滑。如果他们过早去世，留下年幼的孩子，行会也会负责照顾这些孤儿，将他们收进孤儿院。城市和教会也对贫困人口发起慈善救济。一些修道院还为穷人提供免租房，一些医疗机构还提供少量的免费医疗，甚至还有些机构可以为一些地方的贫困儿童提供免费教育。[19]这些社会救济措施，在当时的历史条件下算是相当先进的了，也被后来的很多国家效仿，荷兰因此被视为慈善事业的先驱和典范。社会精英的兴起以及慈善事业的发展，反过来又为经济的繁荣和社会的进步提供了助力。

除了经济盈利性与社会稳定性之间形成良性互动，并有助于社会形态改进，经济活动与政治形态的改进之间也形成相得益彰的关系。15 世纪勃艮第统治时期，在荷兰这块地方，以往邦国林立的局面被打破，地区一体化程度明显提高。为了加强地区治理，法国的三级会议制度被引入荷兰（尼德兰），并被改造成更适合当地情况的“大议会”制度。此时的政治制度“民主化”便开始发挥助推商业活动扩张的作用，因为这种制度设计的最主要特征便是分权，倾向于更加自治、民主决策和弱化中央政府。因此，资本的扩张不仅没有遇到任何政治障碍，而且还得到了政治上的强有力支持。到了荷兰成为主导国的时候，这种颇具“民主”特征的政治制度仍然扮演着“守夜人”的角色，有利于资本家和各行业、各层级的人们从松散的政治制度安排中各取所需，不受羁绊地追求财富。

与后来的主导国（英国）可以依托国内丰富的煤炭资源而发

家致富相比，此时的荷兰资源禀赋虽然不尽理想，但也并非对经济活动毫无支持。尽管荷兰森林匮乏、煤炭稀少，但拥有独特的泥炭资源，可以为其早期工业活动提供能源支持。荷兰的泥炭资源十分丰富，并可通过运河交通进行运送，能够为酿造、蒸馏、制陶和制砖活动提供廉价的燃料。而且，聪明的荷兰人还发明了风车，作为辅助性的动力供给。据测算，风车和泥炭所产生的动力能源大概相当于 80 万公顷①森林转化来的能量。[20]我们也可以认为这种情况是一种特殊的生态可持续性。

荷兰成为世界现代化进程中第一个名副其实的主导国，这对于国际体系的演进更是意义重大。荷兰以自己为中心组建了一个复杂的国际经贸和金融中心，这实则意味着开启了人类历史上第一次真正的全球化。它把欧洲、美洲、亚洲、非洲的各种生产要素串联起来，组成一个“中心－外围”的庞大国际体系，扣动了“世界历史”发令枪的扳机，从此便一发不可收拾。荷兰完全出于自身利益的举动，客观上推动了国际自由贸易规则的建立，探索形成了现代化的国家金融制度体系，并通过签订《威斯特伐利亚和约》，推动形成了现代主权国家之间的最基本政治安排。荷兰主导下的国际体系，具有强大的“吸附”效应。英国、法国和其他主要欧洲国家的经济运转，都不得不借助荷兰提供的资本和国际“公共产品”；荷兰的优势地位，激励英国、法国等后发国家奋起直追——“比学赶超”的大国竞争，成为国际体系演化的动力。

---

① 1 公顷 =1 万平方米。——编者注

欧洲之外的更多国家和地区也被人类历史上的第一次全球化裹挟进来，成为世界现代化进程的参与者。尽管这一过程非常痛苦血腥，却也迫使它们开启了各自的国家现代化进程。

再看看英国是如何成为“日不落帝国”的。

从荷兰手中夺取了主导国的地位后，英国也当之无愧地成为国际体系的中心。除了像荷兰那样充当国际贸易中心和国际金融中心外，英国还成为首屈一指的世界制造业中心，是当时的世界第一制造业大国，且是唯一的成熟工业化国家，这是巅峰阶段的荷兰所不具备的。其中的决定性原因是英国的重大技术创新造就了第一次工业革命，英国成为工业革命的首要受益者。1880 年以前，在整个世界经济体系中，英国是唯一一个业已充分发展的工业国家，在制造业方面拥有垄断性优势，当之无愧地成为世界经济体系的中心枢纽。相比之下，欧洲大陆国家的工业化尚在发育阶段，美国在 19 世纪 60 年代内战之后才建成横贯大陆的铁路，为全美范围内的大规模工业化提供交通基础设施的必要支持，美国工业化的主要阶段在 1880 年之后才全面完成。除了欧洲几个主要列强和美国外，此时世界上的大多数其他国家仍是相当落后的农业国。直到 1886 年“皇家工商业衰退调查委员会”发布相关报告前，英国一直没有认为国际竞争会成为英国未来工业发展的主要威胁。[21]

作为世界制造业中心，英国一边从殖民地和其他国家进口低附加值的初级产品，并将之用作国内制造业的工业原料，同时将低附加值（或者说属于低端产业）的农业“外包”出去，选择从世界各地购买粮食以满足国内消费需要，一边将工业原料加工成工业制成品，除了满足自身需要外，其他的工业制成品则以更高的价格出售到其他国家。就其本质而言，这是当时的唯一工业国与世界上的其他农业国之间基于不平等的“相互需要”组成的国际经济体系。在1860年的英国进口商品中，棉花居于首位，其次是谷物，而后是食糖、羊毛、生丝、木材等。[22]这些原料被加工成制成品，这一过程同时拉动了国内就业，有助于社会发展和提高居民生活水平。这些制成品被出售到殖民地和其他国家，亦满足了当地的生产和生活需要。诸如澳大利亚、新西兰等殖民地还开始越来越多地吸收来自英国的移民和资本，从而进入加速发展轨道。在主导阶段，英国是这一国际贸易体系的最大受益者，因而自由贸易理论在英国成为广受认可的社会哲学，并被认为是最为合理的国际关系体制，几乎完全赢得了两个政党的真心拥护。[23]

作为世界金融中心，英国还责无旁贷地充当起“世界金融家”的角色。由于持续出现利润盈余和大量剩余资本，从19世纪中叶开始，英国开始充当起世界经济活动中的“食利者”。到1875年，英国对外投资至少达到12亿英镑，产生的利息估计平均约为投资额的6%。这些投资种类繁多，从欧洲、美国和南美的铁路股份到美国的公债，再到印度的铁路股份和向殖民地政府的贷款，以及对各类商业企业的投资——从土地和抵押公司以及印度和殖民地银行，到轮船和电报公司。19世纪初，欧洲是理想的投资场所；19世纪中叶以后，投资重点开始转向南美殖民地和美国。一时间，英国成为世界经济中不可缺少的灵魂角色，许多国家的贸易和生产都不得不以英国为中心。[24]

与荷兰一样，主导阶段的英国也构筑起一个可以兼顾经济盈利性、政治合法性、社会稳定性、生态可持续性和内外统筹性的良性循环——这是一种理想的国家演进形态和国家治理体系。而且，与荷兰相比，处于主导阶段的英国，由于工业化水平更高，主导阶段持续的时间更长，因此国家形态在各个领域的发育也比荷兰更加成熟完善。

这种成熟和完善首先体现于英国政府形态的巨大变化。生产方式的深刻变化和长期经济繁荣必然带来政治上的变革，因为政治秩序的安排总是要顺应生产力的需求才好。也就是说，经济现代化必然要带动相应的政治现代化，促使政府不断提高治理效率和政治合法性，由此引发国家治理体系和政府规模、形态与功能的深刻变化。

英国国家治理体系和政府形态的变化，可以主要归结为英国民主化的发展。具体可从五个方面看。一是议会的改革。在既有的君主立宪制框架下，从 1832 年开始，英国对议会下院实施了多次渐进式改革，逐步改变了议席分配的不合理状况，消除了对选举权资格的不合理限制，实现了成年男子的普选权，并大力打击选举腐败，完善了选举方法。进入 20 世纪之后，这种改革仍在延续，最终将选举权扩展到全体成年女性公民。至 1928 年，英国所有成年人都获得了平等的选举权。[25] 二是政党政治的确立。自由党和保守党的两党对立格局的形成，是英国政党体系现代化的标志。两党均建立了全国性的政党组织，拥有垂直管理的政党结构、固定且有感召力的党魁、以吸引广大选民支持为目标而制定的党纲、靠《反贿赂法》来保证的日趋规范的竞选活动，并由此形成了总体有序的两党轮替。三是中央行政部门的扩大。殖民地事务部、印度事务部、济贫部、教育部等新部门陆续建立，不断扩充了政府的职能。[26] 四是文官制度的确立。英国政府多次修改立法和颁布枢密院命令，对文官制度进行改革，规定成立“文官制度委员会”，负责文官招录和考核，逐步取代官职恩赐制，并对文官的分级、薪酬、晋升、组织管理和能否参与党争等问题进行了详细规定。这不仅为英国政府节省了开支，而且大大减少了腐败，净化了政治生态。[27] 五是地方政府改革。应民众的强烈要求，给予地方更大的自治权。地方政府的大部分官员亦由当地居民选举产生，终结了上级任命的官职恩赐任命制度，铲除了腐败源头，净化了政治风气，提升了基层的执政能力、责任感与政治合法性。[28]

此时的英国社会也在发生深刻复杂的变化。这种变化同样是生产方式的变化和经济繁荣催生出来的，而且与英国的政治现代化进程密切相关。维多利亚时代的英国，国家繁荣的突出标志就是“收入的增加遍及所有阶级”。农业在赚钱，地租在上涨，地主们更是从矿产权的出让以及城市扩大而带来的征地收益中获得巨大财富。在其他领域，也产生了很多可以带来高收入的新职业。即使没有跳槽到这些新岗位，许多职业的货币收入也增加很多，收入增速大大超过同期物价上涨。那些终身在同一职位工作的人，其工资增加率在1851—1886年大约为30%。这个巨大的向上趋势使维多利亚时代中期“免于社会争吵”，达到历史上少见的程度，甚至滋生出一种轻率的乐观情绪。[29]

在这种情况下，尽管工人运动风起云涌，但政治上的及时变革足以吸纳激烈的抗议运动带来的冲击，工人运动的暴力色彩变淡，越来越具有“改良主义”倾向，劳资矛盾是总体可控的。[30]社会生活水平在上升，社会福利保障在扩大，济贫措施也在政府与私人组织的共同努力下有了很大的变化。到20世纪初，即英国的主导地位盛极而衰的拐点阶段，英国已制定出《养老金法》《国民保险法》《最低工资法》《儿童法》等多部法律，用以保障社会基本权益。[31]中产阶级在社会结构中的比例上升，政治特权阶层的行为受到更多约束，社会诉求的表达和民众对政治生活的参与以更加有序的方式进行；政府以法律形式保障了工人的集会、罢工和集体维权的权力，工会组织蓬勃兴起；由于“工人贵族”的出现，工会更加倾向于与政府进行对话，并寻求必要的妥协。总之，随着工业化的深入和政治的相应变革，英国绝大多数民众的经济处境和政治地位都提高了，英国社会的现代化特征越来越明显——这显然有利于英国社会的稳定。

关于这一时期的英国如何保证“生态可持续性”，可从两个方面理解。一方面，是英国的自然禀赋中丰富的煤矿储备为其工业革命提供了至为关键的廉价能源。这一点前文已有提及。另一方面则是，英国作为“全球工厂”，资源的大量耗费所带来的副作用如何消除的问题。作为最早开始工业革命的国家，英国也是环境污染危害最严重的国家，例如酸雨、毒雾和泰晤士河的污染等。为了摆脱环境污染、恢复生态可持续性，英国开始制定环境保护立法，在19—20世纪的鼎盛阶段，先后通过的法律有《河流污染防治法》《公共卫生（食品）法》《住房与城镇规划法》《煤矿开采法》《水资源法》《清洁空气法》等。英国的经验表明，保护生态环境、确保可持续发展，是治理现代国家不可忽视的重要方面。

这一时期，英国在“内外统筹性”方面的具体体现是：处于主导地位的英国，其海外收益远大于其付出的海外成本，或者说，英国从其主导的国际体系中的获益远比维持这一体系的成本多。在此过程中，国际体系的演进也比荷兰主导时期迈出更大的步伐。英国依靠无出其右的强大军力（尤其是海军）优势，对其他后发大国构成必要的安全威慑，让它们不敢轻举妄动，被迫遵守自拿破仑战争之后创立的以“欧洲协调”为特征的大国均势，维持总体上的大国和平，对英国的倡议予以配合——这保证了英国倡导的自由贸易体系能够持续运行，不被大国之间的战争打乱。银行和各类信贷机构的大发展，尤其是1870年之后在西方和其他各国货币按黄金确定法定价值的习惯的发展，也给世界暂时地带来了统一的货币价值体系，为自由贸易发展提供了难得的优越条件。[32]这种总体和平与开放的环境，也让美国和欧洲其他后发大国得享宝贵的国际和平环境，加快国内发展，并顺畅地从英国带头开拓的殖民体系中“分一杯羹”，拓展本国的殖民事业。这算是英国为其他后发大国提供的“公共产品”，也是英国的国际主导地位被广为接受的原因之一。

英国还同样以军事优势迫使欧美之外的更多后发国家开放国门甚至放弃部分主权，加入英国主导的国际贸易网络之中——这等于进一步开拓了英国的贸易边疆，增加了英国的海外收益。英国的国际政治影响力也随着其在经济方面的对外影响力同步提升。英国商品到达哪里，英国的政治和安全势力就渗透到哪里。凡是势力所及之处，英国就得以进一步开拓海外市场。在印度和远东是如此，在西欧、美国和俄国，同样如此。[33]

如果说荷兰推动了第一轮全球化，那么英国则是第二轮全球化的首要推动者。英国凭借其强大的生产和“推销”能力，创建了一个比荷兰主导时期参与规模更加庞大、产品种类更多、分工更加细化、运行更加有序的全球合作体系和自由贸易体系，确立了比荷兰主导时期更完备的国际政治安排，“万国邮政联盟”[34]等国际组织相继建立，处理国家间关系的国际法准则日趋完备。现代国际秩序的演进向前大大迈进了一步，并带动了更多国家的现代化进程。

难以抑止的国家衰败

日中则昃，月满则亏。上一节描述的主导国与外部世界的大开大合的交换，并不会一直持续下去。世界总是在动态变化之中。主导国满足于现状，有故步自封、日渐保守的天然趋势。理念创新、技术创新、制度创新、模式创新的红利会逐步释放干净，甚至出现异化、走向反面，经济发展速度和效率下降，政治与社会进步面临的拖累增多。不仅如此，“损有余而补不足”的事情也在发生。主导国与外部的资本、商品和人员交换，会助推其他国家的发展，侵蚀主导国的优势地位。这将造成主导国的国家治理体系失衡，以及整个国际体系的失衡，引发频繁的经济危机、政治危机、社会危机、国际安全危机，削弱主导国内部的经济盈利性、政治合法性、社会稳定性以及内外统筹性，降低主导国的国际信誉。这些危机是主导国陷入衰败的警示信号。当主导国意识到其陷入衰落时，会采取多种举措，例如“扩张”“打压”“收缩”“封闭”“结盟”等，但大多无济于事，甚至还会加速其衰落。与主导国衰落形成对照的，是其他后发国家的群体崛起。这些后发国家往往通过“模仿”“保护”“搭车”“超越”“竞争”等方式，逐步缩小与主导国的差距。最终，各方面条件最有利、机缘凑得最足的后发国家成为新的主导国，开启新一轮世界现代化进程。下面，我们就对此做展开说明。

主导国因何衰败

主导国陷入衰败的根本原因是：此前曾经助推其兴起的理念创新、技术创新、制度创新以及模式创新，其红利释放干净，并造成大量沉淀，增加了变革成本；或者原有创新中的“缺陷”逐步变大，从次要矛盾上升为主要矛盾，引发治理效率降低与合法性赤字；或者这种创新被“过度使用”了，带来意想不到的负面效果。综合观察荷兰和英国的衰败历程，可以总结出至少五个具体的方面。

一是技术相对落后导致生产效率降低，陷入设备“维护”还是“替换”的两难。以英国为例。英国由于是首个实现工业革命的国家，机械化程度并不甚高，纺织工业所占比重大。而且，主导阶段的英国，国内设备和整个产业体系已经相对成熟，并且沉淀了大量前期资本投入，受到固定资本的束缚。尤其是英国国内煤炭资源丰富且价格低廉，对煤炭和蒸汽机产生了很强的依赖。这种情况下，要让英国改弦更张，放弃以蒸汽机为主要动力的全套生产体系，转而采用更先进的技术设备和生产工艺，英国必是很不情愿的。19 世纪末，英国国内工业部门也曾出现一些技术创新，但总体看，创新力度不够，创新成果运用不广，旧企业所占比重依然较大，英国注定无法搭上第二次工业革命的快车，经济优势逐步丧失。19 世纪 70—80 年代，美国、法国、德国等国相继建立本国的机器制造业，并能生产和出口一些重要工业品，而英国在电机、内燃机、化学工业等新工业领域越来越落后于其他工业国。[35]

熟练工人的匮乏也是导致英国生产效率降低的因素。英国工业革命早期的熟练技术工人大多来自此前的手工工匠，并通过师徒关系向下一代传播技能。这种“师父带徒弟”的方式其实是很落后的，其技术的传播规模也注定是很小的——师父不可能一下子带出很多徒弟；师父为了防止自己失业，还可能对徒弟“留一手”，导致职业技能一代不如一代；并且，这种技能传承的“失传”风险也是很大的。英国没有像作为后发国家的德国那样重视职业教育，建立系统化的产业工人教培体系，培育大规模的产业工人队伍。这些因素，加之熟练工人的外流和偏远地区不熟练工人的输入，导致英国的产业工人团体在经历了 2~3 代人之后便衰落了。

类似的情况在荷兰身上也有发生。相比英国，荷兰国内生产的技术含量更低，更缺乏技术垄断性，很容易被复制、被转移和被超越，其赚取高额利润的持续时间更短，面临的国外竞争和产业工人流失压力更大。[36]

二是利益集团阻挠制度变革，陷入“分权”还是“集权”的两难。以荷兰为例。荷兰在“民主化”方面的先行先试及其政治制度上的“分权”设计，一度是荷兰的优势所在，为资本家自由地借助国家之力、竞相追逐财富铺平了道路。但是，在荷兰成为众目睽睽的主导国之后，客观上需要荷兰顺势提升国家治理能力、完善国家治理体系，并为维持国际主导地位而加强对国际战略的精心运筹。这要求荷兰必须改变以往的分权体制，转向更加强大的政府功能和更加集权的制度设计。也就是说，荷兰必须建立与其现代经济形态和国际主导地位相适应的现代政治形态。可是，荷兰没能做到这一点——国家治理体系和治理能力的现代化，缺了政治现代化这一大块。奉行重商主义的荷兰，内在地反对君主制或强大的中央政府。1651 年，荷兰在海牙召集各省的议会代表，废除了“执政”，转而施行“联省共和制”。自此，荷兰进入“无执政时代”，实际上是由“联邦制”蜕变为“邦联制”——这是国家治理体系的倒退。在多位“摄政”的共同领导下，荷兰变得没有远见，缺乏共识与合力，盲目固守现状，只注重追求短期利益。联省议会各行其是，在税收问题上相互牵制，谁也不想多交税，结果是个人腰包鼓鼓的，国库却空空的，荷兰的国防建设越发羸弱，在对外竞争中无法形成举国合力。正是因为没有强有力的国内领导核心集团，荷兰的海外扩张逐步迷失了方向，失去了势头，也没能搭上第一次工业革命的快车。直至今日，由于政治上的过于分权和松散，荷兰社会仍然存在着所谓的“柱化”现象——天主教徒、新教徒、社会党人、自由党人分为泾渭分明的社会集团，老死不相往来。[37]

在英国，体制上的权力集中比荷兰强，但旨在增强政治合法性而做的民主化努力，客观上形成了分权的效果。并且，政府规模的扩大和制度规定的繁复，滋生出了“官僚主义”现象。强大的既得利益者满足于现有制度安排，利用民主化的制度安排提供的机会，成为阻挠制度进一步优化调整的“分利集团”。尤其是英国工会成为特殊的利益集团，游说能力和政治影响力很强，成为阻挠制度变革的重要因素。

三是对外关系模式的弊端不断显现，陷入“进”“退”失据的两难。荷兰奉行重商主义的对外关系，只看重可见的商品贸易为自己带来的短期收益，因而对荒芜而寒冷的北美、炎热而落后的非洲都缺乏必要的兴趣，只认可“香料群岛”的商业价值。这导致荷兰毫无疑问地失去了确立更为长久的“殖民资本主义”的良机（荷兰的人口稀少，无法组织国内人口参与大规模对外殖民，这也是重要原因）。除了“香料群岛”，荷兰还对加勒比群岛和南美的巴西有兴趣，因为这些地方同样物产丰饶。可是，荷兰的重商主义粗暴行径，无论是其在亚洲运营的东印度公司还是在拉丁美洲运营的西印度公司，都遭遇强烈抵制和反抗。随着海外收入的减少，荷兰的重商主义对外关系模式陷入食之无肉、弃之可惜的尴尬境地，只能无奈地顺势转入了金融化阶段，成为单纯的“食利者”。与荷兰相比，英国的“殖民资本主义”模式尽管更具稳定性、综合性和长远性，但其本质仍然是对殖民地的剥削压迫和不平等的财富转移，或迟或早还是要遭遇强烈反对的。

四是社会文化的保守与“堕落”，在“奢”与“俭”之间面临艰难选择。在荷兰，由理念创新带来的对人的尊重、对人性的解放和对世俗生活的认可，随着社会财富的大量聚集和日益“金融化”，竟然蜕变为对人的欲望的放纵。曾经的节俭美德让位于“炫耀式消费”，消费主义的社会文化泛起，奢靡之风盛行，特权阶层随之增多，贫富分化越发严重。人们开始崇尚获取贵族式的社会地位。在阿姆斯特丹，人们将他们的资金从商业活动中抽出，转而投向豪华的地产建筑。[38] 在英国，在主导阶段的后期，社会文化也发生变化。如果说荷兰的社会文化是把曾经的理念创新发挥得过了头，在英国发生的状况则是社会理念向前现代时期的明显回潮。由于人们对“日不落帝国”的现状比较满意，社会上产生了保守主义的强大思潮。这种保守主义的思想，是通过对前工业社会时期的封建文化的追捧表达出来的。前工业化时期带有明显封建特征（因为此前英国的农业经济比较发达）的门第观念、等级制度、守成思想越来越流行。与荷兰一样，人们也开始利用自己的财富去追求贵族式的社会地位。这种社会文化风气抑制了社会创新和变革，阻碍了拔尖人物的出现。[39]

五是在与后发国家的关系上陷入“继续交往”与“脱钩”的

两难。全球化给后发国家提供了机会。主导型国家以自身威慑力把控世界安全形势，力主推动全球范围内的自由贸易和对外投资，并不由自主地推动了自身技术创新、模式创新、理念创新和制度创新成果在全球更大范围的扩散。其结果是：不仅提供了对后发国家而言至为重要的和平环境，而且为后发国家发展提供了宝贵的先进理念、经验、技术和资本，从而不可避免地帮助后发国家增强了产品竞争力和国家整体实力。这必然反过来对主导型国家构成强有力的竞争。主导国既需要与后发国家继续交往以获得高额利润，又时不时地萌生出断绝与后发国家来往以遏制其发展势头的冲动，因此陷入一种很苦恼、很纠结的状态。

“失衡”与“危机”

在上述五方面原因的共同作用下，主导国的地位必然要不保了。这突出表现为多方面的“失衡”与“危机”。“失衡”包括主导国的经济与社会结构的失衡、财政状况的失衡（即国家治理体系的失衡），以及国际体系的失衡。“危机”包括主导国和其他国家内部日益频繁的经济危机、政治危机、社会危机，以及爆发于大国之间的国际安全危机（通常是战争）。失衡与危机，是主导国陷入衰败的信号。各种类型的危机之间往往相互纠缠、相互激荡、螺旋升级，每一次危机都会进一步侵蚀主导国内部的经济盈利性、政治合法性、社会稳定性以及内外统筹性，加速主导国的衰败。

一是经济与社会结构的失衡。主导国在鼎盛阶段进行大开大合的内外交换，尤其是在鼎盛阶段的后期逐步进入金融化，成为

“食利者”，大量资本投于海外，逐步造成国内经济结构的失衡。从英国的情况看，在衰败阶段，这种失衡至少体现为三方面：一是农业部门的明显衰落，二是金融业的过度膨胀，三是传统工业部门受到冲击。

对英国农业部门的冲击，源于英国国内粮食供给的主动“外包”。农业曾经是英国国内的优势部门。在工业革命的背景下，鉴于农业生产成本较高且利润较低，鼎盛时期的英国按照区域比较优势的观点，在帝国内部实行了产业分工，决意将殖民地打造成自己的“粮仓”，正如 2 000 多年前罗马帝国竭力把非洲作为自己的粮仓而容忍意大利半岛的农业衰落一样。英国这么做，除了利润率的考虑、压低国内粮食价格的考虑，还希望以这种方式加大英镑在殖民地和全球的推广使用，形成一个以英国为中心、以英镑为媒介的国际金融环流。1846 年，英国废除了具有保护主义性质、旨在确保粮食价格和地主阶级收入的《谷物法》，北美和东欧的廉价农产品大量涌入，一时间食品价格明显降低，消费者得益，但国内农场的困境严重加剧。到一战前期，英国的粮食自给率已经非常低了，大量的进口导致英国出现了“可怕”的贸易逆差。19 世纪 70 年代初期，英国的贸易逆差为每年 6 000 万英镑，1905—1909 年则上升为每年 1.5 亿英镑，贸易逆差成为英国国家经济的长期特征。[40] 农业的衰落，造成大面积农田荒芜、涉农就业岗位流失，更关键的是，它削弱了英国的粮食安全。一战和二战期间，粮价飞涨，且粮食供应得不到保障，英国饱尝农业外包的痛苦，不得不重新鼓励本国农业生产。[41]

金融业的快速膨胀，是主导国陷入衰败的重要特征之一。按照布罗代尔的观点，金融化的加速推进，对主导国而言，是大举收获的阶段，更是“秋天的迹象”。随之而来的，将是霸权衰败的严酷冬天。剩余资本的增加，是金融化得以加速的客观条件，是英国可以充当金融“食利者”的本钱。英国越是一个殖民大国，就有越多的资本输出和资本外流。短期内，英国靠着“食利者”的身份可以维持可观的收入来源。1871—1913 年，英国的国外投资总额从大约 8 亿英镑上升到大约 35 亿英镑，主要投向了美国、阿根廷和巴西等国。国外投资的收益相当可观，足以帮助支付进口货物，不仅能弥补贸易差额，而且还剩余大笔资金继续用于国外投资。在处于繁荣顶峰的 1913 年，英国可用于国外新贷款的金额可能达到 1.8 亿或 1.9 亿英镑。[42]

金融化的快速膨胀，冲击了英国国内的传统工业部门。针对海外的投资活动助长了竞争对手的实力，增强了对手的生产能力，便利了对手的产业升级，吸引大量英国本土居民移居海外，同时大量物美价廉的商品涌入英国市场，而英国国内工业部门却投资不足，英国本土的工业部门逐渐衰落。由于资本和人口大量外流，苏格兰和威尔士已经成为国内越来越落后的地区，苏格兰甚至成为供富人打猎的地方。传统的城市环境和生活方式让人越来越不舒服，带来了英国本土的空心化和衰落。[43] 而且，由于食利者阶层的出现，收入分配也日趋失衡。富者愈富，穷者恒穷。富者反对用自己的财富去承担整个社会的运行责任，拒绝为社会提供更多公共产品。这无疑加剧了社会矛盾和社会撕裂。

二是财政状况的失衡。大家也许记得，在 1997 年由著名演员葛优主演的电影《甲方乙方》中，有一句很流行的台词——“地主家也没有余粮啊”。这句话很能说明主导国在其主导阶段的后期以及在衰败阶段的财政状况。在鼎盛阶段大开大合的内外交换之中，主导国有可观的海外收益，有能力既保证国内福利开支的扩大，也保证足够的军费，从而维持财政平衡。可是，随着国内福利开支的持续扩大（包括进口产品的大量增加）、海外成本的激增以及海外收益的相对减少，要保证财政平衡的难度就越来越大了。到底是把有限的财政资源投入国内，以保证政治合法性和社会稳定性，还是把它投到海外，以维系在国际体系中的既有地位和既得利益呢？这成为令衰落时期的主导国最头疼的问题。

以英国为例。维多利亚时代的英国政府“崇尚节约”，倾向于把政府开支“保持在符合国家安全需要的最低程度”。尽管随着帝国版图的扩大和国民收入的增加，政府扩大开支既有必要也有可能，但行政机关的开支只是非常缓慢地增长，尽可能地降低公共开支已成为习惯，以便能够长期保持预算平衡。国家是“小心翼翼的花钱者，甚至成为有效的节省工具”。1887—1888 年国家人均支出几乎依旧是 1857 年的水平，而国债的数字自克里米亚战争后到 19 世纪末几乎一直未中断地下降。[44]

好景不长。随着欧美列强竞争的加剧，英国依靠其在国际体系中的主导地位获得的收益不断收窄，而英国维持其这一国际殖民体系所要付出的成本却增加了。一战中，英国以极大的代价获得胜利，这标志着英国海外成本的激增。一战期间，英国从美国进口了大量战争物资，这都是要以美元的形式予以偿还的。为此，英国不得不出售其一定数量的国外投资。由于需要外汇，以及一部分欠美国人的钱无法按期偿还，英国在一战后的对外投资量比战前减少了 1/5~1/4。其他领域的投资收益也显著减少。这种成本收益比的变化与英国对外贸易逆差的长期存在，终于使英国的财政失衡进入了危险区。

由于英国主导的国际殖民体系已经风雨飘摇、时日不多，相应的全球治理机制早已无法运转，因此 1929 年爆发的席卷全球的经济危机就有了某种必然性。英国无奈地彻底放弃金本位制和自由贸易体系，任由它主导创立的国际殖民体系土崩瓦解。几年之后，一战中失败的德国重新武装自己，以战争方式挑战强加于己的不公正安排，将英国拖入战争，这导致英国为维持本国国家安全所要耗费的安全成本进一步上升。到 1938 年，英国的军费开支已经占据其国民经济的大部分。[45]

荷兰的情形与英国类似。荷兰成为主导型国家，这意味着它同时成为地缘政治中心，成为其他欧洲大国觊觎的目标，荷兰的安全成本骤然上升。1680 年之后，荷兰与法国交战，与英国交战，均大大消耗了荷兰的财力，重创了荷兰的贸易地位，挤压了荷兰的海外收益——因为荷兰的贸易活动必须依赖和平的国际环境。[46] 1713 年《乌得勒支和约》结束了法国与荷兰的敌对战争，但荷兰此时已负债累累，战后外国提供的大量贷款不足以偿还国债。英国对荷兰商船和航道的滋扰，更让荷兰苦不堪言，被迫增加海军支出。

三是国际体系的失衡。在经济方面，国际自由贸易秩序被打破。原有的秩序是，英国从其他国家进口初级产品，并向其他国家出口高附加值产品，各国在国际产业分工中各居其位。如今，德国、美国和其他欧洲国家也都有能力生产更加先进、更高附加值的商品，国际贸易的流动方向出现重大变化。国际产能出现过剩，无论是高端产品还是低端产品，竞争都明显加剧，对世界市场的争夺更加激烈。在政治和安全上，大国之间的实力对比也发生变化，军事力量对比随之生变，19 世纪初确立的以“欧洲协调”为核心的欧洲均势格局被打破，英国的国际信誉削弱，军事威慑力受到质疑。德国等后发国家急于改变现状，重新划分殖民地和势力范围，不断尝试挑战英国的主导地位。大国之间的合作势头消退，竞争氛围上升。加拿大、澳大利亚、南非等曾经依附在英国周围的殖民地和自治领，随着自身实力的上升，以及本土认同感的形成，也不再唯英国马首是瞻。它们表面上还继续给英国面子，但对英国提出的政治要求越来越多，离心倾向随着形势的发展不断显露出来。

危机的升级扩散与连锁反应

国家治理体系的失衡和国际体系的失衡，引发了经济危机、政治危机、社会危机与国际安全危机相互叠加、螺旋上升的连锁反应。各种类型的危机既是英国主导地位发生松动的警示灯，又是加速其衰落进度的催化剂。

在英国的国际主导地位如日中天的时候，1857 年爆发的第一次世界经济危机为英国主导的世界经济活动敲响了警钟。1873 年，世界性的经济危机再度爆发。此后，危机便在英国主导的资本主义世界周期性地爆发，全球产能过剩、需求相对不足的情况日益加剧。一战过后的 1920 年经济危机进一步打击了英国的国内传统生产部门，造成英国经济进一步停滞。[47] 待到 1929 年席卷整个西方世界的“大萧条”爆发，英国主导的国际经济体系已经土崩瓦解了。

经济危机往往催生出社会危机和政治危机，引发国内阶级斗争和社会抗争的升级。一个典型例证是，在危机和国际竞争越发激烈的背景下，英国煤矿业为了与德国煤矿竞争，做出了取消最低工资限制、延长工作时间的规定，造成阶级矛盾激化，引发 1926 年工人大罢工。除了煤矿业工人，其他行业的工人也参与了罢工。这种社会危机进一步恶化了国内经济形势，加剧了工人阶级的困境，失业人数进一步增加，失业率一度高达 23%，[48] 形成了一个经济危机与社会危机和政治危机的恶性循环——危机之下，怎么做都没有道理了。

经济危机与国际安全之间也存在关联。严格地说，一战并不是经济危机的直接产物，而是因为作为后发国家的德国在强大之后想要重新划分殖民地和势力范围，而英国想要维持国际体系的现状，因而归根结底仍与经济危机有深层关联。并且，一战作为一次大国之间竞争的极端状态，作为一次重大国际安全危机，反过来对英国经济产生了重大负面影响。一战给英国造成沉重负担，导致其财政赤字变得巨大，物价飞涨，失业率飙升，国际收支状况急剧恶化，英国与美国在国际金融体系中的相对位置完全颠倒了过来，英镑的国际地位发生了动摇。一战对德国的打击更是要命。战后赔款像一块巨石一样压得德国人民喘不过气来，德国经济的发展也是雪上加霜。一战之后的美国，金融实力蹿升，可是并没有相应的管理经验，在经历了 20 世纪 20 年代的经济金融繁荣之后，泡沫终于破裂，在整个资本主义世界引起连锁反应。而正是这次经济危机，加速了德、意、日的法西斯化，把世界再次拖入世界大战的深渊。

主导国的反衰败策略

面对各种失衡和危机，主导国肯定不会束手待毙，而是会采取各种措施，试图抑止衰败，或放缓衰败势头，或减轻衰败造成的冲击。

通常的情况是：当主导国最初察觉到衰败的迹象时，它会选择进一步“扩张”策略，利用既存优势，尽可能地榨取更多的（也是最后的）利润。此时，由于主导国的信誉和威慑尚存，这种策略可能会取得一定的效果，但代价高昂，并加剧后发大国的不满。针对后发大国的抵制和反抗，主导国会采取强力“打压”策略，试图维持国际体系的现状，这会进一步提高主导国的海外成本，刺激后发国家的对抗，破坏国际体系稳定。此时，主导国将难免感受到“体力透支”，不得不转而采取“收缩”策略，缩小外部参与，加强国内保护，希望借此维系“特权地位”。伴随着主导国地位的进一步衰落，它还可能尝试通过与后发国家“结盟”的方式延续主导权。但是，在主导国内部积弊丛生、国际体系土崩瓦解、后发国家群体崛起之时，主导国的如意算盘注定不会成功。

一是“扩张”。当英国敏锐地感觉到衰败迹象时，它对势力范围变得异常敏感，不仅容不得别人侵犯，而且还要不断扩大殖民地的范围，才能略微安心一些。19 世纪的最后 20 年，英国加紧抢占殖民地，企图通过殖民扩张保证廉价原料的供应和有利的投资场所，以及广阔的工业品市场。[49] 非洲是其扩张的重点。非洲是西方渗入的最后一个大陆，1880 年之后对非洲殖民地的争夺加剧，在国际关系中有些类似于 100~200 年前对美洲的争夺，其本质是抢占新的世界市场和势力范围。[50] 围绕着争夺非洲这一新的世界市场和新的殖民地势力范围，英国与法国、德国等欧洲列强展开了激烈竞争。布尔战争就是在这种背景下爆发的。布尔战争的本质是英国与德国的竞争。英国以巨大的战争耗资获得了战争的胜利，进一步拓展了国际殖民体系。

衰落早期的“扩张”策略及其对国际体系的搅动，通常会带来一定的“积极”效果。例如，1900—1914 年，由于连续的战争（第二次布尔战争以及日俄战争和巴尔干战争）拉动了订单需求，英国本已失去竞争优势的煤炭、纺织、造船等产业得以继续发展，黄金源源不断地输入英国，英国在世界范围内的投资（即产能输出，主要是对其他国家的铁路建筑、工矿企业、外国政府债券的投资）持续加强，英国的主导地位得以维持，甚至短期看还有所加强。[51]

二是“打压”。面对试图改变现状的后发国家，主导国有可能通过发动“预防性战争”，企图消除问题产生的根源。这是主导国通常采取的策略之一。第二次布尔战争便有些这样的色彩。布尔人的背后是德国的支持，英国为了压制德国在非洲的扩张，决意要在第二次布尔战争中取胜。这是对后发国家进行“打压”的战略意图的直接体现。

三是“收缩”。在英国的国际主导地位摇摇欲坠、国内财政失衡日益加剧、大量外国商品冲击英国国内市场的时候，英国国内开始形成要求转向保护主义的强大呼声——英国媒体开始煽动“外国商品威胁论”，为保护主义政策酝酿情绪；一些农场主和乡村绅士明确提出，必须通过实行金银复本位制或通过货币改革为国内产业提供隐性保护；1881 年成立的“公平贸易协会”，更是英国保护主义政策的典型代表[52]（这不禁让人想起特朗普政府曾四处宣扬的“公平贸易”）。进入 20 世纪，英国国内的保护主义呼声进一步高涨，推动一系列保护主义政策的出台，英国的自由贸易政策不再无差别地普适于全球，而是收缩到“帝国特惠制”覆盖下的自治领和特定殖民地。到了“收缩”这一步，主导国已经败象尽露。

四是“结盟”。在衰落的最后阶段，为解燃眉之急，时日不多的主导国不得不求助于后发大国。这无异于抱薪救火，只能更快地把主导国的主导地位推向终结。面对德国的侵略，英国在安全上和经济上都不得不求助于美国。美国趁机迫使英国让步，不仅加强了对英国经济的控制，为自己的剩余资本寻找出路，而且还迫使英国支持自己，在二战之后创建以美国为中心的世界政治经济新秩序。当年的荷兰因无力加强自主防卫，也选择与作为后发国家的英国结盟，其结果是无可挽救地断送了荷兰的主导地位。这与美英之间的《租借法案》和安全同盟如出一辙。[53]

后发国家的策略

世界现代化进程中的大国兴衰是一波接一波的。相对于西班牙与葡萄牙，荷兰是后发国家；相对于荷兰，英国、法国是后发国家；相对于首个实现工业化并成为主导国的英国，法国、德国、美国、俄国、日本是后发国家。后发国家要兴起，要不断完善其自身国家形态，要从常态性的国际参与（内外交换）中获得国家发展所需的资源——这是每个现代主权国家的内在权利。而且，先发有先发的优势，后发也有后发的优势。[54]通常情况下，后发国家主要依靠五种方法来谋求和扩大自身优势。

一是“模仿”。现代国家之间的相互学习和借鉴是一个常态。无论是荷兰的先进造船技术还是其重商主义做法，法国和英国都加以模仿；伦敦之所以成为新的国际金融中心，很大程度上是因为学习了阿姆斯特丹的经验；荷兰和英国的东印度公司模式，也被其他欧洲国家效仿。到了英国主导的阶段，美国、德国、日本则对英国的技术、制度纷纷加以模仿。

二是“保护”。当英国还是后发国家的时候，曾奉行保护主义策略，即英国版的重商主义贸易政策。[55]只是在英国成为主导国之后，自由贸易政策才成为圭臬。作为后发国家的德国和美国，在工业化早期也有意识地实施保护主义政策，顶住英国要求实施自由贸易的压力，尽可能地以关税手段帮助国内弱势产业抵挡英国商品的冲击。在 19 世纪 70 年代以后的贸易不景气年代，这种保护主义政策的力度更大了。俾斯麦想要为新兴的德意志帝国寻找联邦收入，进一步强化了保护性关税，1879 年的关税标志着 1846—1877 年关税自由化的结束。至 19 世纪 90 年代，德国、法国、瑞典和意大利的国内关税均显著上升。在美国，1890 年《麦金莱关税法》的通过，标志着美国的保护主义政策达到新高。[56] 如果从主导国的角度看，它可能会抱怨后发国家的市场不够开放、体制不够自由、信息不够透明——这是后发国家有意无意地实行保护主义的结果。

三是“搭车”。主导国开创的国际体系离不开其他后发国家的参与和配合；后发国家也可以在对国际体系的参与中各取所需，不仅与主导国进行直接的经济合作，而且可以从主导国开创的殖民地中获益，并间接地从主导国维持的国际和平环境中获益。就此而言，后发大国是搭了主导国的车。1870—1914 年的国际和平环境，为诸多国家的工业化提供了有利条件。除了德国和美国的大规模工业化外，瑞典和俄国从 19 世纪 90 年代开始，日本从 20 世纪初开始，其工业化发展也相当迅速。至 1914 年，从产值和产量来看，美国登上世界第一大制造业国家的宝座，德国第二，全球范围内出现了十余个新型工业化国家群雄并起的局面。[57]

四是“超越”。较早发展起来的工业部门，必然日渐陈旧落后，产品销路不畅，利润率也低；新的工业部门更受资本青睐，产品销路好，利润率高。因此，较晚发展工业化的国家，往往容易赶上较早发展工业化的国家。[58]到19世纪80年代，新一轮工业革命带来工业部门结构的又一次显著变化：内燃机和电动机的广泛使用，改变了工业的面貌；有色金属冶炼、化学工业部门，成为朝阳产业；与石油开采与精炼相关的行业也发展起来，使用内燃机的新型交通工具受到人们追捧。美国和德国趁势而起，成为新一轮技术创新的受益者，成为“新能源”“新产业”“新业态”的引领者，确立了新的经济优势。[59]而且，相对于英国落后的经营管理模式（主要表现为规模小、无垄断），德国和美国也成功实现了超越。[60]德国成为最早发展联合企业的国家，享有了联合企业带来的巨大优势；此后，美国的垄断规模进一步超越了德国。

五是“竞争”。如前所述，当后发国家的实力发展到一定水平时，当国际体系的失衡发展到一定水平时，当各国内部失衡发展到一定水平时，当各种危机的破坏性积累到一定水平时，或者当主导国对后发国家的打压达到一定水平时，后发国家与主导国的竞争摩擦将不可避免。大国竞争是由主权国家之间的国家利益差异性这一根本特征决定的，是在世界现代化的早期阶段不可避免的现象，它在带来巨大破坏性的同时，也起到危机出清的作用，这种竞争推动着现代国家形态和国际秩序形态不断改进。

第三章　历史是一面镜子

一些深层的历史规律

有必要对上一章的历史分析进行一下总结，因为这其中蕴含着一些极深刻的规律。这些规律的总结有助于我们更好地理解那些出现在 21 世纪的各种名词、现象和执政方略。在此基础上，我们再深度挖掘更为广阔的历史背景，从中提取出另一些规律特征。

上一章的分析给我们如下几点提示。

一是创新优势必然难以长期垄断。一旦一项重大技术创新被推出，并广泛应用于各个领域，同时主导国将基于这项技术的产品出口到其他国家以赚取高额利润，那么这项技术创新将很难保持长时间垄断。其他国家必然加以模仿和改进，甚至加以超越，大幅削弱其创新红利。荷兰曾努力防范本国的先进造船技术和熟练技术工人流入他国，根本无济于事；英国也曾做过类似的事，努力保护蒸汽机的知识产权，最终也失败了。19 世纪下半叶，美国、德国以电力和石油的广泛使用为基础，推进一系列技术创新，更是把英国甩在了后头。进入 21 世纪的第三个 10 年，这仍是一条铁律。我们看到，为保持本国的技术优势，美国也像当年的荷兰和英国一样，显著加强了保护知识产权的努力，并对其他国家的技术创新进行公开打压。最终效果如何，可以拭目以待。同理，在理念、制度和模式方面的探索与创新，更容易被其他国家以更快的速度加以效仿和进一步改进。

二是全球化必然带来多极化。除了技术创新，其他方面的创新，如理念创新、制度创新和模式创新等，也会被各国竞相效仿。这必然会帮助后发国家拉近与主导国的差距，就像当年作为后发国家的英国、法国与荷兰之间的关系那样。为了赚取更多利润，主导国会加大对外投资，加大对后发国家的基础设施投资，这也会加速后发国家的发展，就像当年英国在殖民地和美洲所做的事情那样。起初，主导国会乐见后发国家的发展，因为只有后发国家的腰包鼓了，它们才有能力购买主导国出口的更多商品。可是时间一长，便形成了后发国家群体崛起的多极化格局。这也是一条铁律。21 世纪，全球化和多极化再度“携手”出现，我们可以透过历史对此有更深的理解。

三是金融化与空心化必然相生相伴。主导国的财富越积累越多，形成了大量剩余资本，因此会从事更多金融套利活动，逐步走向金融化——这是无法避免的，因为金融化的诱惑实在无法抵制。成为少劳多得甚至不劳而得的“食利者”一定过得很舒服，国家财政也可以借助“金融化”加以平衡。当主导国走向这个阶段的时候，它可以通过手中掌握的大量财富，从其他国家购买那些原本由国内低端产业生产的产品，如粮食和其他生活必需品。而且，那些掌握大量剩余资本的人大多不愿意将资本投向本国的实体经济尤其是低端产业，因为这些领域利润率低、回本周期长，或者这些领域根本吸纳不了这么多资本。这样，国内的相关产业就会逐步萎缩。从长期来看，这还必然造成就业机会减少、贫富差距拉大、社会对立加剧等连锁性的社会弊端。也就是说，经济金融化必然带来经济空心化，经济空心化又必然带来政治上的极化和社会上的分化。这同样是铁律。

四是国内外两个大局始终紧密相连。前文曾经对现代国家的“外向性”本质有所说明，从中可以引出的推论是，一个国家的内政和外交，或者说国内和国际两个大局，是紧密相连、双向互动的。对现代国家的执政者而言，必须学会统筹国内国际两个大局。那些片面坚持“内政优先”或者“本国优先”、不顾其他国家的感受和利益的做法，肯定是行不通的；那些不顾国内政策的“溢出效应”和对外政策的“溢回效应”的做法，也是行不通的。

五是改革永远在路上。无论是荷兰还是英国，最初都是因创新（或者说改革）而兴，但在创新红利释放完毕之后，由于种种主客观、内外部原因，失掉了自我革命、继续创新的意愿和条件，因此从变革性的代表、先进性的代表变成了守成性的代表、落后性的代表。世界现代化浪潮滚滚向前，不会给那些僵化停滞的国家留任何情面。一旦停下改革创新的脚步，必然滋生积弊，最终被人超越。

除了上述这些，如果我们将自己置身于 4 万米高空，徜徉于 500 年历史长河，把持续展开的世界现代化的浩瀚进程统统收入历史的望远镜加以考察，将那些繁复的历史事件做更加抽象的分析，我们还将发现关于主导国以及其他大国兴衰成败的更多规律。本书将从六个方面加以梳理。

一是地理性因素的影响。地理因素决定了国家的地缘环境、战略文化和资源禀赋，因而对国家的安全与发展、兴起与衰败都有重大影响。

其中的规律之一：总是在边缘地带生发出新的力量。在15世纪，放眼全球，封建主义生产方式的中心地带无疑在亚洲，以中国的明王朝、印度的莫卧儿帝国、中东的奥斯曼帝国为代表。中世纪的欧洲，因为地理的分散和土地相对稀少，不利于封建主义生产方式的壮大，也不利于形成大一统的封建王朝。因为相对落后，欧洲甚至还面临奥斯曼帝国的封锁和威胁。正是这种世界范围内的“边缘位置”，以及安全上的不利处境，催生出资本主义这种更先进的生产方式，这种生产方式首先在欧洲萌芽并快速发展。在欧洲范围内，荷兰与英国又一度处于相对边缘的位置，教皇和罗马帝国的影响力较弱。边缘位置意味着较少的政治束缚和较小的安全压力，所以在荷兰和英国，脆弱的资本主义小苗得到呵护。当西欧成为国际体系的中心时，更为先进的生产方式和政治制度则在欧洲两侧的边缘地带（俄国和美国）悄然酝酿。以此推之，未来的新主导国必然出现在非西方世界。亦即：几百年前，当东方因农业文明和封建主义而成为世界中心时，西方因处于边缘而率先变革，最终超越东方；未来，当西方世界因长期置身国际体系中心而不堪重负时，新的潜在主导国将在现有国际体系的边缘地带悄然成长。

其中的规律之二：地理位置塑造了国家的战略文化。荷兰与英国同为海洋国家。与海洋的密切接触，以及由海洋提供的航运便利，让它们形成了独特的危机意识、扩张心态、探险精神、对外商业模式和注重海军建设的军力布局。其他海洋国家也大多形成了类似的战略文化传统，并且与大陆国家的战略文化形成鲜明对比。这是荷兰与英国在诸多欧洲国家中率先起步、开启全球贸易和海外殖民的重要背景。英国在欧洲版图上可谓“孤悬海外”，这一特殊的地缘态势也使19世纪的英国在欧洲奉行大国均势政策、维系“欧洲协调”成为可能。

其中的规律之三：地理因素决定资源禀赋，资源禀赋决定生产方式。荷兰紧邻北海，北海渔业资源丰富，荷兰人既以打鱼过活，也靠鱼类产品出口完成重要的资本原始积累。同时，荷兰丰富的泥炭资源为荷兰从事简单的工业生产提供了可靠且廉价的能源。当欧洲人的生活方式发生变化，更喜欢吃肉而不再那么喜欢吃鱼时，荷兰的渔业出口受到打击，财政收入也减少了。同理，荷兰的泥炭的使用效率自然比不上英国的煤炭。对英国而言，先是因煤而兴，而后又因过分依赖煤炭而耽搁了产业转型。

二是历史性因素的影响。一个国家总是从历史中来，并带着历史的遗产走向未来。现代国家脱胎于封建社会，即便像美国这样在“新大陆”上建立的国家，也难免带着欧洲的人文历史痕迹。因此，前现代时期积累下的历史性因素总是在现代国家的演进中发挥重大影响。在不同时空环境中，历史性因素发挥的作用不尽相同，有时是正面的作用，有时则成为拖累。荷兰的分权文化形成于特定的历史背景，前文已有提及。这种分权的历史传统在荷兰的兴起和主导阶段发挥了积极作用，为资本主义发展提供了宽松的政治环境。可是，当荷兰面对列强环伺、必须凝聚合力、需要模式创新时，分权的历史传统就开始发挥消极作用了。

前现代时期，英国的农业产业相对发达，因而形成了较强的封建主义文化。正是这种历史底蕴，使得英国在政治现代化转型中不得不在新老政治力量之间谋求妥协，部分地保留封建制度底色，形成了女王与议会并存的独特政治安排。在国家兴起阶段，这种安排总体上利大于弊，因为社会免于激烈动荡，减少了变革成本。当英国陷入衰退时，这种历史文化的负面效应就开始显现出来了，人们之间开始重新追求等级化的社会秩序。这与资本主义的发展格格不入，成为社会变革的桎梏。

三是规模性方面的特点。规模就是实力，规模很重要。除此之外，规模性方面的最显著特点就是：主导国的规模总是一个比一个大，主导国开创的国际体系的规模也总是一个比一个大。荷兰因特殊的地理、历史因素而兴，但它实在是规模有限。无论是国土规模、人口规模还是经济规模，抑或是政府规模，都是如此。在世界地图上找到荷兰是需要费些眼力的。小小的荷兰，竟能以自己为中心，开创一个立足欧洲、多线并发、直达美洲和亚洲的重商主义国际体系，简直是个奇迹。金德尔伯格曾这样评价荷兰：“17 世纪的繁荣是一个奇迹，衰退仅标志着拥有 200 万生灵的小小的荷兰共和国回归到了它在欧洲应有的位置。”[1] 由于国土规模太小，荷兰根本没有任何防御纵深，面对英格兰、德意志和法兰西的夹击，它无力做出有效防御。由于人口太少，消费能力有限，它也根本无法形成一个以国内消费为动力的国际经济环流。政府规模也太小，不具备与客观需求相匹配的国家治理能力。

与荷兰相比，英国的国土规模、人口规模、经济规模、政府规模，以及英国开创的国际殖民体系的规模，都大得多。1780 年英格兰和威尔士的总人口约为 750 万。据 1821 年全英人口普查结果，英国人口已增至 1 200 万。1821—1871 年的 50 年间，英国人口又增至 2 275 万。[2] 大规模的人口以及相应的高收入水平，形成对国际农产品的巨大需求，有助于形成以英国为中心的国际经济环流。更大的人口规模也有利于海外殖民的发展，荷兰就因人口太少而派不出人——殖民这种事怎么能假借他人之手呢？更大的政府规模也有助于英国政府履行必要的国家治理职能。英国开创的日不落帝国，其规模同样令人惊叹。恰恰是这种更大的规模保证了英国更大的收益。继英国之后而兴起的其他后发国家——德国、俄国、美国等，各项国家指标也都比英国大。[3] 同理，可以预计，未来几十年，如果出现新的主导国，其国家规模的各项指标（尤其是人口规模和经济规模），也应该比现有的主导国更大。

四是周期性的特征。第二章对主导国兴起、主导和衰败阶段的考察，已经强烈地昭示出大国兴衰的周期性特征，并且提示出决定这种周期性特征的诸要素。与此相关的周期性研究，如康德拉季耶夫对世界经济长周期的研究，马克思对经济危机爆发周期的研究，莫德尔斯基对世界政治长周期的研究，甚至萨缪尔·亨廷顿对社会民主化运动周期的研究，都总结出类似的周期性规律。

周期性规律是我们理解世界现代化演进的重要遵循。尤其需要提及的是，现代国家的经济荣枯周期、政治演进周期、社会运动周期，国际体系的演进周期，以及全球化的扩张与收缩周期，所有的这些周期性运动之间还存在着深层关联。这是现代国家形态演进与现代国际秩序演进的深层原理，值得进一步探究。

五是结构性的特征。世界历史的开启和世界现代化进程的推进，将整个世界和人类社会塑造成一个有机联系的世界生态系统。迄今为止，这个世界生态系统仍表现为危机型的结构特征。每次大国兴衰和国际权力转移，都伴随着长时段、大规模、综合性和极具破坏性的危机。为什么会是这种“危机型结构”？其背后的原因很复杂，若是稍微提及一些思路的话，可以说，危机的形成和生产社会化与生产资料私有制之间的矛盾、各国命运紧密相连与世界政治无政府状态（“世界政府”的缺位）之间的矛盾、资本的逐利本质与人谋求全面发展之间的矛盾都有很大的关系。矛盾是事物发展的动力，也是酝酿危机的源泉。就此而言，过去500多年来，各国经济危机、政治危机、社会危机、国际安全危机以及生态危机（如气候变暖）的反复发作，都有必然性。

六是阶段性的特征。人类社会在过去的发展总体遵循着从原始社会到奴隶社会，再到封建社会和资本主义社会的阶段性规律，呈现出强烈的阶段性特征，未来也将不会逃出这种阶段性的规律特征。因此，在分析主导国的兴衰规律时，不能忘了关注大的历史阶段，必须高度重视上述这一切事情得以展开的更大时代特征，并由此探寻人类未来的方向。

500多年前的地理大发现之后，人类开始从封建社会迈向资本主义社会的新阶段，开启了世界现代化进程。无论是荷兰还是英国，抑或是其后的美国，它们发挥主导作用的方式都与资本主义在不同阶段的特征息息相关。荷兰开创的是重商资本主义，是资本主义发展的较低阶段；英国开创的是殖民资本主义，是资本主义发展的较高阶段；美国开创的是自由市场资本主义，是资本主义发展的更高阶段。其间，随着垄断程度的加深，政治上的帝国主义特性不断强化。如今，美式资本主义的演进已进入国际金融垄断资本主义的新阶段。这种最新的阶段性发展是不是资本主义的最高阶段，是不是资本主义发展的最后阶段？这些重大的理论与现实问题，有待人们进一步研究。

资本主义是否进入“最高”或“最后”阶段，目前仍难下绝对的定论，因为这取决于多种主客观因素，但可以肯定的是，几百年来资本主义的发展，不过是世界现代化进程中的一小步。资本主义已呈现出诸多暮年迹象，但更为广阔、为时更长的世界现代化进程仍处于少年阶段——未来的路还长着呢。资本主义在过去几百年的发展，不过是在为世界现代化在更高阶段的发展，为建设更加先进的国家形态，为实现人的全面发展，为建设更加紧密的世界共同体，做着必要的准备。因此，尽管对于世界现代化进程的推进将在何时出现从量变到质变的重大转折，现在还很难说，我们仍需要在考察未来现代国家兴衰、现代国际秩序演进的过程中将“阶段性因素”纳入考虑之中。

它们为何没有成为主导国

我们此前一直都是在围着荷兰和英国转。这两个国家是历史选择的特定时期的国际体系主导国。在它们成为主导国的前后时期，还有很多作为“备胎”的国家，如西班牙与葡萄牙、法国、德国、日本和苏联等。它们看似都有机会成为主导国，但最终与主导国的地位失之交臂。这是为什么呢？循着前文所述的各种考察指标和各种历史规律，本节尝试对它们未能成为主导国的原因做简要分析。

首先看“先发而未至”的西班牙和葡萄牙。西班牙毗邻地中海、大西洋和比斯开湾，这种“地理性特征”赋予西班牙以巨大便利，使其可以通过海洋与黎凡特、美洲和北欧相连，具有海外贸易优势。西班牙人因此成为欧洲第一批海外探险者。哥伦布“发现”美洲后，美洲为西班牙带来了源源不断的财富，尤其是在 1545 年秘鲁的银矿被发现之后，美洲白银大量流入西班牙。这些白银本可以成为西班牙发展资本主义的“第一桶金”，但此时“历史性因素”阻碍了这一可能性成为现实。因为此时的西班牙乃是欧洲封建主义的核心地带，哈布斯堡家族在西班牙的统治让西班牙充满着浓浓的封建气息，崇尚贵族等级制，蔑视摩尔人，蔑视体力劳动，仇恨任何宗教和现实生活的变革。封建主义者的强大势力扼杀了任何理念创新和制度创新的可能性；白银的大量输入不仅没有激发任何技术创新和生产方式的进步，反而造成通货膨胀和国内产业结构失衡，带来社会差距的拉大。那些在海外淘金发财致富的人回到西班牙之后，买房置地，生活奢靡，一心想让下一代跻身贵族阶层，结果是下一代沉迷于酒色和赌博，沦为“无用的一代”，富不过三代便一切烟消云散。[4]

西班牙只能算是欧洲海外贸易和殖民的先行者，它并没有在欧洲和全世界确立起垄断或中心地位，也没有开启欧洲从传统到现代生产方式的转换，它想的只是延续哈布斯堡家族的统治。“自负使得西班牙只有在赢得一场战役的胜利之后，才会从实力出发进行谈判；在发展落后于别国时，坚持通过战争来避免屈辱。”[5]因此，在“内”，它对荷兰（尼德兰）的起义实施长达 80 年的军事镇压；对外，它与英国、法国等多个竞争者作战。这种高昂的安全成本严重破坏了西班牙的财政，加速了西班牙的衰败。

同处伊比利亚半岛的葡萄牙，也凭借有利的地理位置成为海外贸易和殖民的先行先试者。葡萄牙率先开辟了一系列航路，在亚洲建立多个“代理商行”，从事香料贸易，赚取高额利润，但与荷兰类似，葡萄牙的国家规模太小，人口仅有 200 多万，缺乏能够远航的水手，海外贸易的拓展能力有限，在与其他欧洲国家的竞争中处于劣势。尤其是葡萄牙与欧洲的封建政治中心离得太近了，不可避免地受到传统封建势力的影响。1580 年，西班牙国王腓力二世打败葡萄牙并对其实施占领，将葡萄牙并入“联合帝国”。

我们再来分析作为“永恒挑战者”的法国。在 12 世纪前后，法国曾经是欧洲经济的中心，从此以后，法国便再无此荣耀。从西班牙、葡萄牙的海外冒险时代开始，法国就参与了欧洲的大国竞逐，并亲眼见证了 17 世纪荷兰的巨大成功。荷兰衰败之后，法国卷入了与英国的百年竞争之中，试图夺得国际体系的主导权，一度锐不可当，但最终还是失败了。论规模，法国与英国的国土面积并无实质性差别；论人口，19 世纪初英国人口约 1 100 万，而法国则高达 2 700 万，还明显占优。循着前文的思路，关于法国失败的原因，至少可归纳出两点：其一与地理性因素相关，其二与制度性因素相关。

英国与法国同为荷兰衰败阶段的后发国家，但两国的地理禀赋截然不同。英国的海洋属性赋予其典型的海洋文化，而法国则是典型的大陆国家。在英法交战期间，英国可以借助海洋的便利源源不断地将海外殖民地的收益用于补充本国财政，支付巨大的战争开支；法国这一时期的对外贸易也不可谓不发达，与英国一样都在蚕食荷兰的贸易地位，但与英国比起来，法国的行动逊色很多。而且，海洋与陆地给主权国家带来的安全形势有很大差别，英国借助海洋的保护，能以更小的代价维护本土安全。

英法两国的制度性差异鲜明地体现在两国的财政制度方面。前文曾谈及，英国较早地建立了现代融资体系和现代财政制度，并从这一重大制度创新中获得巨大的好处，极大地便利了战争融资和确保金融信誉。相比之下，法国的财政体系只能用混乱不堪来形容。[6] 为了给战争融资，法国对各行业征收重税，这又对国内商业活动起到抑制作用。法国也曾试图建立现代银行体系，以有效管理债务并提供低息贷款，但总是遭到既得利益集团的反对。这种财政体系的效率差异，直接决定了两国竞争的结果。

接着，我们再来看看为何德国“屡战屡败”。因受制于欧洲的新老势力斗争这一重要的历史性因素，德国较晚才完成统一，此后便快速步入兴起的轨道。在19世纪下半叶英国显露败象的时期，德国和美国都是紧随其后的后发国家。与英国相比，德国的规模毫不逊色。1871—1874年，英国人口规模为3 200万，而当时刚刚赢得普法战争的德国已有4 000万人。而且，德国循着前文所述的后发国家典型策略，在“模仿”“保护”“超越”方面都做得很好，尤其是在第二次工业革命中拔得头筹，凭借重大技术创新，确立了明显的经济优势。

德国与同作为后发国家的美国主要有两方面差异：一是在地理方面，二是在模式方面。在地理方面，大洋彼岸的美国对英国而言依然鞭长莫及，处于欧洲大陆核心地带的德国则是英国时刻盯防的目标。英国想要维持欧洲均势格局，必须对欧洲核心区域的大国力量对比高度警惕，而身处欧洲大陆中心的德国此时也急需为自己的富余产能和资本寻找海外出路，不得不与英国展开贴身竞争。

这时，模式方面的差异又在德国与美国之间显现出来。在对外关系上，美国较多地选择了“搭车”策略，在无力大范围争夺海外殖民地的情况下，只要求各国“门户开放”和“利益均沾”，并循序推动自由市场资本主义的新模式，在国际关系中甚至打起反对殖民控制、维护各国主权独立的旗号。一战后美国倡导建立“国联”，更是让美国占据了国际道义制高点。相比之下，德国在对外关系模式方面缺乏创新，依然主要是与英国争夺殖民地。此时，殖民地的民族自决意识已经十分高涨，连英国都越来越难以控制殖民地，不得不做出妥协和退让，德国此时竟然还要走海外殖民的老路，以此方式去挑战英国的主导国地位，只能自取其辱。因此，无论是一战还是二战，德国的命运都有必然性。

在亚洲率先崛起的日本为何没能成为主导国？这个问题也很有意思。地理位置赋予了日本以很大的优势。19 世纪开始加速兴起的日本，得享这一有利的地理位置。与美国一样，地处亚洲的日本既未处于欧洲封建主义的核心控制地带，也是欧洲资本主义力量控制力相对薄弱的地区。而且，在东亚以中国为中心的朝贡体系中，日本同样处于边缘位置，较少地受到中国的政治控制。与荷兰和英国一样，日本也是海洋国家，拥有海洋文化赋予的危机意识和外向性。在欧洲的殖民者叩开日本的国门之后，日本推动了以明治维新为标志的现代化变革，较早走上资本主义道路，并循着后发国家的“模仿”“保护”策略一路追赶。在打破了“中华朝贡体系”之后，又挑战一战后欧洲列强在亚洲确立的“华盛顿体系”。

但是，日本的规模太小了。在英国衰败之后，有能力对英国取而代之的，应有更大的国土和人口规模，以及更大的战略纵深。日本显然不具备这样的规模。当日本与欧洲列强争夺亚洲的殖民地时，亚洲各国的广袤幅员和巨大人口规模对日本构成了难以逾越的障碍。而且，与德国所犯的错误一样，日本想要重走英国当年的殖民老路，也必然要遭到亚洲各国的强烈反抗。军国主义的卑劣行径，更加速了日本在军事和政治上的彻底失败。

苏联争霸失败的案例，也应放在世界现代化的视野中重新加以研究。在世界现代化进程中，俄国是一个典型的后发国家。位居欧洲边缘地带和欧亚大陆接合部这一特殊地理位置，给俄国带来了综合性的影响。地理赋予它的劣势在于：它没有荷兰与英国那样的海洋环境，在海外殖民竞争中处境不利。地理赋予它的优势在于：它较少受到列强纷争的困扰，在对亚洲内陆的殖民扩张中一路畅通。彼得一世治下的俄国，通过在一定程度上模仿欧洲的先进技术和制度迅速实现富国强兵，并通过“搭车”和“竞争”策略在内继续发展，对外快速扩张。但俄国缺乏技术创新。农奴制的浓重底色，使俄国对西欧强国的技术模仿“成色不足”，自身技术创新更是不足，俄国的综合国力始终处于二流水平。克里米亚战争的失败便暴露了俄国的真实水平。

但俄国的重大制度创新帮了忙。在英国主导的国际体系日暮西山之际，各国内部的社会矛盾都在激化，处于欧洲边缘位置的俄国更是如此。一战中的俄国失去了社会稳定性，激烈的社会矛盾引发“十月革命”，由此创建了世界现代化进程中的第一个社会主义政权。这是处境不利的俄国在制度创新方面的重大举措。此后的苏联凭借这种制度优势，利用“五年计划”大大强化国内生产的有序性，在较短时间内优化了国家工业体系，综合国力大幅提升，在二战中的表现十分卓越。苏联的道路，乃是后发国家通过重大制度创新谋求赶超的绝好案例。

苏联本可以借助这种重大制度创新成为国际主导地位的强有力争夺者，二战结束之初美国和苏联旗鼓相当的态势就说明了这一点。可是，为什么是美国而不是苏联最终取代英国成为新的主导国了呢？这成为人们至今仍在苦苦思考的问题，围绕这一问题的研究成果已经异常丰富，典型观点也不下一二十种，可谓众说纷纭。若是从前文所述的世界现代化视角看，苏联争夺主导国的失败至少有两方面原因。

一是在苏联国家内部，沉重的历史包袱让苏联的制度创新逐渐褪色。较强的封建主义残余，在社会主义制度之下以新的社会等级制面目重新出现。随着和平环境的延续和国内财富的增加，苏联共产党内部出现大量特权阶层，腐败丛生，治理效率低下，理念先进性和政治合法性逐步消逝。这些特权阶层又成为既得利益者，成为制度变革的障碍，导致苏联的体制日益僵化，失去自我纠错能力，最终落得分崩离析而无人惋惜的悲惨命运。

二是在对外关系方面，与美国争夺霸权和相应的大国沙文主义作风，造成苏联的国际信誉低下和海外成本激增。二战后，亚非拉民族解放运动兴起，霸权这种对外关系模式和国际秩序安排本就是世界各国强烈反对的。就此而言，想要争夺世界霸权的苏联和美国都在道义上处于不利境地，但美国综合实力占优，而且美国为争夺霸权、联手西欧国家组建的国际体系是一个能够“赢利”的体系，而苏联组建的国际体系，无论是“经互会”还是“华约”，都是为了与美国针锋相对而设立的，要靠苏联的“输血”才能维持。为维持战略均势，美苏双方都需要付出巨大的安全成本，苏联显然压力更大，尤其是当苏联国内陷入政治僵化和经济停滞时，就更没有足够的财政实力去应对与里根政府的“军备竞赛”了。

关于美国的前途命运

到20世纪30年代，英国主导的国际体系已经瓦解。这时，“世界经济处于这样一种状态：边缘经济不再与中心经济相联结”；“世界经济生活与欧洲原来的大都市司令部脱离联系，司令部本身也不再成为组织经济的中心”；“英国的政策和其他国家的政策一样，也只能接受世界经济的解体而无能为力”。[7]然而，世界历史不会因英国主导的国际殖民体系的瓦解而停止前进的脚步。英国殖民体系的瓦解，恰恰说明它已无法推动世界历史和世界现代化进程的演进。在旧体系的土崩瓦解中，更加先进的国际体系必然在悄然酝酿。这是世界现代化演进的客观规律，也是寻求现代化或更高程度现代化的世界各国的主观需要。在当时的条件下，“边缘经济没有中心经济无法存在，没有边缘经济的中心经济同样不能存在”。[8]这时，需要出现新的主导型国家，再次把世界经济的各个部分结合成有机整体，开启新一轮全球化。这便是二战后期尚未“正式加冕”却已“众望所归”的新主导国（美国）的任务了。

在与德国、日本、俄国（苏联）等一系列后发国家的竞争中，美国是各方面条件最有利、机缘凑得最足的后发国家。美国成为新主导国，乃是一系列因素共同促成的。

与其他后发国家相比，美国的地理条件可谓优越至极。在这块通过不断扩张形成的国土之上，适当的纬度保证了气温的舒适与耕作的便利；大面积肥沃而平坦的土地、丰饶的森林资源和水资源、丰富的地下矿藏，为国家兴起提供了充沛廉价的生产资料。由于远离欧洲并有大西洋相隔，在以欧洲为中心的国际体系中，美国处于边缘地带，美国的海外安全成本长期较低，得以在国家弱小阶段有效维护国家安全。陆海兼备的地缘特性，还让美国形成了比荷兰和英国更为平衡的战略文化。

在很长一段时期内，历史性因素的作用也是总体正面的。“新大陆”的身份以及欧洲人在此的殖民，使得美国这块土地和这块土地上的人与欧洲保持了必要的历史传承关系，并较少地受到欧洲历史遗产的羁绊。美国城市与村庄的命名，美国政治制度的设计，美国各类人群的长相与生活方式，都能显示出美国与欧洲以及其他地方的历史联系。由于“新大陆”的广袤，人们又可以不受约束地自由行动，200 多年里的美国社会因此充满活力。

规模方面，美国的资质也堪称优越。20 世纪初，在美国即将接过主导国的接力棒之前，美国的人口规模已接近 1 亿，比英国多一倍，国土规模自不待言，经济规模也已稳坐全球头把交椅。

作为后发国家，美国的重大创新能力和相应的策略运用也堪称得当。不仅从欧洲的理念创新中受益，而且勇于探索制度创新，开辟三权分立的政治制度，形成现代国家的第一部成形宪法；勇于探索技术创新，引领了第二次工业革命；勇于探索对外关系的模式创新，以自由市场资本主义削弱殖民资本主义的根基。由于美英之间的特殊渊源，美国在模仿英国的改革经验方面也具有得天独厚的优势。从 18 世纪开始到 19 世纪的大部分时间里，在政党政治发展与文官制度改革等多个方面，美国均从英国那里汲取改革的灵感。同时，美国也与其他后发国家一样注重加强对国内市场和工业体系的保护与扶持，没有对英国完全敞开怀抱。美国在"搭车""超越""竞争"方面也做得不错，对此前文也略有提及。

所以，从北美殖民地到独立建国，从建章立制到不断完善，从西进运动到南北战争，从学习模仿到引领创新，从控制拉丁美洲到涉足亚洲，美国作为后发国家的兴起，逐渐凑足了各方面机缘。待到英国这个国际体系的主导国内外交困、筋疲力尽之际，美国便当之无愧地接过了主导国的接力棒。

关于美国何时确立主导国的地位，似乎还有待澄清。到底是二战刚一结束，美国就成了新主导国，还是在彻底击垮苏联之后，才算是主导国实至名归了呢？对这个问题的回答，最好的方法是回顾历史。历史上主导国的兴起、主导和衰败，以及主导国之间的权力转移，本就没有精确的分期，而是一个循序渐进的过程，并在微观层面充满了波折反复和相互矛盾。荷兰是在与西班牙的战争中逐步扩大优势并夯实主导地位的，英国也是在与法国的百年竞争中逐步扩大优势并夯实主导地位的。至战争结束，荷兰的主导地位已到达顶峰，而英法战争之后，英国的主导地位又有进一步上升。

同理，美国在二战未结束之时就已经在为如何行使主导权而谋篇布局，战后的一系列国际体系安排，其实已经表明美国的优势地位和主导国身份。只不过这一时期美国的主导权尚未巩固，仍需要与英国、苏联和其他大国商量着办。因此，二战结束后美国对苏冷战的开启，既可以被视作美国与苏联继续争夺主导权，也可以被视为对英国和欧洲特殊地位的剥夺，更可以被视为美国为维护和扩大主导国地位的一种手段。直至冷战结束、苏联解体，美国的主导国地位便是无出其右了。

更有趣的问题来了。既然在冷战结束、苏联解体之后，美国确立了无出其右的主导国地位，那么此后的美国是像荷兰那样很快进入拐点、从鼎盛状态跌落，还是像英国那样继续扩大主导优势、长期维持主导国地位呢？

按理说，规模在这里会起到重要作用。无论是国土规模、人口规模、经济规模，还是美国在前人基础上引领开创的这套国际体系的规模，美国的规模性特征都远超过当年的荷兰和英国，而且美国引领的这一轮全球化，其范围和深度也远超以往，美国在与外部世界的大开大合的交换中获得了比之前的主导国多得多的优势、特权和不对等利益。就此而言，美国似乎更有条件去开创一个比英国的主导时间更长的周期。这或许是美国前总统奥巴马说“美国要继续领导世界 100 年”的底气所在吧。

但不要忘了，起作用的还有其他因素。世界现代化进程向前演进、现代国家形态向前演进的最重要特征，就是多个因素在共同起作用，因为这是一个普遍联系的世界生态系统。主导国兴衰的历史规律，绝不是某个单一因素决定的。

如果拓展考察的视野，考虑到资本主义发展的阶段性特征，那么人们完全有理由担心美式资本主义到底还能走多远。史无前例的金融化催生出怪物一般的“国际超级垄断资本主义”，造成国际经济体系严重失衡，美式资本主义接下来会走向何方？如果考虑到凡事有利必有弊、利大弊也大，人们还有理由担心：比以往更大规模的大开大合的交换，美国自身的国家治理体系是不是受得了？美国的国家治理体系失衡会不会很快出现？如果考虑到世界生态系统的危机型特征，人们也一定难以否认，一旦当前的国际体系陷入失衡，由此导致的危机也将是史无前例的几百年未有之巨变。这种危机将更猛烈地冲刷主导国的根基。如果我们既重视客观因素也重视主观因素，大概也会同意，主导国的战略选择和行为方式乃是影响其主导时间长短的重要因素。若是小心谨慎、自我克制、励精图治，可能会让主导国的命运长久些；若是不走正道、颐指气使、涸泽而渔，主导国的衰败无疑会大大加速。尤其是人们还不能忽视主导国内部存在的某些内在缺陷或短板，这些缺陷和短板就像人体天生的“基因缺陷”一样，早已内在地蕴含于这个国家的形成与兴起过程之中，并将在特定的时空背景下发作。这些缺陷和短板也可能加快主导国衰败的节奏。

过去 30 年中，人们既见证过苏联解体后美国“一超独大”，全球范围内美式全球化快速推进，美国在对外军事行动中占据绝对优势，其他大国忍气吞声，也见证过“9 · 11”事件打疼美国，美国借机对外扩张，在阿富汗和伊拉克同时推进两场战争，扩大对南亚和中东的渗透改造。人们还见证过 2008 年金融危机之后美国国内惊恐万状，“礼贤下士”地请求二十国集团的其他大国施以援手，并承诺与其他大国更多分享国际机制领导权；人们更见证过金融危机之后的美国虽然在股市和其他各项经济指标上表现亮眼，但国内贫富分化越来越大，民粹情绪空前高涨，社会也越来越撕裂，政治极化和政治斗争正史无前例地发展。这难道不是政治合法性、社会稳定性出了问题吗？特朗普政府执政之后打出“美国优先”口号，推出各项保护主义政策，做出各种自我封闭的举动，否认或撤回此前的各种国际义务，世界各国对美国的信誉产生广泛质疑。这难道不也像历史上某段时期的翻版吗？

因此，站在当前这一特殊历史方位，用过去 500 年世界现代化进程提供的历史案例与历史规律，对未来几十年美国的前途命运进行展望，可谓正当其时。美国到底是像当年的英国那样，在击败竞争对手法国之后继续扩大和长期延续主导地位，还是像当年的荷兰那样，在进入鼎盛阶段之后便快速地由盛转衰呢？这一问题将在基于过去 500 年经验的历史对比与规律运用中获得比较确信的回答。这便是本书要集中攻坚的任务。

在接下来的各章中，本书将依据前文所述的历史规律和各项指标，从经济、政治与社会以及危机总爆发等方面对美国的当前状况和未来运势进行分析展望。

第二篇 美国运势变化的内在机理

导读

20 世纪的世界现代化进程，进入了美国作为主导国的新阶段，形成了以美国为中心的国际体系，美国从这一体系的大交换中获益最多。与历史上的主导国一样，美国注定也要为这种大交换付出代价，其国家治理体系中的固有缺陷也将更多地暴露出来。如今，人们已经明显感觉到，历史上进入衰败阶段的荷兰与英国曾经出现的那些病症，在美国身上也逐步体现出来了。本篇的任务就是对这些病症进行分析，以判定如今的美国在主导国的兴衰历程中处于什么方位，未来几十年将如何发展。

基于第一篇提供的分析框架，本篇将从六个

主要方面切入。第四章写的是“技术创新”问题，回顾了美国如何借助技术创新获得主导国地位，分析了当前美国科技优势地位面临的挑战，列举了未来美国在新一轮科技革命中受到的制约。第五章写的是“模式创新”，在对跨国公司这一模式的演进及其对美国的好处进行梳理后，着重分析了这一曾经的模式创新给美国带来的副作用，以及美国对其予以修正的可能性。第六章写的是关于政策选择方面的东西，将探讨保护主义对美国经济的影响。第七章聚焦的是美国的政治“分权”问题，分析了作为美国政治基因的分权制度是如何确立与演进的，美国是如何通过强化集权统筹内外大局、维系主导地位的，以及这种始终存在的分权体制如何在美国的衰败阶段成为重大制度缺陷。第八章聚焦的是美国的民主赤字问题，核心观点是认为美国如今的政治体制被权贵阶层牢牢掌控，存在严重的合法性赤字。第九章讨论的是美国的社会稳定性，从美国特有的发展进程入手，指出种族主义和贫富分化正成为美国社会稳定的破坏性因素。

第四章　美国能否引领新一轮技术创新

在紧随英国之后的诸多大国中，美国是条件最优越的一个。广阔的土地、丰富的自然资源和适宜的气候条件，为美国的农业与工业发展提供了有利的条件和重要的生产资料。宽松的政治环境，对资本不断壮大自己的力量是极有利的。从欧洲各国主动来到此地的移民，以及那些被迫"移民"到此的非洲人，则为资本寻求增值提供了数量充足、价格低廉且技能相对熟练的劳动力。作为后发国家的美国，在"模仿""保护""搭车"方面也做得不错，因此在当时以欧洲为中心的国际体系的边缘地带茁壮成长起来。

条件的优越性只是为美国兴起奠定了必要基础，与历史上的荷兰和英国一样，真正助推美国大踏步前进并成功超越英国的是重大技术创新。自 19 世纪下半叶开始，美国的追赶策略从以"模仿"为主转向"创新"驱动，成为第二次工业革命的领跑者，并且在长达一个世纪的时间里，在技术创新的孕育和应用方面保持绝对优势。从 20 世纪 70 年代开始，美国的技术领先优势遇到西欧和日本的紧紧追赶。此后，美国似乎利用信息化革命再次实现了阶段性领先，实则仍在深层隐藏着很多问题。21 世纪第三个 10 年到来之时，新一轮科技革命呼之欲出，眼看就要给世界经济形态和各国发展模式带来颠覆性变化。在这一轮正在到来的科技革命中，美国能否继续引领重大技术创新的孕育和应用？美国能否借助这一轮科技革命实现产业转型升级？这是本章要回答的问题。

技术创新造就了现代美国

毋庸讳言，美国的制造业起源于对英国的模仿。21 世纪的美国经常强烈指责其他国家不尊重美国知识产权，但它实际上只是在重复着 200 多年前英国对美国的批评论调。在英国仍严禁本国熟练工匠出国和本国“先进”机器出口的 1790 年，美国成功争取到了“高科技人才”塞缪尔·斯莱特从英国远渡重洋来到美国。斯莱特凭借对英国新式纺纱机的准确记忆，在美国成功复制了这一先进技术并开设工厂，使美国棉纺织业进入新发展阶段，斯莱特因此成为美国的“制造业之父”。[1] 在 1825 年英国解除了针对先进机器和图样的出口以及熟练技术人员外流的禁令之后，美国开始从英国更大量地引进纺织、采矿、冶炼技术，并在工厂结构和生产工艺方面积极模仿英国，初步建立了本国工业体系，为实现从农业国向工业国的升级奠定了基础。

美国与英国的禀赋差别巨大，美国注定不会一直对英国亦步亦趋。除了国土的广袤和资源的丰富，19 世纪美国的最大特点，莫过于劳动力相对稀少及其太过突出的流动性。人们到处寻找机会，很少有人愿意终其一生在一个地方的一个岗位上工作。这种状况为美国的技术创新提供了刺激。为应对劳动力相对短缺及流动性巨大的问题，美国的制造业并不建立在人的专业性上（即通过师徒关系维系技艺传承），而是建立在机器的专业化之上。埃利·惠特尼的“通用制”即“标准化生产”，便体现了这种思路。这种依靠铣床的大规模流水化生产，价格固然是高昂了些，却能在战争爆发时迅速满足对武器装备的大规模需求，并提供便捷的部件替换服务，因而彰显出巨大的先进性。

同时，在通过模仿为本国工业体系奠定了雄厚基础后，一股蓬勃向上的社会氛围开始形成，培育出大量敢于冒险、乐于投机、不安于现状、富有想象力的创新发明者，他们有的是独立的小企业主，有的是企业合伙人，怀揣着创建大公司的梦想，积极进行各种有利于提高效率或可能转化为流行消费品的发明创造。这种积极向上的氛围与当时英国日趋保守的社会文化形成鲜明对比。大量熟练技术工人也从欧洲来到美国寻找更好的经济机会，他们为美国的技术创新和经济繁荣亦做出重要贡献。就此而言，美国从英国手中接过接力棒，成为第二次工业革命的引领者，是有必然性的。

在美国，既鼓励和保护技术创新又有利于创新成果推广运用的专利制度，对第二次工业革命的兴起发挥了重要作用。美国的专业申请费用非常低廉，只相当于当时英国专利申请费用的 5%。这种低门槛保证了很多只有小学和中学文化程度的人或者低收入者也可以申请专利。任何专利发明的详细说明都要立即公开，各方可通过许可的方式以更低的成本更便捷地实现专利技术的交易。19 世纪末大量技术创新发生在美国而没有发生在欧洲，很大程度上便得益于美国的这种既保护技术创新又便于创新转化的专利制度。在此方面的著名案例是：1876年伊莱沙·格雷和亚历山大·格雷厄姆·贝尔都到专利局注册他们的电话技术。贝尔早到了几个小时，因此功成名就、名利双收；格雷晚到几个小时，则两手空空、一无所得。而在此几年前，安东尼奥·梅乌齐实际上早已开发出自己的电话版本，却因承担不起意大利的专利申请费用，只能将如此伟大的发明束之高阁，最后眼看着美国人摘下这一具有划时代意义的科技桂冠。[2]

美国内战后的几十年里，美国国内的技术创新呈现跳跃式增长态势，为第二次工业革命的爆发提供了重要技术支撑。[3]一系列对美国经济形态乃至世界经济形态和整体面貌影响至为深远的重大发明，如电灯（1879年）、电站（1882年）、电话（1876年）、内燃机（1879年）等，都出现在这一时期。贝尔、爱迪生等发明家的天才设想如魔法般变成现实，他们成为快速致富的大企业家，并把美国带入“发明的国度”。[4]他们的故事对于那些白手起家的青年人起到重要的激励作用。虽然像爱迪生那样通过发明创造彻底改变社会地位的人是少数，但毕竟这一时期许多制造业企业都是由最初的普通劳动者创立的。创办自己的企业、成为一名企业家，这是成功的标志；胸无大志地甘愿做一个小员工，放弃追求自己的生活方式，则被视为道德沦丧的表现。

经过南北战争后三代人的努力，“美国经济成功地从农业经济转型为世界上最先进、最具创新性的制造型经济”。[5]在钢铁冶炼方面，在电力推广与电器的发明使用方面，在内燃机的普及应用方面，以及在以报纸为媒介的信息传播业方面，美国都一马当先、势不可当。1859—1914 年，美国制造业价值增加了近 18 倍，1840 年美国工业制成品价值在全球处于第五位，1894 年上升至第一位。1894 年，美国生产了相当于英国的 2 倍、全欧洲国家的一半的工业品。“美国制造”成了品牌，不仅在国内实现进口替代，而且大量物美价廉的美国商品迅速充斥外国市场。[6] 借助一系列技术创新，作为后发国家的美国成功实现对英国的超越，成为新的“世界工厂”和世界经济领头羊。在经历 20 世纪初的一战洗礼后，美国进入了“繁荣的 20 年代”，开始进入消费型社会，各类生活物资日益富足，民众生活呈现出明显的城市化特征，这标志着美国建设现代国家取得重大成就。

在度过“大萧条”和二战后，美国制造业的优势更加突出，在制造业的每个领域几乎都是最大的商品生产国。[7] 美国普通民众的生活也得到进一步改善。20 世纪 20 年代，大多数农民家庭还是在烧木柴炉子烹饪，用煤油灯或蜡烛照明，用水盆洗衣服；到 60 年代，一个中等收入的典型农民家庭已经有了现代化市郊家庭使用的一切设备，包括电话、收音机、彩色电视机、空气调节器、真空吸尘器、洗碟器、洗衣机和衣服干燥器以及全套电气化厨房设备。[8]

前所未有的紧迫感

如果说 1865—1940 年是美国制造业的“上升期”，1941—1973 年是美国制造业的“统治期”，自 20 世纪 70 年代开始，美国的制造业则进入难以避免的“衰落期”。无论是制造业对美国经济增长的拉动作用，还是科技创新对制造业的拉动作用，都呈现出明显的疲态。[9]

20 世纪 70 年代，美国制造业面临至少三方面的严峻挑战。第一个挑战是飞涨的能源价格。英国人善用“煤”，美国人既善用“煤”，更善用“油”。美国第二次工业革命得益于充足且廉价的能源供给。到 1900 年，美国已超过英国成为世界上最大的煤炭生产国，这表明了美国对煤这种燃料有很大的依赖度；与此同时，美国人更依赖石油。1901 年，美国人在得克萨斯州发现了石油，由此开始了美国西南部地区的新时代，也给当时正处于婴儿期的汽车工业带来了一个保证：当它发展到成年时，仍将会有大量的动力之源。[10] 从 20 世纪初到 20 世纪 70 年代，美国一直保持着全球最大原油开采国的地位，国内石油价格一直非常低。1975 年，苏联原油开采量超过美国，1977 年沙特阿拉伯也超过美国，而美国的原油产量在到达峰值后开始出现历史性下降。1973 年，石油输出国组织又正式掌握了国际石油定价权。这对美国来说是不祥的信号。美国的原油净进口量从 1970 年到 1980 年就翻了一番，而石油价格则从 1970 年的每桶 3.30 美元飙升至 1980 年的每桶 37 美元。天然气价格和电力价格也在同一时期出现翻番式上涨。能源价格的飞涨，严重削弱了美国的制造业优势。[11]

第二个挑战来自后发国家的竞争。正像当年英国在 19 世纪 70 年代开始面临来自美国和德国的竞争一样，20 世纪 80 年代的美国在制造业方面面临来自德国和日本的强力竞争。尤其是在汽车制造方面，这种竞争压得美国“四大汽车公司”喘不过气来。1968 年，德国大众汽车在美销量达到美国汽车销售总量的 10%，这成为一个里程碑式事件。随后，日本的本田和丰田也因性能卓越、省油、环保而在美国成为畅销车型。尽管 80 年代里根政府强迫日本在对美汽车出口方面遵循“自愿出口限额”，但日本通过在美投资设厂，巧妙绕过了这道关卡。曾经作为制造业骄傲的美国汽车业，逐步褪去昔日的光环。[12]

第三个挑战则是广泛的生产外包。随着美国公司将大量生产线从美国本土迁到了工会约束更小、劳工价格更低、消费潜力更大的发展中国家，美国本土的制造业工作岗位开始大量流失。相应地，因为从外国大量进口工业制成品，美国面临着越来越大的贸易逆差。“当很多美国公司为了自身利益的最大化而成为中国的附庸者时，他们也就成了美国经济去工业化的积极参与者。”[13] 可以说，在 1990—2010 年的 20 年里，美国制造业的每个重要门类都未能逃脱退步的命运，国内市场份额逐渐转移给国外厂商，很多门类甚至全军覆没。[14] 制造业占美国 GDP（国内生产总值）的比重，从 20 世纪 60 年代的 27% 下降到 2010 年的 12%。1965—2000 年，美国制造业就业人数大概保持在 1 700 万；在 2000—2010 年的 10 年间，制造业就业人数骤降了近 1/3，至 2010 年仅为 1 150 万。[15]

美国制造业面临的挑战还不止于此。更深层的忧虑来自美国技术创新的放缓。这可以从美国科技专利数量的变化上看出来。戈登在《美国增长的起落》一书中写道：全美授予个人专利（区别于商业公司）的比例，已经从 1880 年的 95% 降至 1920 年的 73%，再到 1940 年的 42%，以及 1970 年的 21% 和 2000 年的 15%。[16] 这反映出个人发明家在美国技术创新中的地位是持续下降的。这一方面源于技术创新变得比以往更烦琐和更尖端，仅靠个人在生产实践中的灵感越来越难以获得；另一方面也反映出，与 19 世纪下半叶相比，美国社会的创新热情下降了。同时，还有另一组数据更能反映出美国在技术创新优势方面的挑战。在 1950 年之前，除授予个人之外的专利几乎都被授予美国企业；在 1950 年之后，授予外国企业的专利数量快速增长，2000 年没有授予个人的 85% 的专利在美国企业和外国企业之间已经几乎平分秋色，44% 被授予美国企业，41% 被授予外国企业。[17]

可能会有这样的疑问：第三次工业革命不是依旧发生在美国吗？它不是给美国制造业和整体美国经济带来一股新风，又一次带动了美国科技创新和经济繁荣吗？诚然，以信息技术革命为标志的第三次工业革命确实给美国经济提供了巨大支撑，但它与第二次工业革命的作用毕竟不同。第二次工业革命创造的划时代变革，涉及食品、服装、住宅以及住宅内部设施、交通运输、信息、通信、娱乐和医疗等方方面面，不仅深刻改变了美国的生产生活和国家形态，而且使美国彻底从农业国转变为工业国，从模仿国转变为创新国。与此相比，以计算机和互联网为标志的第三次工业革命，给美国生产生活方式带来的变化更像是“锦上添花”，而不是带来革命性变化。而且，第三次工业革命中的最大受益者似乎并不是美国，而是其他后发国家。正如美国当年恰恰是因“落后”而成为第二次工业革命的引领者和受益者，中国等后发国家很快便在基于互联网的新经济模式中尝到甜头，甚至开发出更多应用场景。

第三次工业革命对全要素生产率的提升也很有限。由于19世纪下半叶第二次工业革命期间很多技术创新的推广运用，1920—1970年全要素生产率的年均增长率达到1.89%，远高于1890—1920年的0.46%，也远高于此后1970—1994年的0.57%、1994—2004年的1.03%，以及2004—2014年的0.40%。1920—1970年算得上美国制造业的黄金时代了。此后，无论是美国的科技创新还是美国整个制造业，都已难现昔日辉煌。从这组数据对比还可以看出，第二次工业革命带来的全要素生产率提升持续了半个世纪，而第三次工业革命所推动的全要素生产率提升，其持续时间则短得多。有人认为，第三次工业革命中计算机和互联网的广泛使用，只是部分掩盖了原本可能更加严重的生产率增速放缓。[18]

美国在高端制造业的优势也被逐步打破。以波音为例。在约100年前的20世纪30年代，随着麦道和波音各自推出具有革命性的DC–3客机（历史上最成功的螺旋桨机型）和“快船”客机（即波音314——第一架实现商业性跨洋运营的客机），美国成为全球商用飞机制造的龙头老大，是美国高端制造业的典型代表，美国在此领域长期得享高额垄断利润。这一垄断优势一直延续到20世纪90年代。1980年，波音比欧洲空客公司（以下简称“空客”）销售的飞机数量多12倍；到1990年，这一优势迅速缩小为2倍。1997年，波音与麦道的合并没有为其带来显著优势，1999年空客交付的飞机数量第一次超过波音。2001—2010年，除2006

年和 2007 年之外，其他年份空客飞机交付数量都超过波音。[19] 激烈的市场竞争没有敦促波音提高产品竞争力，反而使波音走上为削减成本而“投机取巧”的道路。波音 737 MAX（波音 737 装配新发动机的衍生机型）的巨大安全漏洞，以及由此引发的惨痛坠机事故，便是这种投机取巧酿成的恶果。为应对空客的竞争，让波音 737 MAX 尽快获批飞行，波音有意误导了美国联邦航空管理局并隐瞒相关技术信息，甚至没有向飞行员告知这一飞机上配备了防止失速的软件系统“机动特性增强系统”。[20] 结果是酿成坠机事故、数百人丧生，全球一片讨伐之声，波音声誉一落千丈。

进入 21 世纪第三个 10 年，新一轮技术创新浪潮正滚滚袭来，毫无疑问将给世界经济形态乃至世界整体形态带来颠覆性变化。就其颠覆程度而言，这一轮技术创新很有可能推动 21 世纪的世界现代化进程进入全新阶段，并带动相应的大国兴衰和国际体系主导权转移。

为什么说这一轮技术创新是颠覆性的呢？这至少可从此轮技术创新的三方面特征看。

一是“绿色化”。这牵涉到能源革命。如果说 19 世纪初人们见证了从荷兰大量使用泥炭与风能到英国大量使用煤炭的能源革命，20 世纪初人们见证的是从英国大量使用煤炭到美国转而大量使用石油的能源革命，那么从 21 世纪初开始，人们则很有可能见证另一场更深刻的能源革命，即经济生产活动逐步摆脱对石油的依赖，转向更低碳、更环保的新能源。

二是“自动化”。英国制造业的优势主要依赖师徒间的技艺传承，美国的制造业为摆脱对人的依赖，创造出更先进的“标准化生产”。21 世纪的生产活动则将通过更高程度的“自动化”，进一步摆脱对一般劳动者的依赖。看过《美国工厂》这部纪录片的人一定对片中的一句话印象深刻：我们希望……把这些人去掉……改成机器……因为他们太慢了。更高程度的“自动化”，意味着资本与劳动的关系被深刻改变，资本增值活动将越来越与海量劳动者的密集参与相脱离。

三是“智能化”。物联网的普及，把与生产和生活相关的一切要素置于关系更加稠密的经济系统之中。借助大数据分析技术，人类可以通过对“算法”的设置，按照被“更大赋能者”的意愿，对生产要素进行更能动和更高效的配置，对生产方式与生活方式进行更深刻和更全面的塑造。资本甚至不再是最宝贵的资源，对海量数据的占有、挖掘、清洗和分析，将使 21 世纪的国际经济权力经历一次“大洗牌”和“再分配”。

如今，与这一轮技术创新有关的技术准备已经完成，眼看就要形成更先进的新业态和新增长源。若能搭上这一轮技术创新快车，美国经济或许能获得新的阶段性优势；若是搭不上这班车，美国则可能像历史上的荷兰和英国那样因错过重大技术创新而失去对高额利润的垄断，并最终危及其主导国地位。

新一轮创新面临诸多制约

美国在酝酿科技创新的能力方面仍然有很大的优势。体制机制上，美国在冷战期间确立的官产学研深度融合密切合作的创新体系，尤其是军民融合机制，仍将是当前和未来相当长时间内美国创新能力的重要来源。来自政府部门尤其是军方的支持，是高风险和长期研发的重要动力。20世纪的航空航天、电子、核能、计算机和互联网等，都是这种创新体系的产物。[21] 政策经验上，专利保护政策的有效执行，可以在很大程度上保护企业继续推进技术创新的积极性。20世纪90年代以来，美国在通信技术方面的人均专利数量是欧盟的4倍，便得益于成熟高效的创新政策经验。[22] 人才队伍上，庞大的人才队伍规模、依然领先的高等教育和国外高端人才源源不断的引入，有助于维持美国创新活动的领先地位。资金保障上，不仅政府每年有大量科研资金投入，而且针对创新活动的风险投资也为科技创新活动提供了便捷和更富效率的资金支持。

与此同时，如下四方面的制约更是不容忽视的。

一是劳动者的素质问题。要将新一轮技术创新成果快速融入工业体系，离不开高素质的劳动者群体。特别是在大规模技术创新和产业转型来临之际，更需要劳动者与时俱进地掌握新的劳动技能。荷兰和英国在主导阶段的后期，都出现了高素质劳动者大量流失、低素质劳动者迅速增多的情况。这既降低了从生产劳动中继续孕育技术创新的概率，也造成全国范围内的劳动生产率降低。德国依靠成功的职业培训体系培育出大量熟练产业工人，而英国的产业技能在繁盛了两代人之后便枯萎了。美国在兴起阶段也曾显著受惠于来自欧洲的大规模移民。通过引入这些移民，美国既省去了养育和培训成本，又无须过多考虑这些人的福利保障问题。如今，由于政治上的原因，大规模引入移民成为非常敏感的政治议题。与加拿大和澳大利亚等西方工业国积极引入高素质移民形成鲜明对比的是，美国社会不仅对主要来自拉丁美洲的“蓝领劳动者”移民持强烈反对态度，而且对高素质移民的敌视情绪也在增强，因为这些人也被认为会抢走美国国内的高端就业岗位——这毫无疑问会“阻碍未来企业家和专业人才的供应”。[23]

在大规模引入移民有违“政治正确”的情况下，提高本国劳动者素质，改进对国民的教育培训，便成为唯一可行的方法。可是，在教育培训方面，美国的状况依然堪忧。无论是学前教育、中等和高等教育还是职业教育，美国都搞得不好——这是考察美国未来劳动者平均素质的首要指标。美国贫困家庭的儿童通常难以得到及时的学前教育。在美国，3 岁儿童的学前教育入学率仅为 50%，相比之下法国和意大利则至少达到 90%；4 岁儿童入学率也只有 69%，在经合组织成员中排名第 26 位。按照教育系统的普遍看法，5 岁才开始系统学习就太晚了。贫困家庭的孩子 5 岁才进入幼儿园，早已输在了起跑线上，小学和初中成绩往往不好，更高的辍学率又往往带来更高概率的违法犯罪活动。[24]

教育机会的不平等和教育成本的高企，成为阻碍劳动者平均素质提升的重要因素。美国的小学和初中教育融资都是由地方财产税支付的，结果造成一些富裕郊区的校园设施富丽堂皇，而中心城市贫民区的学校破败不堪，形成严重的教育不平等。[25] 高中和大学教育同样不容乐观。根据经合组织 2013 年的测试结果，美国 15 岁学生在阅读上仅排名第 17 位，科学上排名第 20 位，数学上排名第 27 位。美国曾是 18~24 岁大学生占比排名第一的国家，如今这一排名已下滑至第 15 位以后。[26] 这些都标志着或预示着美国劳动者平均素质的降低。美国的高等教育在商业化方面也走得太远了。学生负债越来越重，目前学生贷款已接近 1.5 万亿美元，超过信用卡未销账款或汽车贷款的债务。

二是反对变革的社会氛围。尽管华盛顿的政治家都意识到必须大胆拥抱技术创新、继续拥抱“创造性毁灭”，美国才能在新一轮技术创新大潮中避免落败的命运，但是在美国的选举政治之下，对于那些两年一选的联邦众议员、四年一选的美国总统和六年一选的联邦参议员，任期的短暂和连任的压力迫使他们不得不更加注重维护现状。面对岗位自然淘汰和自动化变革浪潮，必须尽力维护本选区或者本州业已存在的就业机会。对他们而言，被动接受变化，其政治代价往往不可承受；要是想主动做出有利于长远竞争力的巨大变革，并且这种变革以牺牲民众的短期利益为代价，必然成为千夫所指。即便是已获连任的美国总统，也必须将维护本党的支持率作为施政的重要考虑因素，因而行动起来束缚颇多。在美国引起强烈反响的《简斯维尔：一个美国故事》一书的开头，便介绍了美国联邦众议员保罗 · 瑞安为保住本选区的就业岗位，请求通用汽车公司不要关闭设在简斯维尔的工厂的情节。尽管通用汽车公司认为在简斯维尔生产的高油耗 SUV（运动型多用途汽车）销路不佳，但保罗 · 瑞安作为一个土生土长的简斯维尔人和这一地区就业岗位的坚定维护者，仍恳请通用汽车公司保留这一工厂。[27]

除了政治家的苦衷，美国社会中对技术创新引发变革的恐惧情绪也比以往更加普遍。在英国，工会的力量过于强大，曾是阻碍进一步技术创新和产业转型的重要因素。[28]美国的工会远没有英国同行那么强大，但美国社会存在的对技术变革的抵制和恐惧情绪似乎比英国工会煽动的守成心态更加浓重。百余年前曾经广泛存在的勇于创新、拥抱变化的乐观文化，如今已让位于美国民众面对“科技巨头”引领新一轮技术创新时的纠结心态。当普通民众看到那些“科技新贵”年纪轻轻就身家过亿时，往往滋生不安和不满的民粹情绪。在当下的美国，当人们看待大数据分析、人工智能等技术创新时，首先想到的是这种对高技术公司的赋能将构成对民众隐私权的侵犯和对既有政治版图的破坏，而不是它对提高劳动生产率的贡献。[29]有些人还基于复杂的政治目的为此轮技术创新抹上一层意识形态色彩，认为这一轮技术创新将强化“专制的力量”、创造出新的“数字独裁者”。[30]殊不知，对新一轮技术创新的“妖魔化”并不会对其他国家大规模拥抱这种技术创新构成任何阻碍，反倒是给美国自己挖了一个政治陷阱，让美国民众觉得此轮技术创新与美国政治文化是格格不入的。这更增加了在美国推广新一轮技术创新的难度。

三是化石能源的“诅咒”。未来几十年，全球气候变化的效应将持续显现，天气越来越热和越来越极端可能成为大概率事件。同时，随着中国和印度等超大规模后发国家加速推进现代化进程，全球范围内的环境问题越来越受到关注。这对现代国家和全球范围的生态可持续性提出了更高要求——“低碳”和“环保”成为未来技术创新的必然方向。有关应对全球气候变化的《巴黎协定》，便是在这种背景下产生的。如今，很多国家为未来制定的经济方略，都把实施节能减排、寻找清洁能源、开发新能源技术、发展低碳经济作为重要内容。像欧盟这样的大型经济体，甚至将彻底摆脱对化石能源的依赖作为未来几十年的一项硬性任务确定下来。

与日本、欧洲各国和其他遭受海平面上升威胁的国家相比，自然条件十分优越的美国对气候变化的感知是相对“迟钝”的；与中国和印度等传统能源需求巨大而供应却高度依赖进口的国家相比，美国更不知道能源缺乏和能源对外依赖是什么滋味。进入21世纪第二个10年，水力压裂技术的应用大大增加了美国页岩油和页岩气产量，美国不仅彻底摆脱了20世纪70—80年代受国际高油价冲击的困顿局面，而且成为国际能源市场的重要玩家，对沙特阿拉伯和俄罗斯等传统产油国构成强有力的竞争。自奥巴马政府开始，美国国内掀起了一股倡导能源转型的“绿色新政”浪潮，但来自传统石油能源产业的利益集团的游说能力显然更加强大。新老能源集团之间的博弈必然十分激烈，美国要实现能源转型的难度很大。

19世纪下半叶的英国曾自满于国内极为丰沛的煤炭资源和蒸汽机的广泛使用，如今的美国也因实现了能源独立而沾沾自喜。可是别忘了，恰恰在英国自满自足的时候，以内燃机和电力的广泛使用为标志的新能源革命悄然在美国和德国兴起。没用几十年，蒸汽机就被扫进历史的垃圾堆了。

四是潜在的资金不足问题。教育和职业培训领域不断增长的投入赤字，已成为削弱美国未来竞争力的重大挑战，也是 2016 年和 2020 年总统大选中桑德斯和沃伦等进步派民主党总统参选人反复强调的议题。教育和培训这种事，企业肯定是不愿意做也做不来的。按道理，现代国家的政府应该在这方面发挥更大的作用。然而，如果美国联邦政府在这方面"大包大揽"，不仅会有人担心这么做将破坏美国的政治传统，让美国政治制度看起来像"民主社会主义"，而且存在巨大的资金缺口。竞选口号可以喊得动听，真的当家做主之后，就知道柴米油盐样样都要花钱了。就此而言，美国在教育培训方面的资金不足问题十分突出。至于科研投入上的资金不足问题，目前似乎还只是"小荷才露尖尖角"。美国联邦政府 2015 年的研发支出为 GDP 的 0.6%，仅为 1964 年的 1/3。在各国科研竞争如此激烈的 21 世纪，这种下降预兆不祥。尤其是特朗普政府更倾向于在政府预算中压缩科研开支，其结果更不言而喻。

资本大量外流的可能性也难以排除。衰败阶段的英国曾出现资本大量外流而导致本国创新投资不足，即国内资本越来越多地转移到回报率更高、受限制更少的国家及其新兴行业，英国国内则因落后部门的沉淀资本过多、改造成本过大而吸引不到足够资金。[31] 在美国，目前这种状况还不明显，但着眼长远，如果在后发国家出现更为广阔的投资机遇，如被各界广为看好的中国、印度、非洲等国家和地区进一步放开对外国投资限制，并出现可吸纳海量投资、回报率也更高的新兴行业，那么资本大量流向这些国家和地区的可能性是存在的。这种情况会不会出现，何时出现，是否造成美国国内投资不足，还需更多时间观察。

“脑带”与“锈带”长期并存

自 20 世纪 70 年代美国制造业呈现衰落苗头以来，历届美国政府都试图将引领新一轮技术创新、推动“再工业化”、重振美国制造业作为施政的重中之重。1977 年，卡特政府便提出“再工业化”主张。1981 年里根政府上台后，提出《80 年代经济增长和稳定战略》和《经济复兴纲领》。作为振兴美国经济的纲领性文件，这两份文本的核心内容也是“再工业化”。里根政府为此还专门组建“产业竞争力委员会”，以应对德国和日本的竞争压力。20 世纪 90 年代克林顿政府上台后，也提出旨在加速技术创新的《先进技术计划》《制造技术推广伙伴计划》《新一代汽车伙伴计划》，进一步加速了美国制造业振兴进程。

金融危机后，美国的紧迫感转化为看似大刀阔斧的行动。2009 年上台的奥巴马总统除了充当“危机总统”、在金融危机中“力挽狂澜”外，也将重振美国制造业尤其是先进制造业作为维持美国全球领导地位的重要举措。2009 年 2 月，奥巴马政府以签署《2009 年美国复苏与再投资法案》为标志推出“重振美国制造业”战略。2009 年 12 月，奥巴马政府公布《重振美国制造业框架》，在深入分析美国制造业的基础、优势和挑战的基础上，提出重振美国制造业的 7 个方向：一是加强人力资本投入，特别是针对制造业工人的教育培训；二是加强基础研究支持力度，加强知识产权保护；三是加强资本市场制度建设，提高中小企业融资便利性；四是加强宏观协调，强化创新产业集群建设，加快传统制造业转型升级；五是加大对铁路、公路、机场和通信等基础设施的投资以便于制造业发展；六是帮助企业提升国际竞争力、开拓国际市场；七是全面优化美国国内营商环境。2010 年，奥巴马总统在第二个《国情咨文》中正式提出未来 5 年的“出口倍增计划”。2010 年 8 月，奥巴马总统签署《2010 年美国制造业振兴法案》，授权为美国制造业提供 170 亿美元投资，并下调美国国内企业所得税税率。2011 年 2 月和 6 月，奥巴马政府分别发布《美国创新战略：推动可持续增长和高质量就业》和《先进制造合作伙伴计划》，并于 2011 年年底设立“白宫制造业政策办公室”，专司“重振美国制造业”战略的制定与执行。2012 年 2 月，总统行政办公室和国家科学技术委员会联合公布《先进制造业国家战略规划》，正式将先进制造业提升为国家战略。同年 3 月，奥巴马政府再次提出政府与企业、大学和社区共同建立“全国制造业创新研究网络”的倡议，提出由联邦政府出资 10 亿美元，在 10 年内创建 15 个制造业创新研究所。2013 年，奥巴马政府又提出 10 年内创建 45 个制造业创新研究所的倡议。[32]

2017 年特朗普政府上台后，通过 30 多年来最大规模的税收体制改革，积极吸引制造业企业回流，沿着前任奥巴马政府“重振美国制造业”的思路继续前进，甚至以恐吓的方式要求通用汽车公司等企业将就业机会留在国内。2018 年 10 月，特朗普政府又发布《确保美国先进制造业领先地位的战略》报告。在这一报告中，特朗普政府高度强调了先进制造业对美国经济安全和繁荣的重大意义，向外界展示了美国引领全球先进制造业的美好愿景，并列举出振兴美国先进制造业的三大目标和具体战略规划，内容涉及技术创新与成果转化、教育培训和扩展国内制造业供应链等内容。

当前，这些举措仍处于不断展开的阶段，显然还不是对其实际效果做出定判的时候。如果我们既考虑到美国在技术创新方面的优势和决心，也考虑到美国在创新应用和产业转型方面的多方面制约，就更难得出简单甚至“一边倒”的结论。在未来几十年的美国工业体系中，由技术创新投入培育出的“脑带”，以及因传统制造业衰落而遗留下的“锈带”，恐怕都将是长期存在的客观现实。新旧产业之间的复杂纠葛目前才刚刚开始，未来怎么博弈还很难说。无论如何，有一点是肯定的：正像荷兰和英国当年遇到的那样，如今的美国想要通过搭乘新一轮技术创新快车扭转衰落局面，难度注定很大。

第五章　跨国公司能否回流美国

美国作为20世纪的国际体系主导国，其对外经济关系的运转和对国际经济体系的掌控，主要是通过跨国公司实现的。在很长一段时间内，出于接近消费市场、保证原料供应、降低生产成本和享受税收优惠等多重目的，美国跨国公司逐步在全球范围内构建起集研发、生产、销售为一体的复杂经济网络，推动全球各国经济更深度融合，构建起包括各类生产要素的全球经济环流。美国居于这一网络的核心位置，享有超级垄断利润，并借此把持着对国际政治事务的控制和对各国内部的渗透。美国这种控制国际经济体系的模式，比英国的殖民体系更"先进"，获利更丰厚，属于前文所提的重大模式创新，是美国国际经济主导地位的重要支撑。当然，美国在获得更大经济收益和政治赋权的同时，也必然承受更大的代价。本章拟对这一模式创新的利与弊进行分析。首先，通过英美对比的方式，介绍了这一模式创新的优点；其次，从"垄断"和"跨国"两个特性出发，剖析了跨国公司对美国政治合法性、社会稳定性、财政可持续性构成的冲击；最后，展望了美国跨国公司的未来及其对美国经济主导地位的影响。

跨国公司是一种“模式创新”

与英国主导国际体系的模式相比，美国借助跨国公司对国际经济体系的掌控，有两个鲜明特点。

一是跨国企业的垄断程度更高。在英国的主导阶段，其国内工业的垄断程度是比较低的。这意味着英国对外贸易与投资活动的主体仍然是分散和多元的。相比之下，主导阶段的美国，无论是在国内还是在国际市场上，都形成了相当高程度的垄断，少数巨型跨国企业掌握了美国经济命脉和对外经济活动的控制权。

内战前后的那段时期，美国大部分经济活动仍是由单个业主或几个合伙经营的小型企业进行的。而后，在 1865—1905 年的这 40 年中，随着工业化的实现，很多单个组织被联合或合并为单一的托拉斯或控股公司。从单个企业、合伙制到托拉斯，再到控股公司，这个由小型自由资本到大规模垄断资本的发展过程，就是美国企业不断兼并的过程、美国经济垄断不断加深的过程，其结果是形成了控制美国经济命脉的大型财团。其中，19 世纪末、20 世纪初的第一轮兼并主要是“横向兼并”，即同类企业之间的兼并；1925—1930 年发生了第二次大规模兼并，其特点是“纵向兼并”，即产业链上下游之间的合并，如冶炼和加工业的合并；20 世纪 60—70 年代第三轮大规模兼并的特点是“混合型兼并”，即性质不同、互不关联的企业兼并。[1] 至此，几大财团对美国经济分而治之的版图已趋明朗，洛克菲勒财团、摩根财团、第一花旗银行、波士顿财团、杜邦财团、梅隆财团、克利夫兰财团、芝加哥财团、加利福尼亚财团、得克萨斯财团十大财团已经牢牢控制了美国经济。1974年，美国最大的220家大公司中，明显属于十大财团的就有160多家。[2] 20世纪80—90年代，美国掀起新一轮兼并浪潮，在这一轮兼并中，金融机构更深度参与其中，兼并的国际化程度也越来越高。通过不断兼并，美国公司在国内市场和国际市场都实现了很高程度的垄断。

二是跨国企业的活动范围更广。毫无疑问，无论是英国还是美国，其贸易和投资活动的重点地区便是其海外的核心利益攸关区。英国号称“日不落帝国”，但其真正的势力范围其实并未到达全球层面，而美国在成为新的主导国之后，将国际经济体系真正拓展到全球层面，并且投资领域也大大拓展，将世界现代化进程向前推进了一大步。

1870年以前，英国对外投资主要流向了其他欧洲国家；1870年以后，则更多地流向美洲、印度、澳大利亚和南非等对维持英国殖民体系至为关键的后发地区。其中很大一部分投资流向自然资源和公共事业，特别是铁路建设。满足新定居点人口和开发要求的基础设施建设，大量吸收了英国的对外投资。[3] 而后，随着两次世界大战的爆发，英国在上述各地区的投资遭到了很大的破坏，随后又遭遇来自美国的强力竞争，投资收益变得越来越有限了。

美国的私人资本早在1850年就开始在英国投资设厂，这可被视为美国跨国公司的雏形。至19世纪80—90年代，美国已形成一些规模较大的跨国公司，通过对先进技术的掌控和新产品开发，把几个国家的加工制造和销售联结起来。美国跨国公司走出国门的最初目的是接近市场；而后，随着原材料供应问题尖锐化，确保原料和能源供应也成为重要动机。从19世纪中叶美国跨国公司最初走出国门一直到冷战结束的这一百几十年时间里，欧洲、加拿大、墨西哥以及拉丁美洲国家始终是美国跨国公司活跃的重点区域。

一战前，美国跨国公司主要在欧洲、墨西哥和加拿大活动；一战期间，中美洲和南美洲成为新热点，同时美国开始向亚洲进军。例如，1914年，纽约美孚石油公司与袁世凯的北洋军阀政府达成协议，在中国直隶省和山西省钻探石油，结果是两年后一无所获，中国政府偿还54万美元了事。20世纪20年代，美国石油公司开始进入中东，并很快在沙特阿拉伯、科威特、巴林等国站稳脚跟。二战后，美国对外投资加速发展，1950年对外投资额为117.9亿美元，1960年为318.2亿美元，1970年为781.8亿美元，至1980年对外投资总额已达到2 154亿美元。[4]20世纪80年代，东亚各国成为投资新热点；冷战结束后，随着一系列转型国家从苏联脱胎出来，随着中国改革开放的不断深入，美国跨国公司更是掀起了一波对外投资热潮，从而在21世纪初终于形成了真正的全球产业布局。与英国一样，美国跨国公司的地理扩张与美国的地缘政治影响力之间有着很大的重合和相互支持关系。美国跨国公司的商业利益拓展到哪里，美国的政治和安全势力就拓展到哪里，反之亦然。

跨国公司这种“模式创新”的好处显而易见。首先是效率更高。由于国内和国际垄断，它可以有更丰富的资源获取方式和更优化的资源配置方式，这意味着更低的生产成本和更大的规模，自然带来生产效率的提升。其次是利润更高。由于对外投资范围更大、领域更广、规模更大，更多国家和更多生产要素参与这一体系，美国主导下的国际经济体系纵深比英国主导的国际经济体系大得多，利润空间相应地也大得多。其三是控制力更强。借助跨国公司，美国可以对各地的原材料供给和生产活动有更强的把控力，对国内商品的供给更稳定，不会像衰败阶段的英国那样既受制于进口来源的不稳定，又受制于严重的国际价格波动。当美国的跨国公司进入世界各地时，也顺便传播了美国的意识形态和生活方式，因而以相当隐蔽和间接的方式对美国的对外政策予以策应。为营造更有利于商业扩张的外部环境，美国甚至还对各国的制度和政策进行干预塑造。

“垄断”与“跨国”的负效应

凡事有利就有弊。随着跨国公司的“垄断”特性和“跨国”特性不断凸显，以及对金融市场的依赖程度不断提高，其对现代国家内部的政治合法性、社会稳定性的削弱作用，对政府财政状况和技术领先优势的破坏作用，就越发体现出来了。也就是说，即便美国的跨国公司在较长时间内仍能保持可观的赢利水平，但从国家整体看，它已经成为破坏美国国家治理体系的负面因素。

对政治合法性的破坏，主要表现为不正当的政商关系形成了对政府意志的绑架。这是由跨国公司的超级“垄断”特性衍生出来的。

包括跨国金融机构在内的这些大型跨国公司，往往“大到不能倒”，“大到不能管”，“聪明到管不住”。它们成为对国家经济繁荣至关重要的系统性变量，有能力将自身利益描绘成社会共同利益，其在某些领域的专业性甚至超过那些政府官员和国会议员；对国家运行的机理以及政府官员的需要，它们更是了如指掌。这就容易出现学术界经常谈论的所谓“政治俘获”或“管制俘获”现象，即政府为推进结构性改革而制定的工业政策，特别容易被具有强大政治影响力的集团（通常是在某一行业具有主导地位的大型公司）绑架，使政府的这种干预性政策转而服务于公司的商业利益，而不是服务于国家的整体利益和长远利益。[5]

政府内部拥有决定权的一些高级官员甚至也心甘情愿被“俘获”，以便在短暂的“公共服务”生涯结束后给自己找到一个安稳和高薪的工作岗位。例如，克林顿政府时期的财政部长罗伯特·鲁宾，在成功劝说国会修改旨在禁止投资银行和商业银行混业经营的《格拉斯–斯蒂格尔法案》后，便从财政部卸任。三个月后，他以 1 500 万美元的年薪入职花旗银行，并且无须承担任何管理责任。而此前，正是花旗银行积极推动国会修改这一法律，以便推进自己的混业经营。[6]

这就形成所谓的“裙带资本主义”。长期以来，人们一般认为“裙带资本主义”只会发生在人际关系比较稠密、政商协作比较密切的东亚发展型国家。实际上，美国的裙带资本主义是相当严重的。格林斯潘在《动荡的世界》一书中提到，他对美国裙带资本主义最早的印象，是艾森豪威尔总统在卸任演讲中提到的美国“军事－工业复合体”的威胁。[7] 如今，美国的裙带资本主义早已超出这个范畴，成为一种普遍现象。美国裙带资本主义的产生，既与大型公司不断增长的规模和影响力有密切关系，又源于三个常态性条件：一是对民选官员提供竞选捐款的政治传统，二是对国会和规则制定机构进行的大规模游说活动，三是政府公务员和私营部门商人之间可以摇身一变相互改变身份的“旋转门”。因此，美国裙带资本主义的产生不是偶然的，它有深刻的制度性根源。通常情况下，金融、能源、基础设施和房地产行业，全都具有吸引和滋生裙带风的可悲历史。[8] 这种裙带之风甚至蔓延到学术界，企业界利用金钱诱使学术研究的议题选择和最后结论都潜在地倾向于为商业活动提供更大便利，迫使公众越来越不敢相信专家说的话了。[9]

表面看，这种政商关系模式似乎使商业利益与国家利益更紧密地捆绑在一起，是一种双赢；实际上，它是一种牺牲国家长远利益而换取短期商业利益的有害关系模式，是对现代国家政府的自主性和能动性的剥夺，将导致现代国家治理体系的严重失衡，是对政治合法性的巨大破坏。并且，对这种失衡予以纠正的难度和成本是极大的。“在更为健康的经济环境中，人们可以利用私人企业的资源来反抗政府的掠夺之手，或者利用政府的权力来制约私人垄断机构的扩张。而当私人垄断掌握了国家权力之后，补救的药方就消失了。”[10]

跨国公司对国家财政的破坏，是随着其跨国程度的不断提高而逐步体现出来的。美国著名国际政治经济学家罗伯特·吉尔平在《跨国公司与美国霸权》一书中这样写道："从美国国家利益和国际资源的盈利性出发，人们可以这样说，仅仅只有当国外的净回报（税后收益）超过在美国的总回报时，对外投资才是有益的。也就是说，只有当一项特定投资的外国税后收益，超过该公司在美国相应投资后的综合收益（公司利润、劳工工资以及上缴税金）时，美国的国家利益才能得到维护。"[11] 但实际情况是，跨国公司对外投资的净回报总是低于国内投资的总收益，在欧洲和加拿大就更是如此。从 20 世纪 50 年代到 1970 年，美国对外投资极为迅猛，这个势头加上美国在海外的庞大军事开支，使美国的国际收支状况受到严重削弱，结果触发了美元危机。[12] 60 年代的约翰逊政府曾试图紧缩资本外流，但效果不佳；而后 70 年代的尼克松政府和 80 年代的里根政府转而取消对资本外流的控制，从此，大规模贸易逆差和经常项目逆差便成为美国经济的常态，并且规模越来越大。

跨国公司对美国财政状况的更大破坏，来自跨国公司的逃税行为。以著名的苹果公司为例。2012 年 4 月《纽约时报》关于苹果公司合法避税的一篇报道，引起当时的广泛关注。作为跨国公司成功避税的最典型代表，苹果公司利用美国和各国税法中的漏洞，通过设在世界各地的小规模办事处避税。苹果公司的总部在加利福尼亚州，加利福尼亚州的公司税税率是 8.84%。面对这种情况，苹果公司便在公司税税率为零的内华达州设立办事处，或在公司税税率很低的卢森堡设立办事处，并在这些办事处完成商业交易，从而以合法手段少缴税数十亿美元。[13] 同年10月14日，英国《星期日泰晤士报》报道，尽管苹果和谷歌等美国技术巨头在英国的营业额高达数十亿英镑，但它们每年在英国的避税额高达8亿英镑。苹果、谷歌、亚马逊和脸书这“四大避税”公司，通过在低税率国家和离岸避税港建立错综复杂的全球组织，能够合法地大幅减少缴纳给英国国库的税收。通过以股票期权的形式向员工发放奖金，脸书和谷歌甚至在英国出现了账面亏损，这使得它们在接下来的一年里可以免交公司税。[14] 2017年4月，乐施会在国际货币基金组织和世界银行召开年会前发布报告称，包括苹果和微软在内的美国50家最大的跨国公司，为达到避税目的在全球各地避税天堂设立了1 751家离岸公司，并藏匿高达1.6万亿美元的资金，其中苹果公司藏匿资金为最高。[15]

让我们再看看跨国公司对社会稳定性的破坏作用。这是由跨国公司的“跨国”特性和“金融化”特性衍生出来的。

跨国公司将大量工作机会外包至海外，有多重原因。其中首要的当然是出于对劳动力成本的考虑：美国工人的工资和福利水平，显然比后发国家高得多。其次是接近消费市场的考虑，因为很多大体积商品的运输成本非常高昂，在当地生产并在当地消费，并更好地迎合当地的消费习惯，也是符合经济学原理的，而且很多外国政府对采购美国商品采取了很多限制措施，而对美国设在当地的子公司的歧视则少很多。同时，很多跨国公司也有这样一层秘而不宣的考虑，那就是将在外国设厂从事生产作为防止外国厂家打入美国市场的一项预防性举措。[16] 对那些有着全球视野和全球野心的大型跨国公司而言，美国的资源供给也不是最优的。为保持全球最强的商业竞争力，跨国公司必须在尽可能广阔的全球范围内建立最有效率的资源配置方式，建立最有效率的研发生态系统和最为广阔的战略合作伙伴关系，必须占有最重要的供应链集群和人力资本，聚全球最优质资源而用之。[17] 无论是出于何种动机，久而久之，跨国公司的外包行为形成的深刻后果均是：在美国国内，资本与劳动之间的契约关系遭到破坏，经济增长与社会福利的普遍提升之间的正相关关系也随之被削弱了。

跨国公司的"金融化"趋势，进一步破坏了资本与劳动之间的契约关系。"顺便制造产品的金融公司"[18] 这种说法或许有些夸张，但当前绝大多数跨国企业高度借重金融市场以确保和提高自身的利润水平是不争的事实。汽车销售商利润的大头往往不是来自卖车，而是出售消费者购车贷款；能源公司往往通过原油期货投机提高利润。尤其是在 2008 年金融危机后，美国企业利用美国联邦储备委员会（以下简称"美联储"）提供的宽松货币环境获得的大量贷款，大多没有用于研发投入和扩大再生产，而是用于股票回购，从而在金融市场上赚得盆满钵满。2019 年 5 月，美国参议院中小企业委员会主席、来自佛罗里达州的联邦参议员鲁比奥，在其参院官网上发布了一份题为《21 世纪的美国投资》的研究报告。这份报告指出，过去 40 年来，美国经济的一个根本性变化是，经济增长的动力更多地来自金融投资的回报，而不是来自实体经济领域的创新投资。[19] 这反映出一位在共和党内有重要影响的政治人物对美国资本主义的深刻反思和忧虑。

这种“股东至上”的资本主义模式不仅损害了美国经济的长期竞争力，而且还必然削弱企业的社会责任，带来严重的社会问题。既然公司的盈利不必再依赖普通劳动者的支持，干嘛还要在意他们的感受、对他们的福利负责呢？如今，无论是政治家还是企业家，都已经意识到社会责任的缺位所带来的严重后果。但是，企业是要盈利的。在激烈竞争的环境中，如何才能营造起这样一种态势，确保有良知的公司不会被那些没有良知的公司驱逐，让它们在不必担心自身竞争力受损和自身利益受损的情况下去承担更多社会责任呢？[20]

更为重要的是，跨国公司还对美国的国际竞争优势构成潜在而巨大的破坏。由于英国因技术扩散而导致竞争优势下降的前车之鉴，并且美国国内知识产权保护体系也更加完备，因此可以说，美国跨国公司的对外投资是小心翼翼的，特别注重保护本国的技术优势。很长时期内，美国公司在国外开设工厂，特别是在加拿大、墨西哥和欧洲设立子公司时，仍然选择将企业家、金融和研发留在美国本土。[21]前文说过，跨国公司也要面临跨国竞争，因此它必须在全球范围内配置资源，最大限度地利用全球研发资源，而没有必要始终以美国本土为研发的大本营。“跨国”的内在特性，也会不断销蚀跨国公司的国家认同感。子公司所在的国家也可能利用各种政策手段与跨国公司分享技术，甚至跨国公司以技术分享为交换条件，有意讨好其子公司所在的国家给予其更优惠的政策。有时甚至会出现这样的状况，即跨国公司因担心失去海外市场而与东道国一起反对美国的某些限制性规定。[22]20 世纪

80年代以来，美国企业开始越来越多地将研发活动向海外转移。1988—2002年，美国跨国公司的海外研发投资由62.08亿美元快速增至211.51亿美元，海外研发投资成为美国对外直接投资的一个新兴领域。[23]

跨国公司在赚取高额利润的同时，也帮助其他后发国家缩小了与美国的差距，使全球经济活动的重心不可阻挡地从中心地带向边缘地带转移，造成主导国经济地位的不断下降。[24]当人们进入21世纪第二个10年和第三个10年时，对此已经越来越深信不疑了。

回流、脱钩与体系的瓦解

与英国基于殖民秩序的对外经济模式一样，美国以跨国公司维系在国际经济体系中的主导地位并从中赚取高额利润的对外经济关系模式，也有其得以持续运作的前提条件，以及由此而生的内在缺陷和短板。当美国处于兴起阶段和主导阶段时，这些缺陷和短板会隐藏或被控制得很好，让人们可以忽略它们的存在；当美国整体运势进入衰败阶段时，也就是当各种内外条件凑足时，它就会表露出来，就会发作起来，让美国偿付欠账，给世界带来混乱，并造成美国居于主导的国际经济体系逐步趋于解体。本节在此处将简要概括一下跨国公司作为美国对外经济关系的模式创新，基于其本质、前提条件等方面特征而形成的几方面缺陷和短板。

一是其所仰仗的国内支持严重消退，面临巨大的“回流”压力。20世纪60年代，美国国内就爆发了有关限制美国对外投资、推动跨国企业回流的讨论。这种讨论时起时落，总体上没有改变跨国公司的对外扩张势头。由于美国冷战期间形成的国际主义战略共识，以及冷战结束后美国跨国公司向全球进军带来的巨大好处，美国国内政治思潮的主流仍然是应该“打开门”“走出去”。各界普遍相信，跨国公司的商业利益与美国整体的国家利益是基本重合的。然而，就像17世纪的荷兰和19世纪的英国那样，过度对外投资必然损害国内经济，引发严重的国内问题。[25]美国内部政治思潮的真正转折点出现在2016年。以特朗普“意外”胜选为标志，“国家主义”“自顾主义”思潮取代国际主义思潮，成为新的政治正确。人们也越来越意识到，对美国政府和大企业的对外扩张行为的支持，并未换来民众福利水平的改善。跨国公司这一曾经的重大模式创新，正因其与国家利益的日益背离而陷入困境。“回家吧，美国？”——这是美国《外交》杂志2020年第3—4月号的封面标题，很好地折射出美国的纠结情绪。如今的美国跨国公司正面临两难：若是继续向全球拓展，国内必然日益空虚，整个国家体系的政治合法性、社会稳定性、国家财政可持续性都会出大问题，这将对跨国公司形成釜底抽薪；若是真的回流美国，丰厚的利润又从哪里来呢？国内繁复的管理规定和生产成本，又怎能比得上在后发国家曾经享受的超特殊待遇呢？

二是其所凭借的技术垄断正被打破，因而萌生“脱钩”的冲动。自美国从英国手中接过主导国的接力棒那天起，美国就应该意识到，对技术创新成果的长期垄断是不可能的。英国当年对自己的先进技术也曾经捂着、盖着、防着，终究还是被美国学了去；英国为赚取更高利润，除了出售商品，也在后来开始出售高新技术，这让美国从19世纪30年代开始正大光明地大量引入英国技术设备。而且，对外投资的加速，既是本国国内投资利润率下降的一个结果，又是进一步削弱本国经济竞争力的诱因。英国1873年“大萧条”之后，由于内部技术创新停滞和外部竞争加剧，英国国内投资的利润率大不如前，这是1873年以后英国对外投资骤然加速的根本原因。1870—1913年，英国对外投资增长了近250%。[26]美国跨国公司对外投资的骤然加速发生在20世纪70年代，国内经济的“滞胀”也是不容忽视的原因。

当美国跨国公司在全球范围内拓展研发布局时，它也要明白，由此产生的技术创新成果应该是共享的。尤其是当众多美国公司在2008年以来的十多年里利用宽松的货币环境大量借债以回购股票、满足于虚假繁荣时，它就必须接受如今因研发投入不足而导致技术创新优势大不如前的现实。特朗普政府执政后，失去技术自信的美国正试图通过“修小院、筑高墙”方式保护核心技术，并寻求与一些后发国家“科技脱钩”甚至“经济脱钩”，以此维系本国技术优势和总体经济优势。后发国家在经历了必要的经济积累之后，完全能够承受脱钩的代价。美国当前的做法不仅会刺激后发国家加速本国技术创新和科技自主，而且还相当于亲手毁掉了美国居于主导地位的国际经济合作体系，切断了美国与未来世界的联系。

三是其所依托的国际体系并不完善，无法为其提供长期支持。与所谓“英国治下的和平”相比，美国在二战后推动建立的国际体系更完善些。联合国以及国际货币基金组织和世界银行等附属机构，为国际经济体系的有序运转提供了更加机制性的保障。此外，与英国一样，美国也依靠其强大军事力量在全球维持一种于己有利的均势格局，这种军事威慑和均势格局对国际合作起到某种确保作用。但是，与跨国经济活动和国际全方位交往的程度相比，与世界现代化进程不断推进提出的客观要求相比，美国推动建立的这套国际体系显然还比较初级，也没能与时俱进，美国在不断维护和修缮这套国际体系方面更是三心二意，导致全球治理体系的日趋僵化和全球治理能力的赤字凸显。当美国处于绝对强势地位时，国际体系的不完善一般伤不到美国，而且美国还常常借国际体系和规则的不完备为自己谋取不正当利益；当美国优势逐步缩小时，面对全球治理体系僵化和治理能力赤字，美国看似仍可以独善其身，实际上是最大的受害者。典型例证是：正因为全球税收合作体系不完善，美国的跨国公司才得以轻松避税，美国税收大量流失，各国陷入恶性“税收战”；正因为全球治理失去势头，各国更加闭关自保，美国跨国公司赖以生存的国际合作氛围正快速消失。

四是其本质仍是经济“剥削”和政治“控制”，因而缺乏国际合法性。包括前文提及的吉尔平等人并不认可“剥削”这种说法，认为与英国东印度公司相比，跨国公司有更强的双赢性；还有人认为，即便存在一定程度的剥削，它也具有更强的自愿性，更像是双方认可的契约合作。诚然，与英国殖民体系相比，美国依托跨国公司开展对外直接投资，确实没有明显的强制性，也带来了后发国家的某种经济进步。但是，当美国借助跨国公司主导整个国际经济体系并试图将各种经贸规则强加于人时，它体现的仍然是等级性和强制性；当美国跨国公司对他国经济主权构成侵蚀，美国试图利用这种经济联系对他国“长臂管辖”时，它的本质仍然是“强权”和“霸凌”，其结果仍然是使他国陷入对美“依附”；当美国经济发展到国际垄断金融资本主义新阶段时，它对后发国家的拉动效应逐步减弱，“割韭菜”、“剪羊毛”、疯狂榨取最后利润的意图则更加露骨地显现出来。这必然遭到各国抵制。

如同判断美国技术创新的未来一样，由于正反两方面证据同时存在，对美国跨国公司的未来做出判断也不是轻而易举的。有人可能相信，美国的跨国公司仍可凭借明显的资本优势和规模优势、尚存的技术优势和管理优势以及全球扩张的强大惯性，在较长时间内保持竞争优势和对全球经济活动的控制，美国则可借此维持其在国际经济体系中的主导地位；还有人相信，在多种因素的共同作用下，美国将不得不退回到某种地理范围更小、融合程度更高的核心经济圈，就像当年英国在衰败阶段退回到“帝国特惠制”那样；也可能有人相信，在美国跨国公司推进全球经济更大范围和更深程度的融合后，也就是说它在推进了第一次真正的全球化后，它已接近于完成历史使命，未来更高阶段的世界现代化进程将由更新的力量加以推动。

第六章 保护主义能否重振美国

可能有人认为，美国曾长期奉行自由贸易政策，只是最近才转向保护主义。这种观点是不准确的。从美国建国后的 150 多年时间里，保护主义路线在美国的贸易政策中一直占据主导地位。恰恰是这种保护主义政策帮助美国强化了工业竞争力。只是在 20 世纪 40—70 年代的几十年时间里，美国才扮演起自由贸易政策倡导者和自由贸易体制构建者的角色。美国经济学界有意无意地淡化了此前那段保护主义历史，在世人面前把美国描绘成始终如一的自由贸易者，这具有迷惑性。20 世纪 80 年代开始，美国的保护主义势头再起，到特朗普任内似乎登峰造极。如果说对后发国家而言保护主义是顺理成章的选择，那么对国际体系主导国而言保护主义的施行意味着什么呢？美国能否通过高举经济民族主义大旗，重振自身经济竞争力呢？这是本章要回答的问题。

保护主义与自由贸易的论争

贸易，是现代国家与外部发生关系的最经典方式，是世界现代化进程的最主要动力。对贸易的态度，是一个国家在国际经济体系中所处方位及其国家经济竞争力的最生动反映。通常而言，先发国家或强势国家倡导自由贸易，后发国家或衰败国家更强调保护主义。在国家盛衰转换之间，时常爆发有关自由贸易和保护主义的论争。

英国古典政治经济学关于自由贸易的论述，是我们就此展开讨论的最佳起点。无论贸易的主体及其贸易的形态随时代演进发生多大变化，大卫·李嘉图有关自由贸易的经典论述一直影响着一代又一代人。李嘉图在他的《政治经济学及赋税原理》一书中做出系统论证，证明参与国际贸易的各方都将是得益的。李嘉图坚信：在完全自由贸易的体制下，每个国家自然会把它的资本和劳动力应用到对大家都有益的地方去，个别国家对利益的追求与整个世界的普遍收益将很好地联系在一起。[1]他的学说为自由贸易理论提供了依据，为整个自由主义经济学大厦奠定了基础。尽管后人对他的理论多有修正，他的比较优势定律仍然是自由主义国际经济学的最基本原理之一。

在这些学说的熏陶下，后世的自由贸易者普遍相信：每个国家都将是自由贸易的受益者。贸易不仅可以为政府提供重要的收益来源，而且将扩大消费者的选择范围，有助于增进人民福利；贸易不仅推动了不同国家间的分工，而且推动了不同行业之间、不同公司之间甚至跨国公司内部各部门之间形成更深入互动，可以有效刺激经济需求并降低生产成本、提高经济效率。更深层地，很多人还相信贸易将潜移默化地对各国社会价值观和行为产生影响，国家间的接触会促进新思想的传播和相互融合，推动各国之间的相互依赖、相互认可与彼此协调。这意味着，贸易不仅有助于各国社会进步，而且有利于维护世界和平。

自由贸易理论的这种简单逻辑和乐观情绪，显然无法打动和说服保护主义者。在保护主义者看来，自由贸易理论有很多缺陷和错误。

其一，它忽视了收益分配比例。在保护主义者看来，问题的关键不是绝对收益，而是相对收益。自由贸易总是有利于工业最发达国家从其他国家进口价格更低的食物和原料，并向其他国家销售更多商品，因而工业最发达国家从中获益更多。自由贸易的结果，常常是让参与者之间的财富收入呈现剪刀差式扩大。

其二，它忽视了国家经济安全。主权国家首先应考虑的是自身主权独立与经济安全，而不是盲目依赖别人。自由贸易将使一个国家的经济更容易遭受世界市场冲击和经济强国的剥削控制，削弱国家的主权独立和政府对经济的控制，被迫服从国际经济的周期性波动。国际分工的说法听起来很有吸引力，但更关键的问题是谁生产什么。如果自由贸易让一个国家始终居于产业链和价值链下游，那么其结果只是加剧这些国家的边缘化处境和对主导国及强势集团的依附。自由贸易所造成的这种不平等关系，是发达国家发达的原因，也是发展中国家不发达的根源。[2] 所以，一个国家要维护自身独立与安全，提高其在国际体系中的经济和政治地位，必须对国内市场和工业体系加以保护。

其三，它缺乏对国家实力的考虑。保护主义者认为，自由贸易学说在政治上很幼稚，没有意识到贸易条件和指导贸易的规则其实都是强者制定的，完全取决于国家实力的运用。[3] 夸张点儿说，自由贸易学说乃是唯有强者才会四处推销的理念，而保护主义则是后发国家谋求自保的武器。只有占据优势地位的主导国，才会奉行并要求其他国家也奉行自由贸易。

如果说自由贸易的主张者信奉的哲学是自由主义，那么保护主义者信奉的则是民族主义。自由贸易者相信国际关系本质上是和谐合作的，保护主义者的世界观则是冲突和竞争性的；自由贸易者倾向于主张让市场发挥决定性作用，保护主义者显然认为政府应该对贸易和更广阔的经济事务加以控制。事实上，自由贸易与保护主义之间的争论，是经济自由主义和经济民族主义两大路线之间冲突的核心，并贯穿于各时代和各国贸易政策辩论的始终。[4]

美国第一届政府的财政部长亚历山大·汉密尔顿，是保护主义理论的最早阐释者之一。他的“工商立国”思想，与当时美国政府首任国务卿杰斐逊的“农业立国”思想形成鲜明对照。[5]在1791年向国会众议院提交的《关于制造商问题的报告》中，汉密尔顿提出了包含现代经济民族主义思想根源的关于保护主义的经典答辩词，并列举了11条保护和推动美国制造业发展的具体措施，其中第一条就是对那些与美国国内打算鼓励生产的产品形成竞争关系的进口产品征收保护性关税。[6]他创立了以制造业优先于农业为原则的动态性经济发展理论，提出了如今可被称作“进口替代型”发展战略的治国思想：“不仅财富，而且一个国家的独立与安全，看来都与制造业的繁荣有着相当重要的关系。为了实现这些伟大目标，每个国家必须努力设法在本国拥有一些必需的供应品。”[7]与此前的重商主义者一样，汉密尔顿把国家实力与制造业发展联系在一起，认为经济学要服从国家建设这一根本任务。

汉密尔顿的保护主义经济学思想，是在美国作为后发国家的背景下提出的，代表的是后发国家的治国方略，因而在其他后发国家具有很大的影响力。注重保护主义、工业化和国家干预的后发国家，都特别赞赏汉密尔顿的经济发展理论。这其中就包括同样作为后发国家的德国。19 世纪上半叶的德国，其国内市场饱受英国大量廉价商品的冲击，因而也产生了反对自由贸易的社会环境。受汉密尔顿思想的启发，以弗里德里希·李斯特为代表的“德国历史学派”应运而生，并提出了类似的保护主义理论和政策主张。在《美国政治经济学大纲》中，李斯特系统批判了以亚当·斯密和大卫·李嘉图为代表的英国古典政治经济学的自由贸易理论。李斯特认为，这些自由贸易理论不过是强国的经济政策理论，实际上并不存在以比较优势定律为基础的天然的或一成不变的国际分工，所有国际分工不过是强国利用自身实力强行塑造的结果。英国为给本国商品开拓世界市场而提出自由贸易理论，自由贸易的背后乃是英国不可告人的自私动机。德国必须通过高关税壁垒保护国内工业、促进国内经济统一，才能抵御英国的自由贸易攻势。

学说归学说，实践归实践。理论学说可以为观点鲜明而独树一帜，现代国家则必须为维持治理体系平衡做好统筹兼顾。贸易是现代国家无法回避的根本问题，无论奉行自由贸易还是保护主义，都是一个涉及收益与成本的战略权衡，不是非此即彼的单选题。对现代国家而言，贸易政策的选择是国内考虑与国际形势共同作用的结果，是不同利益诉求的折中，无法由单一因素或某种学说来决定。随着国际贸易主体的多元化和形态的多样化，自由贸易理论和保护主义理论之间也日益靠拢。因此，实际上没有哪个国家只奉行绝对的自由贸易而没有一丝一毫保护，也没有哪个国家极端恪守保护主义而彻底排斥自由贸易。现代国家往往对两种路线兼收并蓄，或者时而拥抱自由贸易，时而拥抱保护主义，像钟摆一样在经济自由主义和经济民族主义路线之间来回变换，[8]甚至采用既加强本国市场和产业保护又要求他国开放市场的“战略性贸易政策”或“混合贸易体制”。

很多自由贸易者承认，国家有权利和有必要对国内某些产业加以保护。保护主义的倡导者李斯特也认为，保护主义与自由贸易并非截然对立，两者应该是相辅相成的。在他看来，后发国家要改进自身经济地位，“改进的第一个阶段是对比较先进的国家实行自由贸易，以此为手段，使自已脱离未开化状态，在农业上求得发展；第二个阶段是用商业限制政策，促进工业、渔业、海运事业和国外贸易的发展；最后一个阶段是，当财富和力量已经达到了最高以后，再逐步恢复自由贸易原则，在国内外市场进行无限制的竞争，使从事于农工商业的人们在精神上不至于松懈，并且可以鼓励他们不断努力地保持既得的优势地位”。[9]

保护主义与美国崛起的秘密

作为后发国家的美国，除了国土广袤、资源丰富和外来移民支撑等有利条件外，奉行保护主义的经济政策是其实现经济崛起、后来居上成为国际体系主导国的重要秘密。为给保护主义政策提供合法性论证，美国内部在激烈的学理和政策辩论中逐步形成了一个坚定主张保护主义的学术政治混合体。这些人中既有政治家，也有新闻工作者、牧师、律师和实业家等各类人群，他们从不同角度，沿着美国第一任财政部长汉密尔顿指引的方向，将保护性关税作为国家治理的重要方针，利用各种场合展开论战和宣传，旗帜鲜明地反对以自由贸易为核心的“政治经济学的英国体系”，开创出更符合美国国情和利益的“政治经济学的美国体系”，使保护主义在其后很长一段时期内成为美国的基本国策。[10] 从 1776 年美国建国到 20 世纪 40 年代美国成为主导国以前的漫长时期，以高额关税保护国内工业和市场，为提升美国经济竞争力营造有利的国内环境，并借此增加财政收入，是美国经济政策的最主要特征。

这段时期里，美国的保护主义政策又可细分为三个阶段。

第一阶段是从建国到内战前，这是保护主义在政治辩论和左右摇摆中日益占据上风并成为国策的阶段。这段时期的保护主义政策是必要且成功的，美国作为后发国家，抵御了来自国际体系主导国英国的大量商品倾销，保护了美国国内的“幼稚工业”，为美国日后的经济崛起打下重要基础。第二阶段是从 1861 年内战爆发到 20 世纪初。在全球产能日益过剩、世界市场日益稀缺、大国竞争逐步升级的背景下，美国继续对国内工业和市场予以保护，其结果是大大加速了企业垄断，进一步提高了美国经济竞争力。

第三阶段是从一战过后到20世纪30年代“大萧条”时期。美国在国际经济体系风雨飘摇、各国经济困境严重加剧、美国成为第一经济强国之时依然奉行保护主义，其结果必然是招致其他国家激烈报复，并加速国际经济体系解体。

1776年美国建国时，由于政治上的松散性（这一点后文将专门论及），美国第一部宪法并未赋予联邦政府以征税权。不掌握钱袋子，对政府而言是难以想象的。在建国后的最初几年，美国各州自行其是，在关税问题上互设壁垒。联邦举步维艰，仅靠举债度日，更无法推动形成统一的国内市场，来自英国的大量商品继续充斥美国市场，新生的合众国面临严峻的经济考验。为了改变这种状况，1787年制宪会议形成一部新宪法即《美利坚合众国宪法》，并于1789年获得2/3州表决通过。新宪法的重要贡献之一，是将汉密尔顿的保护性关税政策作为制度固定下来。新宪法第1条第8款规定：“国会有权规定和征收税金、关税、输入税和货物税，以偿付国债、提供合众国共同防务和公共福利，但一切关税、输入税和货物税应全国统一。”第1条第10款又规定：“任何一州，未经国会同意，不得对进口货物或任何出口货物征收任何输入税或关税，但为执行本州检查法所绝对必需者除外。任何一州对进口货物或出口货物所征收全部关税和输入税的纯收益供合众国国库使用；所有这类法律得由国会加以修正和控制。”借助宪法的这些规定，联邦政府排他性地掌握了对外贸易政策的关税决定权。美国据此创制了国家历史上第一部全国统一关税法《1789年关税法》，实施保护主义关税政策自此有了具体法律指导。

在建国之初，美国联邦政府就开始面临利益集团的影响。美国南方各州的传统种植园主们希望发展自由贸易，实行低关税政策，以便于农产品出口；北方各州的制造行业则主张以高关税政策保护仍处弱势地位的民族工业。由于利益集团之间的诉求差异，以及不断变化的贸易形势，从建国到内战前的这段时间里，保护主义政策的确立和实施并非一帆风顺、直线前进，而是在左右摇摆、增增减减的过程中逐步确立的。

1801 年主张“农业立国”的杰斐逊当选美国总统后，曾试图奉行低关税政策，以便于美国大力发展农业，向欧洲大量出口农产品来换取廉价工业制成品。但 1806 年美舰“切萨比克号”遭英国海军袭击事件后，杰斐逊意识到，农业国必然是落后和处境不利的，必须大力发展民族制造业，因此转而拥抱保护主义的关税政策。1812 年美国第二次独立战争爆发后，美国陆续出台四个贸易法案中断了美英之间的商品交流，美国对所有进口商品的关税增加了一倍，客观上起到了保护美国“幼稚工业”的效果。《1816 年关税法案》的出台，标志着美国正式开始通过关税政策实行贸易保护。该法案将进口商品分成国内有足够供应、国内只能部分供应、国内仍无法生产三类，分别征收不同税率的关税。针对英国通过压低商品价格继续对美倾销，1824 年美国国会通过新的关税法，大幅提高对钢铁、铅、羊毛和大麻等商品的进口关税。1828 年，为进一步抑制英国商品倾销，美国再度修改税法，增加关税。此后，由于南方种植园主反对和经济荣枯形势的变化，美国国会又分别于 1830 年、1832 年、1833 年、1842 年和 1846 年对关税税率多次做出调整。[11]

从 1861 年内战爆发到 20 世纪初，是美国奉行保护主义政策的第二阶段。美国内战是美国南北矛盾激化到不可调和的结果，其本质是两种生产方式之间的对抗。工业资本主义的北方各州作为更先进生产力的代表，其取得最终胜利是必然的。此后，美国工业制造业有了更大的发展空间，这段时期的保护主义政策起到继续保驾护航的作用。如果说此前的保护主义主要是为了发展“幼稚工业”，这一阶段保护主义政策的目的则是进一步做强民族工业、独享国内市场和确保财政收入。同时，从外部看，19 世纪 70 年代到 20 世纪初这段时期，恰恰是英国由盛转衰、世界市场竞争日趋激烈的时期，美国对国内市场强化保护，似乎也在情理之中。

从 1860 年林肯在总统大选中获胜一直到一战爆发这段时期，主张高关税的共和党人在政治上占据绝对主导地位，50 多年间仅有三位民主党人入主白宫。这成为保护主义政策在这一时期得以延续的政治保证。1861 年《莫里尔关税法》的通过便与林肯上台关系密切。《莫里尔关税法》提高了对钢铁工业的关税保护。随后，为给内战筹措军费，美国政府再度提高关税，1866 年平均税率连续提高到 48.3%；内战后，高关税的政策得以延续。至 1890 年《麦金莱关税法》通过时，美国的进口关税已达到内战后最高点，并居世界各国之首；棉纺织品进口税率达到 50%，棉线和亚麻等商品的进口税率达到 60%，并规定了限制外国工业品向美国倾销的若干措施。1890 年《麦金莱关税法》的重要特点，是对某些成熟产业也提供关税保护，远远超出保护“幼稚工业”的程度。此后的 1894 年《威尔逊 – 戈尔曼关税法》和 1897 年《丁利关税法》以及 1913 年《安德伍德关税法》虽有所调整，但平均税率仍超过 40%。

一战过后，各国经济、政治、社会矛盾显著激化，危机频发，国际经济体系摇摇欲坠，各国对世界市场的争夺趋于白热化，保护主义成为各国的普遍选择。为应对战后萧条、独享国内市场，尽管此时美国内部在是否继续实行保护主义政策的问题上爆发激烈争论，在严峻的国际形势之下，美国仍然选择了延续保护性关税政策，甚至变本加厉。美国的保护主义政策由此进入第三阶段。

1922 年国会通过《福特尼 – 麦坎伯关税法》，使 1923—1929 年的平均关税率上升至 38.2%，比 1914—1922 年 28.3% 的平均关税率高出近 10 个百分点。1930 年，作为对“大萧条”的本能反应，美国在贸易顺差的情况下率先提高关税，国会通过《斯穆特 – 霍利关税法》，该法案使所有应税商品的平均税率高达 53.2%。[12] 在“大萧条”的最困难时期，作为世界头号经济体的美国强化保护主义政策，无疑给世界各国带了坏头，对外释放了极危险信号。30 多个国家对该法案提出抗议，美国国内千余名经济学家联名请愿，请求胡佛总统不要签署该法案，都无济于事。胡佛以保护国内企业为名签署了该法案。受此影响，美国的进出口贸易受到严重冲击。据美国商务部统计，美国的进口额从 1929 年的 44 亿美元下降到 1933 年的 14.5 亿美元，同时期出口额下降更多，从 51.6 亿美元下降到 16.5 亿美元。[13]《斯穆特 – 霍利关税法》也成为“世界历史的转折点”，各国由此纷纷实施贸易报复，世界规模的贸易战快速展开。据统计，1929—1932年世界整体关税水平提高了近一倍。[14]

在150多年的保护主义政策实施过程中，美国一直都是赢家。在此期间，美国从一个殖民地和落后农业国一跃成为世界头号资本主义强国，保护主义的基本国策功不可没。但实施《斯穆特－霍利关税法》的效果适得其反。这部法案非但没有改善美国的状况，反而使美国经济濒临崩溃边缘。保护主义对美国的好处是，它进一步摧毁了英国主导的国际经济体系，为美国成为新的主导国扫清了障碍。这说明保护主义政策至此已完成历史使命，到美国放弃保护主义路线转而实行自由贸易的时候了。

“1934年体制”开启自由贸易时代

20世纪30年代的美国放弃保护主义政策转而采取自由贸易政策，是完全可行的，也是必需的和紧迫的。20世纪30年代的美国早已完成第二次工业革命，经济规模首屈一指，工业能力无出其右，百余年前的“幼稚工业”已发展到全球找不到对手的状态。加之此时的美国已通过征收个人所得税大大开拓了财政来源，高关税政策对财政的重要性明显下降，已经没有必要继续采取高关税的保护主义政策。长达百余年的保护主义政策，还在美国国内积累了严重问题。南北地区发展严重失衡，农民阶层利益长期受损，存在严重不满情绪，19世纪末兴起的民粹运动便是农民愤怒情绪的反应——这已影响到社会稳定。保护主义政策催生出多个行业的高度垄断，不仅对广大中小企业构成巨大威胁，而且隐隐影响到国家的整体竞争力，必须通过打破垄断、引入竞争以维持经济盈利性、政治合法性和社会稳定性。尤其是眼见英国的国际体系主导国地位时日不多，美国显然要考虑如何建立以自己为中心的国际经济体系。这要求美国必须像当年的英国那样奉行自由贸易政策，倡导自由贸易学说，引领重塑国际自由贸易体系，让自己成为国际经济“大交换”的核心枢纽。

正是这样的客观形势和战略考虑，推动了“1934年体制”的形成。在从1934年到20世纪70年代的几十年时间里，推动自由贸易成为美国对外经济政策的最主要目标。

罗斯福是这一体制形成的首要推动者。作为新政举措的一部分，1933年11月，罗斯福总统批准成立“美国国际经济政策调查委员会”，为美国贸易政策的大幅转向进行前期调研和舆论动员。几个月后，该委员会向总统提议，美国应以促进出口和国际贸易的方式帮助美国度过经济困境，政府应尽量减少对个人和企业对外经济活动的限制，大幅降低关税水平，加速进行互惠贸易协定谈判，并对国内体制机制做出相应改变。罗斯福总统采纳了委员会的意见建议，并据此形成《互惠贸易协定法》文本。1934年6月，国会参众两院表决通过了该法，该法经罗斯福总统签署后生效。

《互惠贸易协定法》的最大亮点是对1930年通过的《斯穆特–霍利关税法》的修订，也就是该法的“促进对外贸易部分”。主要内容包括：（1）该法的目的是“拓展美国产品的国外市场”，其方法是“根据美国各类企业的需要和产品特点来调节外国商品的进口，通过给外国产品相应的进入美国市场的机会为美国企业打开外国市场，只要总统发现美国或外国的现存关税或其他进口限制不恰当地阻碍或限制了美国的对外贸易，总统即被授权和外国政府或机构进行关税协定谈判”。（2）在不经过参议院批准的情况下，总统被授权可与外国政府签订贸易协定，授权时间为三年；总统有权对现行关税和其他贸易限制措施进行修改，但调整幅度不得超过现行税率的 50%，且不得调换免税清单或应税清单项目，以免过度损害国内相关产业。（3）无条件最惠国待遇原则。该法规定，除歧视美国商业或总统认为不应适用该法的国家之外，贸易协定中宣布的关税和其他进口限制应统一适用于所有国家对美出口的产品。这意味着，一个国家与美国签订贸易协议后，就自动卷入了一个以美国为核心的贸易集团。[15]

可以看出，为在府会之间寻求权力平衡和在不同诉求之间形成利益妥协，该法对总统的授权并不充分，如对授权时限的规定、对税率调整幅度的限制、对信息披露的强制规定等。而且，就自由贸易进程而言，这一法案也只是开始，因为互惠贸易毕竟不是自由贸易，只是有选择性的关税减让。但这些授权和进步在当时而言已经足够了，算得上重大突破。《互惠贸易协定法》签订后，美国的对外贸易关系有了百余年未见的重大转变。1934—1939 年，美国共与其他国家签署了 22 个旨在降低各自关税的贸易协定。在这段时期，美国向这 22 个国家的出口增长了 61%，而同期美国向没有贸易协定国家的出口增长幅度则为 38%；美国的平均税率也由 1934 年的超过 46% 逐步下降到 1962 年的 12%。

由于符合美国利益，也符合世界发展潮流，在《1962 年贸易扩展法》出台前,《互惠贸易协定法》共延长了 11 次。除了关税税率的下降和进出口数额的增长,《互惠贸易协定法》的更重要意义，在于它推动了美国贸易政策形成机制的变化，即产生了“1934 年体制”。正是这一体制推动了二战后美国贸易政策和国际贸易体系的持续自由化。

该法将贸易决策权授予总统，使得设定贸易议题的权力从原来的众议院筹款委员会和参议员财政委员会转到总统手中，特别是确立了国务院在决定对外贸易政策中的主导地位。这样的体制设计避免了特定选区和利益集团对贸易决策过程构成的直接压力，让更多出口导向的企业有机会参与贸易政策辩论，使美国贸易政治的天平向着更有利于自由贸易的方向倾斜。由于互惠关税减让有助于美国经济的复苏和繁荣，美国的贸易政策偏好开始发生方向性变化，自由贸易论者最终占据上风。[16]

同时，国务院对对外贸易政策的把持，也让美国贸易政策的“战略感”和“行动力”更强了。借助这一体制，美国的决策者可以将贸易政策议题与整个对外战略布局紧密结合起来，无须事事争取国会批准，在对外谈判过程中可以统筹谋划、当机立断，确保了美国的对外经济利益和安全与战略利益处于紧密联系、良性互动状态。截至 1945 年，美国与 27 个国家签署了 32 个互惠贸易协定。在国际体系即将彻底重塑的重大历史时刻，美国借助这一体制成功构建起一个以美国为中心、以“无条件最惠国待遇”为原则、以众多双边贸易协定为支撑的国际贸易集团。这对于美国日后按照自己的意志重建国际自由贸易体系，构建以美国为中心的国际经济环流，是极为重要的。

二战期间和二战后，美国政府一直以《互惠贸易协定法》为基础，循序重建国际贸易体系。这其中的最重要动作，就是对《关税及贸易总协定》的谈判与推动实施。

美国在二战后期开始谋划战后国际体系的重塑。在“联合国”这一总体框架下，国际货币基金组织、国际复兴开发银行和国际贸易组织是其中的三大核心构想。其中，国际货币基金组织和国际复兴开发银行都成为现实，唯有成立国际贸易组织的设想一波三折，最终流产。美国对此有心理准备，而且并未在此方面完全失败。因为尽管国际贸易组织没有最终建成，《国际贸易组织宪章》的基本精神却成为《关税及贸易总协定》的核心内容。也就是说，美国未能一步到位建立一个具有广泛约束力的多边自由贸易组织，但成功确立了自由贸易谈判规则。对于英国这个最难缠却又绕不过去的谈判对手，美国采用软硬两手、恩威并用的方式，一方面宣布与英国清算租借账目，另一方面提出可以继续给予英国大宗贷款，迫使英国承担多边自由贸易义务，打散英国维系的帝国特惠制“小圈子”。美国还将“马歇尔计划”作为讨价还价的筹码，成功吸引更多国家加入以美国为中心的、“前景更加光明”的新型国际经济体系中。《关税及贸易总协定》于 1948 年 1 月 1 日生效，有 23 个缔约国。其本质是指导缔约国之间贸易行为的一套规则体系，其核心是非歧视原则（包括最惠国待遇和国民待遇两项）。《关税及贸易总协定》的前几轮谈判采用产品对产品的方式，即两国谈判达成关税减让协议，再根据最惠国原则适用于全体缔约国。

进入20世纪50年代后，为应对欧洲经济复兴带来的新挑战和新机遇，破解欧洲共同体的关税同盟和共同农业政策给美国自由贸易议程带来的阻力，进一步打开欧洲共同体市场，同时为深化美欧经济联系，应对苏联扩张的威胁，最终建成“大西洋共同体”，美国寻求加快国际贸易自由化进程，尤其是加快与欧洲的关税削减谈判。为此，美国必须对1934年《互惠贸易协定法》进行修订。肯尼迪政府的《1962年贸易扩展法》就是在这种背景下推出的。

《1962年贸易扩展法》进一步扩大了总统贸易谈判授权，总统有权对美国与欧洲共同体之间的产品出口削减最多100%的关税（根据此前的《互惠贸易协定法》，总统至多只能削减50%的关税）；该法还对谈判方法进行了改进，从“逐项谈判法”改为“线性谈判法”，更有助于形成“一揽子”协议。在该法案的授权下，美国参加了《关税及贸易总协定》第六轮谈判（即“肯尼迪回合”），这是《关税及贸易总协定》前六轮谈判中范围最广、削减幅度最大的一次。

总体而言，在从1934年《互惠贸易协定法》到20世纪70年代初的这段时间里，美国作为新任的国际体系主导国，其所推动的国际贸易议程既符合世界现代化潮流，也符合美国和其他大多数国家利益，其所推动的国际自由贸易体制和规则的完善是世界现代化进程的巨大进步。美国作为最大的进口国和出口国，基本上主导了《关税及贸易总协定》谈判进程，其参加谈判的范围最广，对关税水平降低的影响力最强，对其他国家搭便车提供的公共产品最多，从中获得的经济收益也是最大的。《关税及贸易总协定》确立的国际贸易体系吸引了大量国家积极加入；关税税率的下降和《关税及贸易总协定》确立的贸易原则，大大促进了国际贸易的发展，1970 年世界贸易出口和进口总值分别比 1947 年增长了 659.24% 和 645.38%。世界贸易年均增长率在 1913—1938 年这段时期仅为 0.7%，这反映出在英国主导国际体系的最后时刻，国际贸易已基本处于停滞状态；而在《关税及贸易总协定》创立后的 1948—1973 年这段时期，世界贸易年均增长率达到 7.8%，国际贸易再度恢复活力。[17]

“公平贸易”无法为美国赢得未来

任何事物的变化都不是骤然发生的，都有一个酝酿和铺垫过程。美国的很多政策转变，如果我们做粗线条划分，大致可以选取某个事件做标志。实际上，在此之前的某些政策中，大多已经暗暗埋下了政策转变的伏笔，有个循序渐进的演化过程。20 世纪 70 年代美国贸易政策从自由贸易向新保护主义的转变，便是如此。

在被认为支持自由贸易的《1962 年贸易扩展法》中，人们已能隐约感受到保护主义的气息。其中包含的一些保护国内产业的措施，如对“例外条款”的修正和特别设定的“调整性援助”条款等，已体现出一定的保护主义倾向，以至学界在该法案到底是支持自由贸易还是支持保护主义的问题上产生了争论。只不过这一法案中用来援助蒙受进口竞争损害的工人和公司的“贸易调整援助计划”，其条件设定过于苛刻，在整个 60 年代都没有一家美国公司或一个美国团体满足申请援助的资格。

到 20 世纪 70 年代，形势进一步变化。1971 年，在维持了 80 多年贸易顺差后，美国首次出现贸易逆差。这对主导国而言是个不祥之兆，是美国的主导国地位由盛转衰的预警性信号。西欧各国和日本在美国战后复兴计划的扶持下，作为“后发大国”再度崛起，对美国的工业竞争力构成强力冲击，外国商品大量涌入美国，此时的美国却陷入了“滞胀”困境。美国国内滋生出广泛的不满情绪。出口商们要求政府加快推进国际自由贸易进程，打破其他国家特别是欧日的贸易歧视措施，为美国商品尤其是农产品开辟更广阔的世界市场；受到外国商品冲击的行业部门以及连带的特定选区，则对国会和行政部门施加压力、寻求保护，要求对外国输美商品设定更多限制——这是保护主义情绪升温的征兆。

在这种背景下，《1974 年贸易改革法》应运而生。该法的一部分目标仍是继续推进自由贸易，但被普遍视为美国贸易政策从“自由贸易”转向“保护主义”的标志性法案。至此，一个 100 多年前大英帝国衰落阶段的保护主义者频繁使用的概念（公平贸易）成为美国贸易政策的新标签。

“公平贸易”的本质是“保护主义”，但其在实际操作中则主要表现为一种“混合贸易体制”。[18] 为了与建国之初至 20 世纪 30 年代的保护主义相区别，一些研究者将其称作“新保护主义”。传统保护主义的主要手法是直接征收高额关税，新保护主义的手法更精妙、更多元、更隐蔽和更具针对性，同时还积极主张开拓世界市场，增添了所谓“出口保护主义”的新内容。[19] 在新的贸易政策下，按照美国对“公平”的理解，美国一边要求其他国家消除贸易壁垒，扩大自美进口，一边在本国内部构筑各种非关税壁垒，对国内产业实施更多保护救济措施。美国政府更积极地推进战略性贸易政策，由国家出面帮助美国企业扩大出口，努力开拓世界市场，并不断加强出口管制以维护美国的核心竞争力，同时加强国内某些产业的保护以满足特定集团的诉求。

《1974 年贸易改革法》是为美国参与《关税及贸易总协定》第七轮多边贸易谈判（即 1973—1979 年“东京回合”谈判）而制定的指导性法案，是“混合贸易体制”的最初体现。其中对行政部门贸易谈判的“快车道”授权 [20] 和谈判机构的调整，体现出美国想要继续推动贸易自由化的意图。法案还规定了与发展中国家开展贸易的“普惠制度”，这体现出美国与欧日争夺发展中国家市场的意图。除此之外，这部法案中最引人注目的便是对“公平贸易”原则的引入。通过对日后“声名赫赫”的“301 条款”的设定，该法授权行政部门可单方面认定贸易行为是否公平，并对不公平贸易行为实施贸易报复措施。该法还修订了《1962 年贸易扩展法》中的“调整援助条款”，明显降低了对国内产业遭受损害的认定条件，加强对国内“弱势”产业的保护力度。1979 年，美国国会通过新的贸易法案，该法案批准了《关税及贸易总协定》“东京回合”谈判协定，并强调美国将坚持“自由而公平”的贸易原则。1974—1979 年的 5 年间，美国国会共通过了 70 多项带有保护主义色彩的法案，涉及钢铁、汽车、纺织品、机床、机械加工产品、多种农产品等领域；而 1951—1969 年的 18 年中，美国国会通过的类似法案仅有 50 多项，且多与农产品有关。[21] 足见此时的保护主义浪潮已非常强烈。

20 世纪 80 年代里根政府执政时期，美国财政赤字和贸易逆差不断扩大，实行贸易保护主义的意愿更加强烈。1984 年美国国会出台《贸易与关税法》，授权美国贸易代表主动行使“301 条款”赋予的权力。1985 年，里根总统发表以“公平贸易”为题的公开讲话，宣誓美国贸易政策正式转向“公平贸易”。据此精神，1986 年美国制定并通过《综合贸易法案》，强调要对实施“不正当、不合理、不公平贸易政策”的国家实施报复。1988 年里根总统又签署《综合贸易与竞争力法案》，增补了《1974 年贸易改革法》的“301 条款”，设立了“超级 301 条款”和“特别 301 条款”，更便于行政部门动用国内法和采取单边行动，以反倾销、反补贴、技术壁垒、知识产权等非关税壁垒，对其他国家发动贸易限制和报复。在此背景下，美日全面贸易摩擦的发生就不难理解了。1980—1988 年，美国对日本实施 51 项反倾销措施，涉及汽车、半导体、电子通信等广泛领域，成为美国实施保护主义贸易政策的经典案例。为应对欧洲共同体市场蓬勃发展带来的挑战，里根政府还更注重双边贸易协定谈判和创建区域贸易集团，于 1988 年签署《美加自由贸易协定》，并在此后老布什政府和克林顿政府的努力下，将其发展为《北美自由贸易协定》。

克林顿政府是冷战结束后上台的首届美国政府，此时的美国举国上下感觉非常好，因此保护主义的表现方式有所不同，“攻”的一面明显大于“防”的一面，对“公平贸易”的调门略降，对“战略性贸易”用力更多，保护主义更多地体现为对世界市场的争夺和国际体系的扩容。面对冷战后大量前社会主义阵营国家进入转型阶段，克林顿政府将其视为拓展国际经济体系规模的绝好机会。克林顿政府一上台，就将对外贸易提高到涉及国家安全的战略高度，认为贸易是美国国家安全的首要考虑，将对外贸易视为优先事项，强化“战略性贸易政策”实施力度，充分动用政府力量，进一步密切政商合作，既加大国内保护也加大出口拓展。1993 年 9 月，克林顿政府公布《国家出口战略》，确定半导体、电脑、通信等六大产业为国家重点支持的出口产业；建立“贸易促进协调委员会”和“国家贸易数据库”等新的机构机制，通过强化政府跨部门协调和政商间合作，有效执行出口战略；1996年，克林顿政府又提出“新兴大市场”战略，列出 10 个重点和潜在出口市场，为美国出口企业提供指引。

为拓展新的世界市场，克林顿政府展现出对亚太市场的浓厚兴趣。在美国的倡导下，第一次亚太经济合作组织领导人非正式会议在西雅图举行，克林顿政府趁机提出构建“新太平洋共同体”的倡议，积极推动以美国为主导、便于美国扩大出口并防止其他国家搭便车的亚太自由贸易进程。

当然，克林顿政府也不会忘记对竞争对手的打压和多边谈判的参与。克林顿任内，美国既积极推动国会批准《北美自由贸易协定》，以对抗来自欧洲共同体的竞争压力，也动用“超级 301 条款”等国内法工具，继续对日本实施贸易限制，还积极参与《关税及贸易总协定》“乌拉圭回合”多边贸易谈判，按照美国意志将世界贸易谈判延伸至知识产权和服务贸易等新兴领域。

小布什政府上台之初，为应对“9 · 11”事件和经济衰退双重压力，在继续强调公平贸易和战略性贸易的同时，还提出“竞争性自由化”战略，更急切地希望通过保护国内产业、打开外国市场走出衰退。小布什政府不惜违反世界贸易组织规则而直接使用关税壁垒，对外国输美钢铁产品启动“201 调查”，实施为期三年的关税配额或加征进口保护性关税；频繁发起反倾销、反补贴的“双反”调查，对来自中国等国的部分输美产品征收反倾销税和反补贴税；同时，还大大丰富和细化了各类新型非关税壁垒，如技术壁垒、绿色壁垒、社会责任标准壁垒、特别保障壁垒、非市场经济地位壁垒等，显著拓展了对输美产品的调查范围。[22] 与此同时，美国还大量签署双边自由贸易协定，以此扩大美国对外出口。小布什任内，美国共签署 13 个双边自由贸易协定，并将其自身技术标准、环境标准、劳工条件添加到这些自由贸易协定中，形成以美国为中心的范围更小、标准更高、排他性更强的贸易集团。

奥巴马政府上台时，恰逢金融危机这一重大历史转折点。为刺激经济、转嫁危机，奥巴马政府在延续往届政府“拓展世界市场”与“保护国内产业”两手策略的同时，明显强化了保护的一手，提出“再工业化”“重返亚太”“买美国货”“出口倍增计划”“国家振兴行动”等战略，试图与中国争夺美国本土及海外市场，美国贸易保护主义政策全面强化。2010年，美国国会通过《汇率改革促进公平贸易法案》，明确将促进公平贸易写入法律，同时将贸易逆差、外币币值过低都界定为不公平贸易行为，重新规定了倾销价格和补贴额度的计算标准，在此基础上进行反倾销、反补贴调查并启动"特保"的认定和调查，使"两反一保"成为这一时期美国贸易保护政策的主要手段。受此影响，中国近30亿美元光伏产品退出美国市场。奥巴马政府还创造了新能源壁垒、知识产权壁垒、SA8000（社会责任标准认证制度）壁垒、碳关税壁垒等新型关税壁垒以及"国货条款""国人条款"等隐性壁垒。与小布什政府采取的双边方式不同，奥巴马政府更倾向于以小多边方式签署自由贸易协定、开拓新的世界市场，其中以《跨太平洋伙伴关系协定》谈判最为典型。美国参与该谈判后迅速占据主导地位，将公平贸易理论融入《跨太平洋伙伴关系协定》议题设定。

后危机时代的各类挑战在特朗普时期进一步发酵，这让特朗普政府表现出极为强烈的反全球化倾向。在保护主义的道路上，特朗普政府比自1934年以来的任何一届政府都走得更远，对各种政策手段的使用更是前所未有的极端。特朗普政府高举"美国优先"旗帜，完全将国内政治凌驾于对外战略之上，将国内法凌驾于国际法之上，无视国际贸易规则，动用极夸张的关税手段和将中国认定为"汇率操纵国"等极端手法，对中国发动史诗级的"贸易摩擦"；以国家安全风险为由，对中国企业赴美投资和融资进行限制。在与中国签署的第一阶段经贸协议中，强迫中国购买数额巨大的美国商品，是特朗普总统最为津津乐道的方面；在与加拿大和墨西哥签署的《美墨加协定》中加入“毒丸条款”，企图将中国排挤出美国主导的贸易体系。在过去几十年中，历届美国政府均为维持本国竞争力而实施较为严格的出口管制，特朗普政府却选择以全面彻底的“科技脱钩”方式，阻挠中国从中美科技交流中获益；利用赤裸裸的手段打压华为等中国企业，其言论之露骨、手法之拙劣，世所罕见。新冠疫情暴发后，特朗普政府的第一反应，就是借机渲染制造业受制于人的风险，软硬兼施推动海外企业向本土回流。[23]

过去几十年来的历史证明，对作为国际体系主导国的美国而言，保护主义就像一剂上瘾的毒品，一旦沾上就戒不掉，只能不由自主地加大剂量。自 20 世纪 70 年代美国的贸易政策开始转向，历经近 50 年的发展变迁，发展到特朗普政府在民粹情绪驱使下不顾国际准则和国际经济体系稳定而采取多种极端措施，美国贸易政策的指导方针已经完全从自由贸易转向保护主义，行为方式完全从多边主义转向单边主义，行动视野也从全球主义退回到区域主义，这标志着美国自身经济地位和国际主导能力已严重衰落。几乎所有理性的人都会同意，在特朗普时代，美国的保护主义做得太过头了。

对后危机时代看似蛮横傲慢、实则难掩颓相的美国而言，保护主义绝不是扭转颓势的正确药方。因为恰恰是自由贸易构成了国际经济体系的纽带和美国主导地位的基础，而新保护主义无疑会成为国际经济体系解体和美国加速衰败的催化剂。前文提到，与外部世界维持常态化、全方位的“大交换”，保持国家的开放性和动态平衡性，是现代国家的基本特征，更是主导国之为主导国的战略必需。最基本的事实是：对外出口有利于美国的经济繁荣和创造就业，大量进口则帮助美国抑制了通货膨胀和维持了相对高水平的生活水准；而且，确保美国在国际自由贸易体系中的居中地位和“扛旗”角色，是美国构筑国际经济环流、成为少劳多得的“食利者”的前提条件。

对保护主义与国家兴衰之间关系的分析，应结合具体的时代背景和国家发展阶段。对兴起阶段的后发国家而言，保护主义是主动的、必要的和有益的，可为后发国家争取宝贵的发展时间和发展空间，这已为诸多案例所证明；而对衰败阶段的主导国而言，保护主义只能是被动的、危险的和注定失败的。主导国在衰败和危机阶段的保护主义政策，绝不会帮助主导国度过危机，只会在形势的加速演进中见证危机的不断深化；绝不会扭转主导国的衰败，而只会加速其主导国资质的丧失。保护主义政策符合短期利益却不符合长期利益，符合局部利益却不符合整体利益，符合国内政治利益却不符合国家战略利益，丝毫无助于产业转型升级和国际竞争力提升，无助于维系政府、市场与社会的长期良性互动，其结果必然是毁了青山、输掉未来。主导国的大门一旦关上，再打开可就不容易了。

转向保护主义，把自己关在屋子里，构筑起各种各样旨在自保的壁垒，是处于衰败和危机阶段的主导国的本能反应。世界大势浩浩荡荡、始终向前，不会为任何国家而放慢演进的步伐，也不会因某些国家自己停下脚步而拖累世界现代化进程踟蹰不前。

主导国通过保护主义举措在自己与国际体系之间“划清界限”，甚至主动寻求与重要后发国家和整个国际体系“脱钩”，谋建范围更小的区域经济集团，这些做法只会弱化主导国对国际体系的掌控，损害主导国本已岌岌可危的国际信誉，迫使各国对保护主义举措竞相效仿或另谋出路，从而加速国际体系转型重塑，为更先进的国际体系的形成和新的主导国的出现铺就道路。

第七章　分权因何成为制度缺陷

本书第二章提到，荷兰在政治制度上的“分权”设计，一度是荷兰的优势所在，为资本家自由借助国家之力追逐财富铺平了道路。但在荷兰成为主导国后，客观上需要进一步提升国家治理能力、完善国家治理体系，并为维持国际主导地位而加强对国际战略的运筹。也就是说，荷兰必须改变以往的分权体制，转向更强大的政府功能和更集权的制度设计，建立与其现代经济形态和国际主导地位相适应的现代政治形态。鼎盛阶段的荷兰不仅没能做到这一点，反而废除了“执政”，转向“联省共和制”，实际上是由“联邦制”蜕变为“邦联制”。联省议会各行其是，缺乏强有力的国内领导核心集团，中央政府的功能反而更弱了，荷兰变得没有远见，缺乏共识与合力，盲目固守现状，只注重追求短期利益，最终不可避免地滑向衰败。英国政治体制的权力集中程度比荷兰高，但为增强政治合法性而做的民主化努力，客观上也形成了分权效果。强大的既得利益者满足于现有制度安排，成为阻挠制度变革和政策变革的“分利集团”，亦在危机阶段加速了英国的衰败。

人们一定会问：在如今的美国，情况又是怎样的呢？

通过本章的分析，我们将发现，美国政治制度的最重大特征亦是“分权”。分权对美国国家治理的利与弊，亦要结合国家的不同发展阶段来评判。在兴起阶段，分权的制度设计显然有助于自由资本主义“野蛮生长”；随着垄断程度的不断提高，美国的政治体制与时俱进地向着集权方向演进。在主导阶段，自罗斯福确立的新政传统，让美国有了总体完备的现代国家治理体系，同时实现了经济盈利性、政治合法性、社会稳定性和内外统筹性这几大目标——这对现代国家治理体系而言是很难得的。而在国家越过由盛转衰的拐点后，由于内外形势变化，国家内部共识逐步瓦解，利益差异日渐显露，作为美国政治基因的分权体制此时开始发挥破坏作用，明显放大不同层次、不同集团之间的利益和认知分歧，不利于美国集中各方力量和资源应对挑战与危机——这很可能成为美国衰落的加速器。

分权是美国的“政治基因”

分权是美国现代国家治理体系的“历史底色”和“政治基因”，是美国值得引以为豪的重大制度创新。美国凭着先有社会、后有国家的特殊机缘，完全有能力吸收那些当时看来更先进的政治理念，按照自己的意愿开创更先进的现代国家形态，不至于像欧洲国家那样受制于沉重的历史包袱。

在美国的国父们构思国家政体的未来时，至少有两大政治思想传统对他们构成较大的影响，这两大思想传统异曲而同工，其本质均为分权制衡。一大思想传统是在西方思想史上源远流长并在当时的英国广为流行的混合政府理论。自古希腊时期的柏拉图、亚里士多德，至古罗马时期的波利比乌斯、西塞罗、赛卢斯特、塔西陀，再到近代早期的马基雅维利，这些人都曾设想一种将不同政体的优点兼收并蓄的混合政体，以同时确保政治合法性、社会稳定性与国家治理效率。至17世纪40年代，英国国王与议会矛盾激化，议会向当时的国王查理一世提出《十九条建议》，要求限制王权、提升议会地位。为安抚议会并论证现状合理性，查理一世在《回复》中表达了他对英国政治体制的理解，强调了英国政体的混合政府性质，认为英格兰的政体乃是亚里士多德阐释的三种政府形式的混合，现有的国王、上院和下院分别代表了君主制、贵族制和民主制的基本要素。议会党人和保王党人从不同角度接受了这一解释，因为这其中隐含的意思是，国王、贵族和平民之间均可享有国家权力并构成相互牵制。至1688年英国通过“光荣革命”确立君主立宪制，混合政府理论已无可争辩地成为英国政治体制的标准理论。[1] 母国的这些政治思想和实践，对新生的美国而言无疑具有深远影响。

另一大思想传统则直接来源于洛克、孟德斯鸠等人对分权制衡思想的直接阐释。当时的这些著名思想家不仅在欧洲是先进思想的传播者，而且在北美亦拥有包括美国国父们在内的大批粉丝。英国著名哲学家和政治思想家约翰·洛克（1632—1704）是对分权制衡理论进行阐释的先行者。洛克将国家权力分为立法权、执法权和对外权三种，认为抑制绝对权力消极影响的最佳方式就是实行权力分立。“如果同一批人同时拥有制定和执行法律的权力，这就会给人们的弱点以绝大诱惑。”在洛克的基础上，孟德斯鸠（1689—1755）在其《论法的精神》一书中首次系统阐释了三权分立与制衡思想。孟德斯鸠将政府权力分为三类——立法权、行政权与司法权，认为一个自由国家里的立法权应归人民集体所有，鉴于人民的能力不足和议事不便而应实行代议制。他还肯定贵族在国家政治生活中的作用，主张立法机关应分为贵族院和平民院，两者分享立法权并相互制约。孟德斯鸠还主张，为提高国家执政效率，行政权应属国王，而司法权则由法院行使，法官由人民选举产生，由此构筑起“以权力制约权力”的现代国家政治制度。[2]

上述两大政治思想传统，再加上殖民地时期英王任命的皇家殖民地总督滥权，以及各殖民地早已形成高度自治传统，殖民地各阶层对集中而强势的政治力量充满恐惧和厌恶，对奉行政治分权体制感到安全而惬意，所有这些因素决定了美国对国家政治制度的设计思路毫无疑问是分权。无论是联邦与各州的权力分配、联邦政府的制度设计，还是两党制的形成演进以及行政部门内部的实际运作，都体现了分权制衡的政治思想。

这种分权体制，首先体现于美国宪法对联邦与各州的关系设定。《1787 年美国宪法》是世界上第一部成文宪法，也始终是美国政治体制的根本遵循。由于在大州与小州之间、蓄奴州与自由州之间、南方与北方之间本就存在明显的利益分歧，因此《1787 年美国宪法》在很大程度上是利益妥协的产物。此前《邦联条例》曾明确规定各州保持有主权和独立。相较《邦联条例》，《1787 年美国宪法》在主权问题上采取了模糊处理，对联邦完成后各州是否仍是主权实体、谁来决定联邦与各州间的权力划分、谁有权对联邦宪法做最后解释等问题，只是含混其词。按麦迪逊的解释，最初的联邦政府既不是国家性的政府，也不是联邦性的政府，而是一种混合性质的政府，即美国是一个“复合共和国”，两种政府相互控制。这充分说明了在宪法制定之初的联邦与各州之间权力分配的微妙态势。[3] 尽管如此，各州对联邦权力依然顾虑重重。其后的《美国宪法第十条修正案》中特别规定：凡是未经宪法授权联邦行使或禁止各州行使的权力，皆由各州或人民保留之。这意味着：联邦政府的权力只是列举性和授予性的“正面清单”，规定多少就是多少，不能随意增加；而各州权力则是天然性的“负面清单”，除却授予联邦外的其他权力均归各州所有。

此后联邦权力的范围借助修正、默认、司法解释和危机应对的需要而大大扩展，而各州的权力也有类似的扩展。美国公民与其州政府发生接触，比与联邦政府发生接触更为经常。对市和地方政府的管理，关于工厂和劳工的立法，公司执照的颁发，法令的阐释和民法与刑法方面的司法管理，对宗教团体的监督，对于不受《美国宪法第十四条修正案》限制的教育的管理，以及对于人民的卫生、安全和福利等一般“治安权力”——这些都并非根据宪法而是根据各州自己的主权权力而属于各州的。[4] 正是由于宪法规定相对模糊，自美国建国以来，联邦权与州权之间的权力冲突始终未停，联邦制的发展由此经历了“双重联邦制”“合作联邦制”“新联邦制”“竞争联邦制”等若干阶段。[5] 美国 200 多年的政治与法律史，便是一部联邦政府和各州政府围绕主权问题而相互冲突的历史。

梁启超深感于美国政治体制之独特，曾在他的《新大陆游记》中这样评价美国联邦与州关系："譬诸建筑，先有无数之小房，其营造不同时，其结构不同式，其后乃于此小房之上，为一层堂皇轮奂之大楼，以翼蔽之。而小房之本体，毫无所毁灭，毫无所损伤。盖小房非恃大楼而始存立，大楼实恃小房而始存立者也。……此美国政治之特色，而亦共和政体所以能实行能持久之原因也。"[6]

分权体制的另一重要体现，在于联邦政府的权力架构安排，即立法、行政与司法的三权分立。三权分立的确立是《1787 年美国宪法》的特色之一。受孟德斯鸠等欧洲思想家的影响，在制定联邦宪法之前，各州的宪法多已确立三权分立原则。联邦宪法对这一原则再次予以确认。

联邦宪法规定按照三权分立的原则创立政府机构：国家的立法权属于国会，行政权属于总统，司法权则属于最高法院及其下级法院。《1787 年美国宪法》的前三条分别规定了这三大部门的权力。为了不使任何一个部门形成绝对权力和专断，规定三种权力相互独立又相互制衡。国会的立法权受以下牵制：（1）法律须由国会参众两院分别通过；（2）总统对国会通过的法律有否决权；（3）最高法院有法律复审权，判定其是否违宪。[7]总统的行政权受到的牵制是：（1）总统不能以行政权支配立法和司法；（2）总统运用各项政府开支必须按照国会通过的预算和拨款案行事；（3）国会以 2/3 多数可以取消总统的否决案；（4）国会有权弹劾总统；（5）总统签署的条约必须经参议院批准；（6）高级官员的任命必须经参议院同意；（7）法院有权审查行政命令是否违宪。司法机关受到的牵制是：（1）联邦法官由总统任命，并经参议院同意；（2）国会有权弹劾法官；（3）国会有权规定法院的管辖权。就这样，美国政府依据宪法确立起一套复杂的分权体制，200 多年来的美国政府便据此运转操作。[8]

两党制的形成与演进，亦是分权体制的体现。就像“阴”与“阳”、“东”与“西”、“对”与“错”永远针锋相对却须臾不可分割、常常相互包含甚至可以相互转化一样，一些现代国家的内部政治集团，在国家发展的特定阶段或基于特定历史条件而形成的政治传统，常常依据某一时期全国范围内的最重大议题和最主要矛盾，如国家发展方向、产业政策导向以及相应的权力格局设定和利益分配安排，不自觉地分成两大针锋相对的派别。其他非核心议题的利益诉求者，大多依其意愿而依附其中的某个政治集团；偶尔冒出的“第三党”，其主张往往被两大集团吸收进自己的政治纲领，令“第三党”昙花一现难成气候，由此形成两党长期并立、轮流上台执政、立场多有交叉转换的政治版图。[9] 美国作为一个成长中的现代国家，便是如此。尤其是美国奉行单一选区制度，更利于两党制的形成。

两党对立的政治格局，在美国建国的最初阶段就显示出来了。在争取各州批准《1787 年美国宪法》时，赞成宪法者自称“联邦派”（或“联邦主义者”），并将反对宪法者称为“反联邦党人”。前者以汉密尔顿为首，后者以杰斐逊为代表。麦迪逊曾与汉密尔顿一伙，后在众议院联手杰斐逊站在了汉密尔顿的对立面。反联邦党人于 1791 年组建“民主党”，随后又将党的名称改为“共和党”，而“联邦派”则正式组建为“联邦党”。1800 年共和党选举胜利后，两党立场发生对调。共和党转而赞成从宽解释宪法和联邦扩权，作为反对党的联邦党则转而强调州权。至 1816 年，联邦党已趋瓦解，1820 年根本无力再提出本党的总统候选人。此后，失去竞争对手的共和党之内又分裂出两派——“国民共和党”和“民主共和党”，双方主要矛盾仍在于如何解释宪法和是否支持联邦扩权。双方的对立随后演变为“辉格党”与“民主党”的对立，两党对立格局进一步强化，两党政治中的很多政治规则，如全国代表大会提名总统候选人、各州和地方出现党魁、政治分赃等，也在这一时期逐步形成。至 19 世纪 50 年代，由辉格党、自由土壤党和反对奴隶制的民主党人组成新政党——共和党，由此正式形成我们今天熟知的民主党与共和党的长期对立和轮流执政。

此外，在三权分立的总体架构之内，还有些次一级的分权设置。例如，立法机构内部的参众两院分立，便吸收了孟德斯鸠等人关于贵族院和平民院的理念，法律倡议需经两院协调后方可成法。而在行政部门内部，总统与官僚体制之间也存在着隐隐的分权制衡。按宪法规定，联邦官僚系统既要对作为行政首脑的总统负责，也要接受国会的财政拨款限制、人事任命限制和实际运作监督，联邦官僚系统与总统和国会之间形成“一仆二主”关系。联邦官僚系统作为典型的官僚体制，久而久之亦会形成特定的部门利益和部门文化，具有内在的专业性、中立性和保守性特征，倾向于延续既定政策路线和标准操作程序。其与那些希望在有限任期之内施展个人抱负、快速做出变革的总统之间常常发生冲突，即便总统通过政治任命官员加强对联邦官僚系统的控制，也无法完全避免这种情况，从而在总统和联邦官僚系统之间形成分权制衡。联邦官僚系统的规模越大，规章制度越细致繁复，利益纽带越盘根错节，总统对其驾驭的难度就越大，有些时候甚至反过来破坏总统的议程。

国家兴起阶段的分权及其改进

从美国建国一直到20世纪30—40年代的一百几十年，是美国在英国主导的国际体系中作为后发国家而快速兴起的阶段。在国家兴起阶段，为适应内外形势变化，美国在坚持分权原则这一制度创新成果的同时，亦在联邦与各州关系、总统与国会关系、两党制以及行政部门改革方面持续做出制度改进，使美国的政治面貌越来越符合现代国家标准。这些努力也是在为日后美国成为国际体系主导国做着各方面准备。

先看联邦与各州的关系。在美国的兴起阶段，联邦与各州关系变化的基本轨迹是联邦的权威逐步确立，联邦与各州之间的分权逐步向着对联邦有利的方向发展。随着联邦权威的提高和职能的扩展，现代国家治理体系日趋完善，治理能力不断提高。

美国宪法第6条第2款规定，联邦政府相对于各州处于最高地位。由于建国之初州权思想仍盛，宪法不得不对主权归属和各州自由退出联邦的问题加以模糊处理，留待日后时机成熟之后再行触碰。州权与联邦权的处理，亦成为此时作为新生现代国家的美国所要处理的核心问题。南方各州为了不让北方各州干涉其奴隶制和州内事务，公然提出“联邦是有主权各州之间的联盟”，“每州皆有权判定联邦法令是否违宪”。曾明确主张联邦集权的汉密尔顿，也不得不承认各州可与联邦分享主权这样的折中说法。[10] 现实中联邦主义者的种种迁就，说明从《1787 年美国宪法》制定到南北内战的很长时间内，“联邦制”到底属何种性质，并未有确凿说法，权力仍分散于各州而非集中于联邦。美国这个现代国家仍处于相当松散的状态，“邦联制”的旧习气仍未破除。但凡对联邦政令（如关税保护、解放黑奴等）不满，一些州便以退出联邦相要挟，时不时地将国家推入分崩离析的状态，以至林肯在内战之初提出的鲜明口号便是——“挽救联邦”。

内战是美国政治结构演进的里程碑。内战后，美国政治结构的最大变化是，北方各州以其实力及在内战中的胜利，最终解决了各州是否可以退出联邦这一最棘手问题，再没有人抱有退出联邦的幻想了。主权属于联邦而非各州，这一观念被人们广泛接受，联邦政府的声望大大提高。1865 年《美国宪法第十三条修正案》规定，各州不得继续奉行奴隶制和强制服役；1868 年《美国宪法第十四条修正案》规定，各州不得制定或强制执行剥夺联邦公民特权或特许的法律，非依正当法律手段不得剥夺任何人的生命、自由或财产，亦不得否认任何人以平等的法律保护；1870 年《美国宪法第十五条修正案》规定，禁止因人种、肤色或以前奴隶身份而否认或剥夺公民选举权。这三次修正案的每一条都规定"联邦议会应有权用适当的立法强制执行本条"，使联邦议会对这些限制都有规定强制执行的立法权。[11] 联邦对各州的此类限制，都是联邦此前并未获得的权力，这表明联邦权力大大扩展、权威大大提高，现代国家的政治权力向着更集中的方向发展。可以说，从内战后到 19 世纪末，美国的政治制度才开始有了现代国家的样子。1913 年《美国宪法第十七条修正案》生效，美国的联邦参议员选举制度从《1787 年美国宪法》规定的由各州议会选举产生，转变为由各州选民直接选举产生。这一转变既淡化了参众两院之间的类似贵族院与平民院的区别，也进一步削弱了州权。

而后看总统与国会的关系。在美国的兴起阶段，总统与国会之间的权力关系也经历了从"国会主导"向"行政集权"的转变。从现代国家建设的角度看，美国在兴起阶段经济社会结构的一系列变化，客观上需要更强有力的政府职能对各方面事务予以管理协调。在此背景下，总统所代表的行政部门的规模逐步扩大，管理职能日益拓展，长期奉行的"小政府""守夜人""有限责任"理念，代之以政府对经济、社会事务的更积极介入。如同联邦的权威强化一样，总统与行政部门权威和能力的提升有助于提升国家治理效率，增强美国政府在经济、政治与社会事务之间进行统筹以及在内外两个大局之间进行统筹的能力。

针对美国在此阶段的政治体制，有一位横跨官学两界的重要人物的研究成果值得一提，且颇具代表性，这便是曾任普林斯顿大学校长、新泽西州州长以及美国第二十八任总统的伍德罗·威尔逊在 1885 年出版的《国会政体：美国政治研究》一书。[12] 这也是威尔逊获得约翰·霍普金斯大学哲学博士学位的论文。伍德罗·威尔逊 1856 年出生于弗吉尼亚州，幼时曾赞同他父亲关于邦联的观点，成年后转而支持联邦事业。在其著述中反复出现的一个主题是“有组织的、有凝聚力的民族国家概念”。在研究生涯早期，威尔逊特别崇拜俾斯麦，认为正是俾斯麦的“眼光”和“充沛精力”在短时间内让德国成为受人尊敬的头号大国。受德国经验的影响，威尔逊认为美国也应顺应时势有所改变，追求成为“自觉、成熟和自我调节”的“宪政国家”。[13]

在《国会政体：美国政治研究》一书中，威尔逊以英国议会为参照，用清楚而生动的语言对美国国会的组织与立法过程进行了描述，历数国会“一权独大”给美国政治带来的体制弊端，对《1787 年美国宪法》中设定的三权分立原则提出严厉批评。在威尔逊看来，内战后因联邦国会集权而产生的体制“暴政”，客观上使国会同时掌握了立法权和行政权，而国会的立法过程混乱无序，缺乏统一目标和进取意志，立法权被分散到众议院数十个常设性委员会，这些委员会既不对公众负责，也不对联邦行政部门负责，联邦政府完全沦为不被问责也不负责的政府。这种状况对美国政体的合法性和执政效率构成严重而紧迫的威胁，必须对其进行彻底重塑。[14] 而其中的核心举措就是强化总统权威，开启美国政治演进过程中的“强总统”时代。

这本书很受欢迎。在出版后的最初 15 年内几乎每年都要重印，深深影响了人们对当时美国政治体制的认知观念和相应变革。

基于对美国政治体制的理解，威尔逊在1913—1921年担任美国总统期间，利用一战造成的特殊形势，果断推进国家治理体系现代化。在国内，他延续西奥多·罗斯福开启的强总统执政风格，乘进步主义改革之风，针对美国工业化时代的种种弊端，在强化经济金融管理、调整劳资关系、推进公共福利和改革政府组织等各方面成就斐然；对外领域，在西半球推行“道德帝国主义”，拓展国际影响，用“十四点计划”挑战英国主导的岌岌可危的国际体系。[15]这些措施都是大大有助于日后美国成功担任国际体系主导国的。

再看政党政治。在国家兴起阶段，美国政党政治的主要特征是：作为这一阶段经济与社会结构变化以及垄断财团实力的此消彼长在政治版图上的反映，美国的两党政治经历了逐步形成并巩固、既有内部分化又有政策趋同的复杂演进过程。

自美国建国至内战结束后的一段时期内，如何处理联邦与各州的关系，一直是政党政治中的焦点议题。在这一焦点议题的背后，是以东北部为代表的工商资本主义与南方种植园经济两种生产方式之间的较量，这一较量的重要方面是对西部开发主导权的争夺；同时，两党的政治斗争中还夹杂着在奴隶制问题上的争执——就本质而言，这一争执乃是两种不同生产方式和经济集团之间对黑人劳动力的争夺。美国作为冉冉升起的后发国家，资本主义必然是得令的，这决定了这一时期两党政治的天平必然向着有利于亲资本和自由放任的方向倾斜，这是共和党在内战胜利后的20多年内连续执政的原因。同时，垄断财团的力量消长以及资本主义在南方的快速发展，也必然在政党政治中有所体现。尽管它们在竞选中相互攻击，一方获胜后的相互拆台和报复依然延续，尽管共和党的“保守化”倾向与民主党的“自由化”倾向让它们看起来差别巨大，尽管它们在是否强化政府监管职能方面存在尖锐分歧，尽管它们的选民构成也时常出现分化，需要看到的是，两党之间也阶段性地出现相互融合甚至立场转换的情况，它们自我调适、相互妥协、利益交换和彼此趋同的一面也是不容忽视的。

垄断资本的兴盛及其对美国政治生活的渗透，是两党政策趋同的深层背景。到20世纪初，美国两党之间几乎没有重大分歧。两党取得胜利都不是依靠它们的原则和纲领，不是有赖于它们政纲的先进与科学，不是因为它们的内外政策更符合美国人民的利益，它们获胜的法宝是经济实力和政治手段。两大党的背后都是大财团，两党都要依靠后台老板提供竞选经费。[16]它们可能在竞选中激烈地攻击对方，但上台后可能毫不犹豫地放弃本党的某些纲领，转而奉行政治对手曾经倡导的政策，因为它们代表的都是垄断资本集团的利益。作为“大佬党”的共和党自不待言，注重吸引中下层选民支持的民主党，其背后也是美国南方大企业家和金融家，以及在英国呼风唤雨的犹太金融集团——罗斯柴尔德家族。

第三党及其引领开创的大规模社会运动［19世纪70年代的格兰其运动、80年代的绿背纸币运动、90年代的平民党（又称人民党）运动以及20世纪初的进步党运动］也在客观上推动了两党的趋同与融合。这是因为第三党提出的主张往往被两大党吸收，模糊两大党各自的党纲，让它们看起来有几分相似，而且第三党还经常成为两大党党员相互“对流”的媒介。例如，共和党自由派党员可能会在大选中加入作为第三党的进步党，选举结束后进而转投民主党，而民主党激进派则可能以第三党为媒介转投共和党。[17]

最后再来看看行政部门与总统的关系。与政党政治“配套”出现的，是政党对行政职位和行政资源奉行“分赃制”（或称“分肥制”），即大选中获胜的政党将行政职位视为战利品，按党魁意愿将其分配给本党党员以及为本党提供赞助的资本家或其他人员。这些人上任后，继续利用其掌握的行政资源为本党和特定商业利益服务。分赃制在美国第三任总统杰斐逊时期（1801—1809 年）即现雏形，至第七任总统杰克逊时期（1829—1837 年）已大行其道，至 19 世纪末才开始有所收敛。

分赃制的积极意义在于以下两方面。一方面，分赃制的拥护者认为，分赃制有助于维持政党的存在。如果缺乏了行政职位的报酬，无人愿意为政党服务，政党的组织体系便不能巩固，而政党的存在恰恰是所谓民主政治的前提条件。如果总统不能在行政部门安插效忠于自己的人，他的权力将被削弱，政策更难以施行。[18] 另一方面，它有助于实现最大限度的政商结合，新兴的工商资产阶级可以借此调动政府资源为自己的经济事业服务。在自由竞争资本主义阶段，每个资本家竞逐个人财富的结果，是整个国家的经济活力和经济实力空前提高。

分赃制的消极意义或者说其破坏性在于：这将导致党魁的意

志高于公共意志，带来严重腐败，实质性地削弱政治合法性；大批未经训练和毫无才能的人担任行政职务，且任期相对有限，他们服务公共事业的能力必然不足，经验无法传承、政策延续性差，这也不利于提升政府治理效率。因此，反对分赃制的声音从 19 世纪 50 年代起日益高涨，终于以 1883 年国会制定《彭德尔顿法》为标志，美国效仿英国文官制度改革，以“功绩制”取代分赃制，建立了美国版的现代文官制度。《彭德尔顿法》颁布之初，纳入“功绩制”考核的职业文官占联邦雇员总数的 10%，至 20 世纪初已达 40%，1932 年增至 80%，二战后更达 85% 以上。[19]

在联邦与各州关系、总统与国会关系以及两党的权力重置方面，大致方向都是从分权向着集权的方向转变，或是从分歧向着共识的方向转变，以利于提升国家的治理效率，顺应资本主义的经济社会发展需要；对分赃制的改革，则是强化了总统与行政部门之间的相互制约，其效果却同样是提升了治理效率，强化了国家治理体系的现代化程度。相较分赃制主导下的联邦政府行政部门，现代文官制度固有的政治中立、集中管理、职位分类、择能录用、职务常任等特点，使联邦政府行政部门变得更加稳定可预测、专业可胜任、透明可信赖，顺应了此时美国经济从自由竞争走向高度垄断的新现实，削弱了党魁对美国政治的操弄，抑制了总统在官员任免上的随意性，增强了联邦政府的国家治理效率和政治合法性，有助于美国更有力地应对即将到来的国际体系巨变，为日后美国跻身国际体系主导国奠定了制度基础。当然，由《彭德尔顿法》实施引领的文官制度改革，也为百余年后联邦官僚系统日益膨胀僵化，导致美国难以针对形势变化做出快速调整埋下了伏笔。

新政共识与国家治理体系现代化

19世纪末、20世纪初，美国国内经济形态已从自由竞争资本主义发展至垄断阶段，全美范围内的经济社会一体化业已完成，客观上需要强化权力集中和国家干预职能，通盘协调政府、市场与社会关系，形成更加现代化的国家治理体系。此时的美国社会亦发展到大规模城市化阶段，通讯媒体日益发达，公民意识日渐觉醒，客观上要求联邦政府强化治理能力，妥善处理劳资关系，回应各类社会诉求。第三党的各类改革主张，如格兰其的铁路管制立法、绿背纸币党倡导的货币纲领和平民党主张的国家全面干预等，都反映出当时中下层民众的普遍愿望。随后兴起的进步主义运动，更进一步推高了要求国家发挥更大作用、对经济与社会发展进行统筹的舆论声浪。20世纪初西奥多·罗斯福总统和伍德罗·威尔逊等人，尝试在金融、托拉斯、自然资源、交通运输、社会福利和劳工领域强化政府干预，便是对这些社会诉求的回应。在国际层面，此时的英国已然越过由盛转衰的临界点，国际主导地位露出颓相，国际体系日渐不稳，大国竞争明显升级，战争风险越来越高，这迫使美国不得不建立更强有力的联邦政府，以便能在国际体系重塑过程中更加主动地应对风险和寻找机遇。20世纪30年代的“大萧条”以及美国随后推行的“新政”，使这一潜在需求变成客观现实。随后出现的二战和冷战，则要求美国继续在新政共识指导下克服分权制衡的制约，进一步强化国家治理体系和治理能力。

无论是在美国还是在中国，研究“新政”的成果已经很多了。到底什么是“新政”？为什么说新政是一种共识？这些问题可以有不同的阐释角度，如进步主义的大背景、对经济危机的应对、不同利益集团之间的博弈和外部战争风险的临近等。从现代国家的演进原理看，新政相当于国家治理体系的一次深刻重塑。其核心是在由市场、社会和政府作为基本要素的现代国家体系中，在市场力量已经充分发育而仍缺少规制、社会力量已经充分发育而仍缺乏保障的情况下，政府通过强化自身职能，主动调整政府与市场的关系、政府与社会的关系、市场与社会的关系，通过强化政府责任、维持市场秩序、增加社会福利，确保市场的持续盈利性、社会的长期稳定性和政府采取激进变革举措的政治合法性。因而，在新政推行的各种纷纷扰扰背后，其对三权分立体制的修正、对联邦与州关系的变革，以及对各种既得利益的触碰，仍具有强大的客观必然性和广泛的战略共识，新政以后的美国呈现出全新面貌，现代国家治理体系进一步确立，拥有了担当国际体系主导国的内部资质。

现代国家治理体系的一个重要表现便是现代总统制的确立。新政以及随后美国对二战的参与，大大强化了美国总统与行政部门的权力，总统取代国会成为新的权力中心。1933 年罗斯福在首次就职演说中强调，为应对国内经济危机和即将到来的国际形势巨变，他请求国会基于公众的利益需要授予他更广泛的政治权力，以应对各种紧急情况，这种权力要像美国遭受外敌入侵时国会授予总统的权力那样大，必要时可以越过法律明文授权，甚至违犯法律也是可以的。在其任期内，为克服“大萧条”和应对世界战争，他的确按照自己对公众利益的理解而广泛扩充了总统和联邦政府的权力。这表现在以下几点。

其一是大大扩充了总统的立法职能。美国宪法规定，立法权本属国会。20 世纪以来，西奥多·罗斯福和伍德罗·威尔逊曾利用宪法第 2 条第 3 款规定，破例向国会提出过立法草案。富兰克林·罗斯福则频频使用此种方法，使他所起到的立法职能甚至与他的行政职能不相上下。他向国会提出特别咨文，并伴之以立法草案；给国会各委员会和委员写信，敦促他们通过法案；还授权助手们作为总统代表加大对国会的游说。到他任期终了时，国会甚至已经习惯了听从罗斯福的指导，常常期待行政部门提出立法方案。1933—1943 年，国会通过的重大法案都不是国会创始的。

其二是设立一系列独立机构和政府附属机构。特别是在 1939 年改组法通过后，罗斯福发布总统令，设立总统行政办公厅，下设 6 位行政助理、白宫办公室、预算局和全国资源计划委员会。这不仅使总统职位更加制度化，而且使更多权力集中于一人之手，更便于危急状态下以最快的速度进行形势评估和工作部署。在罗斯福任内，美国总统作为行政首脑的职能远超以往任何一位总统。罗斯福使白宫成为国家治理体系的绝对核心，把持着对国家所有重大事务的控制权，开辟了美国的“大政府”时代。

其三是大大扩充了总统的外交职能。为防止信息泄露、议而不决或由于事出紧急，罗斯福往往绕过国会和国务院，借助秘密渠道处理外交事务。1933 年美国与苏联建交，就基本上是罗斯福个人外交的成果。为遏制德国、日本、意大利侵略和援助受侵略国家，罗斯福实施了针对英国、法国、中国和西班牙的秘密援助活动，并通过总统特使霍普金斯与丘吉尔和斯大林打交道。在充当美国首席外交官的过程中，罗斯福几乎没有征询过国会的意见，基本上基于个人独断便做出了改变世界的重大决定。此外，总统作为总司令的职能也被发挥到极致，以便于在瞬息万变的战争状态下果断决策。[20]

联邦相对于各州的权威也在新政时代明显强化，这成为国家治理体系现代化的又一标志。从前属于州权范围内的教育、卫生、社会福利、工业管制、劳资关系等，联邦政府都有权干预。这种联邦与州政府之间相互依赖、共同执行许多职能的联邦制，被称为“合作联邦主义”，即在联邦与各州共同实施各项计划时，通常由联邦负责拨款和制定政策，各州和地方政府负责执行和管理。[21]

新政共识亦推动这一时期两党的竞选和施政纲领相互靠拢。20 世纪 30 年代以来的民主党清楚地意识到，必须在保证垄断资本既得利益的同时，适当改善工人、农民、各少数民族的利益，统筹好经济、社会各方面事务，否则国家治理体系很难维持下去。这是罗斯福政府推行新政的根本原因。由此，新政促成了罗斯福联盟——以自由派垄断资产阶级为首的包括工人、农民、黑人和其他少数民族、知识分子、城市平民的联盟，这一联盟成为 20 世纪 30 年代以来民主党较长时期执政的社会基础。为争取选民，共和党也不得不适应新的时代潮流，向新政路线靠拢。在 1936 年、1940 年、1944 年和 1948 年大选中，共和党党纲都部分地吸收了新政的内容，1952 年上台的共和党总统艾森豪威尔也基本承袭了新政传统。[22]

根据美国学者自 1956 年开始的一项历时 20 年的调查研究发现，尽管民主、共和两党在历次竞选中的纲领不尽相同甚至针锋相对，它们在美国国内重大问题上其实并无本质区别，只是在这些问题的轻重缓急和具体解决方式上意见不一。例如，在两党公认的十大问题中，共和党的排序为：（1）抑制通货膨胀；（2）控制政府规模；（3）维持强大军力；（4）发展能源；（5）减少犯罪；（6）降低失业率；（7）保护言论自由；（8）在政府决策中给予选民更多发言权；（9）为黑人争取平等地位；（10）为妇女争取平等地位。民主党的排序为：（1）降低失业率；（2）抑制通货膨胀；（3）保护言论自由；（4）发展能源；（5）为黑人争取平等地位；（6）减少犯罪；（7）在政府决策中给予选民更多发言权；（8）为妇女争取平等地位；（9）维持强大军力；（10）控制政府规模。由此可见两党在政见方面的趋同性。可以说，自新政传统确立以来，两党在如何建设现代国家方面是有共识的；在二战和冷战的大背景下，在如何应对外部形势和如何担当国际体系主导国方面，两党之间也不存在方向性和原则性分歧，都是希望美国在担当国际体系主导国过程中实现本国利益最大化。对此，1968 年作为第三党总统候选人的乔治·华莱士曾在竞选中批评道，两党之间甚至没有“一毛钱的区别”。[23]

20 世纪 30—70 年代，美国在新政共识的指导下，先后将二战和冷战的外部压力导入国内政治，克服分权制衡带来的挑战，持续强化政府对经济和社会事务的全面干预，建立了总体完备的现代国家治理体系。这应该是美国多数人感觉最好的一段时期。美式资本主义获得继续增长的动力，内外发展空间得到大大拓展；社会各阶层的利益诉求得到不同程度的回应，两党之间亦具备较强的内外政策共识——从现代国家治理的角度看，这相当于同时实现了经济盈利性、政治合法性、社会稳定性和内外统筹性的目标。这是非常难得的，对美国谋求国际体系主导权和担当国际体系主导国而言也是极为关键的。

分权文化的复兴与政治制度的衰败

“没想到”事情很快就走向了反面，这种行政集权的制度红利很快就释放干净。政府官僚机构日益庞大臃肿，运行成本高昂且效率低下，充斥着各种各样的官僚主义，这让想要推动变革的美国总统和政治任命官员们非常不满。政府对经济事务进行全面干预，没有避免经济滞胀局面的出现，资本家们牢骚满腹，说政府管得太多太死，中产阶级也对高税收深表不满，希望政府做出改变。20 世纪 60—70 年代，美国在国内福利方面的支出逐步接近并很快超过军费，却仍有一大批人没有摆脱贫困，一些人还患上福利依赖症，放弃寻找工作，专吃政府救济，联邦财政越发紧张。

联邦政府和一些进步人士积极介入不同种族之间的平等权利运动，出台了一些相应的法律条文和政策措施，结果是非洲裔美国人并未领情，却惹得白人群体很不高兴，认为这是在搞“逆向歧视”，民族间关系不仅没有好转，反而更敏感了。在国际层面，越南战争的失败让美国颜面尽失，苏联在科技、经济和全球战略方面突飞猛进，美国的国际主导地位出现了最初的动摇。

这其实是国家由盛转衰在国家治理体系各领域释放的早期预警信号。在这种情况下，行政集权作为国家治理体系现代化的重要组成部分，非但不是造成这些问题的根本原因，反而可能是解决这些问题的唯一可行之道。因为对一个在位的国际体系主导国而言，只有维持必要的权力集中，才有可能在更多元的国内诉求和更严峻的国际形势面前保持国家治理方略的整体感、方向感和战略感，凝神聚力做好改革创新和内外统筹，在维系现代国家体系的平衡性的同时，确保美国居于主导地位的现代国际体系的稳定性。

美国人却并不这么想。由于历史上就有根深蒂固的分权传统，而且分权体制盛行的时期恰恰是美国资本主义发展的“镀金时代”，因此现实世界里的诸多困难激发了广泛的怀旧情绪，对联邦政府搞行政集权的怀疑态度开始蔓延。越来越多的人相信：政府并不是问题解决之道，它本身就是问题的一部分，应该压缩联邦政府规模、减少联邦政府负担、约束联邦管理权限，以便更好地调动各州积极性、推动社会自治。自新政以来一直备受束缚的华尔街金融集团趁势而起，积极宣扬市场调节的万能作用，在幕后积极推动政府实行“去管制”改革。在这种广泛的信念之下和各方合力推动之下，新政共识瓦解了，取而代之的是“新联邦主义”的兴起。

“新联邦主义”的核心口号是“还权于州”，这是一个自尼克松时期开始酝酿并一直延续到21世纪的政策构想，其本质是联邦自身减负和向各州“甩包袱”，其结果是“合作联邦主义”模式后退，明显加剧联邦与各州之间的权力冲突以及各州之间的境况分化。

尼克松政府在执政首年的1969年，就提出以“修理政府机器”、在联邦与各州之间“实现税收共享”为核心主张的“新联邦主义”构想。针对新政以来的权力和责任日益集中于华盛顿因而造成官僚机构过于庞大、运转不灵、反应迟钝的状况，尼克松提出：在权力从人民和各州流向华盛顿达1/3个世纪以后，到让权力、资金、责任从华盛顿重新流向各州和人民的时候了。[24] 1981年里根政府上台后，再次提及“新联邦主义”，力主将联邦政府的部分权力及其所承担的社会责任下放到各州和地方政府，以便扭转政府规模越来越大、政府支出不断上升的状况。在此思想的指导下，联邦部分法规制定权被下放至各州，联邦资助体系亦有调整，联邦政府对各州和地方政府拨款数额逐年减少，联邦资助占各州总收入以及各州开支的比例也逐年下降。1993年克林顿政府上台后，提出“再造政府”的口号，继续调整联邦政府运行体系，力争通过“新公共管理改革”减轻政府负担，创造一个廉价实用的政府，而这与共和党倡导的“新联邦主义”一脉相承。[25] 与此同时，恢复州权也是最高法院首席大法官威廉·伦奎斯特和其他保守派法官的中心任务。伦奎斯特法院在推动州权复兴方面的贡献，突出地体现于20世纪90年代对一些案件的裁决上。[26] 2001年上台的小布什政府继续实行简政放权，加紧推行社会福利的“市场化”改革，强调减少政府对社会保障的干预，发挥市场的资源配置作用，要求州和地方政府承担更大责任。

“新联邦主义”政策及其背后的分权文化在美国实行了近半个世纪，似乎一直顺应潮流、利多弊少。直至2008年金融危机，其对美国国家治理体系的伤害才逐步显现。

这首先就体现为联邦与州的权力和政策冲突，使现代国家的治理陷入无必要的内部牵制与消耗。这成为金融危机后上台的奥巴马政府面临的重大难题。奥巴马政府为应对金融危机，推出大规模经济刺激计划，加大对金融机构和汽车等产业的救助与对金融机构的监管，并推动实施医改法，极大地拓展了联邦权限。奥巴马政府还扩大联邦对州的资助，并对那些在儿童保健、环保、医用大麻合法化等问题上实行自由化政策的州给予更大的自由裁量权。联邦权的急剧扩张，招致主张州权的共和党保守派激烈反对。在共和党控制的那些州，州议会提出大量抵制联邦法律执行、否定联邦机构权威的政策和法律。在医保、移民、选举权、教育、环保、堕胎、同性婚姻、枪支管制等一系列涉及文化道德价值观的问题上，联邦权与州权的冲突达到百余年来的空前激烈程度。[27] 这大大削弱了奥巴马政府的执政效率。

在新联邦主义和分权文化的土壤中生发出来的，还有两党之间高度对立的政治极化以及两党内部的深刻分歧。分权文化的复兴不可避免地引发思想理念的分歧；冷战结束和“苏联威胁”消失，又进一步消融了过去几十年的大战略共识。两党之间不断升级的政治恶斗，已经在1998年对克林顿总统的弹劾案中初步显露，国会中的共和党人完全基于政治目的发起对克林顿的政治攻击。进入21世纪，围绕美国2003年对伊拉克发动的所谓反恐战争，两党分歧进一步加深，民主党人只是迫于反恐大局而无奈忍让；金融危机爆发后，两党更是在国家向何处去、如何确定治理方略的问题上吵得不可开交。上一段所述联邦与各州发生激烈争吵的那些议题，其实更多地发生在民主与共和两党之间。自此，极化成为美国政治的最突出特征。到特朗普任内，两党之间围绕“通俄门”“通乌门”“艳星门”“逃税门”等一系列涉及特朗普执政资质的重大敏感问题展开恶斗，从特朗普上台第一天起，民主党就在酝酿对特朗普进行弹劾，双方撕破脸皮、恶语相加，毫不顾忌体面。2020年年初对特朗普的弹劾及其失败，又进一步加剧了美国的政治极化和两党怨恨。

与两党怨恨相伴相生的，还有两党内部的深刻歧见。无论是民主党内部还是共和党内部，都在发生着一场民粹派针对建制派的惨烈斗争。在2017年9月《金融时报》的一篇评论中，作者爱德华·卢斯这样写道：曾几何时，美国有两个正常运转的政党。如今这种情况已经一去不复返了。人们现在至少可以数出四个政党。由于特朗普不固定属于其中任何一个，这个数字可暂时升为五……特朗普完全自成一派，那些想知道特朗普核心哲学的人，还不如先去研究百慕大三角。在2016年初选时，右翼民粹主义候选人特朗普和左翼民粹主义候选人桑德斯拿下了超过一半的选票。如果把选票转化为席位，美国两大传统政党会成为少数党派。美国政治注定要背着两党制的外壳蹒跚前行。唯一超过两党彼此蔑视的东西，就是两党内部不同派系的相互敌视。两党内部相互打仗的派系，没有一支能够收服全党，但它们有足够的力量来阻止对手派系收服全党。[28]

“深层国家”的浮现也是很有趣的事。“深层国家”是特朗普时期在美国政界和美国研究圈内比较时髦的概念。这一概念最初源于土耳其，说的是在土耳其政治体制内一个颇具影响力的秘密网络，由军队、情报界等国家安全机构以及外围文官构成，他们不断使用隐蔽和暴力手段干预国内政治进程，被视为土耳其的“国中之国”。在特朗普及其身边的班农等人看来，美国政府内部也存在着这样一个“深层国家”，是顽固而隐蔽的“建制派”的代表力量，处处与作为民粹派的特朗普总统过不去，千方百计构陷总统和他的身边人。特朗普多次在公开场合对深层国家大加鞭笞，给人一种“总有奸臣想害朕”的感觉，“深层国家”因此蒙上一层神秘色彩。其实如前所述，官僚机构规模庞大、规则繁复、利益纽带盘根错节，文官没有任期限制，自然会与总统形成分权，对总统的改革行动构成牵制。尤其是由于军方和情报界等强力部门规模巨大、拨款众多、自由裁量权大，久而久之便形成能量巨大且理念坚定的“国家安全权势集团”，时不时地对总统的行动议程构成牵制和威胁。[29] 当国家顺风顺水时，他们与总统的世界观没有太大分歧，两者可以相安无事；当国家处于危机状态时，两者往往想法不同，矛盾面便冒出来了。

2008年金融危机以来的十多年间美国的种种政治乱象表明，分权正成为美国的重大制度缺陷，已经严重损害了美国政府的执政效率和政治合法性。尽管目前就做出“成也分权，败也分权”的论断仍为时尚早，但美国政治衰败显然已经是不争的事实。

美国以独特的方式立国，打下了难以更改的“分权”底子，分权因此成为美国的“历史底色”与“政治基因”。这一政治体制作为美国的重大制度创新，曾在美国的兴起阶段发挥过重要的积极作用。在自由竞争资本主义阶段，它便于资产阶级通过政商结合，最大限度地借助政府资源实现快速发展，从而助推国家实力整体跃升——这显然是利大于弊。而后，顺应垄断程度的不断提高，美国也探索着对分权体制不断改进，国家治理体系的现代化程度不断提高，确保美国在英国地位日渐衰败、国际体系分崩离析之际化危为机、趁乱而进，终于坐上了国际体系主导国的位子。而后，在难以违背的主导国盛衰规律的作用下，美国越过由盛而衰的拐点，就像其他曾经的主导国那样暴露出各方面颓相。此时，分权终于从制度创新蜕变为制度缺陷。作为美国“历史底色”和“政治基因”的分权体制再度复兴，短期内看似是美国释放潜力、激发活力、摆脱困境的妙招，实则大大加剧了利益固化和立场分化，增大了改革难度，加速了国家衰败。与历史上进入衰败阶段的主导国一样，美国也陷入了分权与集权的两难选择。自20世纪70年代起的分权文化复兴，其本意是以分权竞争降低国家治理成本，调动各类行为主体的积极性，而客观上却形成了相互牵制、日益对立的状况。曾经作为重大制度创新的分权体制，已经不再是解决美国各类问题的钥匙。可是，要把权力重新集中起来却是异常困难的。特朗普政府试图越过种种障碍实现权力集中，却被批评为“新法西斯主义”，可见权力从“放”到“收”是何其艰难。

在 20 世纪 80 年代初我国“第一本比较系统地研究美国政治制度史”的专著《美国政治制度史》中，曹绍濂先生就敏锐地意识到美国政治制度存在的基因缺陷以及由此产生的历史后果。他在书中写道：“孟德斯鸠的分权和制衡学说是 18 世纪的历史产物。当时欧洲大陆各国的人民都处在封建专制君主统治之下，其自由毫无保障，孟德斯鸠提倡此说，其用意原来在限制政府的权力，保障人民的自由，这在当时的政治环境下，是绝对必要的，在历史上起了很重要的进步作用，这一点我们必须承认。但今日的政治情况与 18 世纪的已大不相同……今日政府的首要作用，已不是消极地不侵犯人民的自由，而是积极地发挥它的行政效能。今日无论是什么阶级掌政，它都要使政府中的行政、立法和司法三个部门作为国家机器中的组成部分，作为它所要利用的工具，充分发挥效能为它服务。因此这三个部门只能分工而不能绝对分立，只能合作而不能彼此对抗。”[30]

未来几十年里，美国有没有可能克服分权体制弊端，在内困外患之下汇聚成新的战略共识和举国合力，推动新一轮国家治理体系现代化，从而尽可能地延长其国际主导地位？抑或是衰败阶段的美国在分权体制之下，会变得更加吵吵嚷嚷、各行其是，最终一盘散沙、分崩离析？这个问题值得我们高度关注。

第八章　到底是谁在统治美国

与长期以来的美国自我标榜不同，自建国以来，美国始终面临着潜在的政治合法性难题。出于对“暴民政治”的恐惧，美国政治制度的最初设计选择了在民主政治和精英政治之间做出折中。此后，在美国兴起和主导国际体系的过程中，一边是精英力量对美国政治的牢牢控制，一边是国家治理体系的持续现代化与民众经济福利和政治权利的不断改善，两股力量彼此对冲的结果，是美国政治制度和政府执政的合法性总体得到保全。在国家越过由盛转衰的拐点后，两股力量的天平失衡了，美国政治制度的衰败加快了，美国的政治合法性赤字越发突出了。

美国政治中的“反民主”倾向

自殖民地时期开始，美国人对民主的态度便是纠结的。

单纯从字面理解，所谓“民主”（democracy），就是指由民众直接统治的政治现象，或者指一种由民众进行统治的政治形态。在古希腊文中，“demos”的本意就是“人民”或者说“全体雅典人民”。当美国人思考如何确立自己国家的政治制度时，基于对欧洲专制王权的恐惧和厌恶，以及他们在殖民地实行自治的历史经验，他们希望美国的政治制度是民主的。然而，面对“纯粹民主”[1]可能带来的“暴民政治”或“多数人暴政”，美国人同样忧心忡忡，又希望实行精英统治。[2]殖民地时期一位清教牧师曾这样说道：我并不认为上帝曾决定把民主作为教会或国家的合适的统治方式。如果人民成了统治者，那么谁又是被统治者呢？直到美国建国时，这种观点仍很流行。当时的人们普遍相信：作为“全体统治全体”的民主政体，根本不是一种有效的统治形式；“纯粹民主”或者说“直接民主”，至多只能存活于一个国家的开端或幼年阶段；政府必然意味着统治者和被统治者之分，具备统治资格和能力的只能是社会精英，绝不可能是普通民众。

这样的纠结态度贯穿于建国初期美国宪法的制定过程。在经过宪法制定者们的反复辩论和权衡后，一种全新的折中方案产生了，这就是“代议制民主”。这是在对古代民主原则和机制进行改造后形成的一种新型政治形态，保留了千余年来古希腊传承至今的关于民主的基本观念，同时吸收了很多当时在欧洲仍很流行的“贵族制”和“君主制”因素，是民主政治“精英化”和精英政治“民主化”这一双向过程的产物。[3]这是美国代议制民主的本质特征，也是美国政治制度的最大特点之一。

宪法制定者们明确意识到，这个新国家乃是不同阶级和不同利益集团的集合体，必须明确宪法要支持和保护的重点群体。宪法的最初设计，主要是为保障财产权而非人权，《权利法案》是后来通过斗争才加进去的，许多州对公民的投票权做出种种限制。这样做的直接结果，是精英群体的利益得到了更大限度的保障。

宪法的主要制定者之一、来自弗吉尼亚大地主之家的麦迪逊这样写道：“土地持有人必须在政府中掌握实权，维护这些重要利益，并与其他部分保持平衡，使其他部分受其约束。总之，必须有严密的组织，以期少数富人不致受到多数民众的压迫。”[4]很多人坚信，制宪会议的最大缺陷是回避了奴隶制问题。《独立宣言》的草稿曾对奴隶贸易进行谴责，而制宪会议的代表们却在这个重大问题上对南卡罗来纳等南方地区奴隶主的利益做出妥协。[5]这充分折射出精英主义逻辑在美国制宪过程中的作用。

“反联邦党人”也注意到美国宪法的“贵族倾向”。在《反联邦党人赞成什么——宪法反对者的政治思想》一书中，作者赫伯特·J. 斯托林这样描述反联邦党人对宪法的态度：在反联邦党人看来，所有政府都具有潜在的贵族倾向，因为所有政府都是由少数人来统治多数人，而且政府的贵族倾向会随着时间的推移而越发严重。因此，美国宪法制定者的首要任务，应是尽量为政府的贵族化倾向设定一些障碍。然而，他们非但没有为贵族倾向设定障碍，反而从机制设计上加速这种贵族化倾向。其中最典型的例证就是建立参议院。在反联邦党人看来，“参议院是宪法的所有错误所在”。“尽管反联邦党人并不否认，有必要由一个特别的机构去制衡民主机构可能的民粹，但他们反对将政府最重要的权力赋予立法机关中的不那么民主的参议院。”参议院被赋予了不恰当的过多权力，“如此设计的用心就是为了奠定永久贵族制的基础”。[6]

美国著名政治学家查尔斯·A. 比尔德在 1913 年出版的《美国

宪法的经济观》一书中，运用阶层分析的方法，也对美国宪法的精英主义倾向做出论证。他指出，参加 1787 年费城“制宪会议”的 55 名代表中，40 人持有公债券，14 人是土地投机商，24 人放高利贷，11 人从事工商和航运业，15 人是奴隶主。这些精英主义的代表将不可避免地按照各自狭隘的阶级利益行事，具有明显的阶级局限性和反民主冲动。[7] 由于比尔德的这一观点瓦解了美国宪法的神圣性，而突出其经济属性，对那些偏爱美国政治体制的人而言难以接受，因此这一观点发表后持续引发激烈争议。比尔德在晚年最终放弃了这一论断，但比尔德的无可辩驳之处在于：维护哪些特定人群的利益，是任何国家制度构建过程中必须首先回答的问题；确保政治制度与经济制度相适应，乃是任何现代国家都必须遵循的基本原则。

无论是 19 世纪引发集体腐败的分赃制度、20 世纪超级垄断财团对美国政治的控制，还是 21 世纪以来金钱对美国选举的侵蚀，追根溯源，都可归结为美国政治最深层的精英主义特征以及相应的反民主倾向。

镀金时代的政治分赃和集体腐败

1873 年，马克·吐温与查尔斯·达德利·沃纳出版《镀金时代》一书，以极具讽刺性的手法揭露了西部投机主义者、东部企业家和政府官员相互勾结、大肆掠夺社会财富的景象。由于小说里的描述与当时美国的现实生活如出一辙，从此人们便开始用

“镀金时代”一词来特指从1865年南北战争后到19世纪末这段浮华虚荣而又高度腐败的特殊历史时期。

在镀金时代，美国政治的最大特征是政治分赃。

前文谈到，分赃制是指大选中获胜的政党将行政职位视为战利品，按党魁意愿将其分配给本党党员以及为本党提供赞助的资本家或其他人员。这些人上任后，继续利用其掌握的行政资源为本党和特定商业利益服务。从19世纪30年代到19世纪末，政治分赃是美国政治中的最突出特征，在联邦和各州及地方层面都有广泛体现。直至今日，我们从美国的政治任命官员制度中仍可看到政治分赃制的影子。

政治分赃的制度化，始于美国第七任总统安德鲁·杰克逊执政时期。杰克逊总统1829年上台后，改变了建国以来一直实行的“绅士治国”制度，以推行“轮流担任公职制度”为名，撤换了979名（占公职人员总数的约10%）前任政府留任的政府官员，代之以更加效忠于自己的民主党党员。从此，杰克逊的支持者纷纷涌向白宫以求得一官半职，形成前所未有的“猎职热潮”，正式开创了政客分享肥缺、实行政治分赃的先例。1832年，纽约州参议员威廉·马西公开辩解说，“在政治上也像在爱情上、战场上一样，赃物属于胜利者所有”。[8]分赃制由此得名。

19世纪30年代以后，随着政府机构的不断扩大和公职人员数量的快速增加，政治分赃愈演愈烈。每位新总统上台后，都要发动一次大规模政治清洗。1841年辉格党人威廉·哈里森上台，把大部分民主党官员赶下台；1845年民主党人詹姆斯·波尔克上台，又把大批辉格党人撤换掉；1861 年来自共和党的林肯总统执政后，将 1 639 名总统直辖官员中的 1 457 人予以免职。南北战争结束后，政治分赃与贪得无厌的商业精神深度结合，更是发展到登峰造极、无孔不入的地步。1885 年上台的民主党总统克利夫兰，虽然口头上反对分赃制，但面对共和党人控制联邦文官职务的局面，面对民主党支持者要求政治回报的压力，不得不将约 10 万名共和党官员（当时联邦政府职业文官数量为 12.6 万人）免除职务。[9]

实行政治分赃的结果，是官商勾结成风、体制运行混乱，使镀金时代成为美国历史上最腐败的时期。这一时期的腐败在联邦和各州及地方的行政、立法与司法领域都有体现，整个国家处在"拜金主义"思想的全面笼罩之下，人们对腐败司空见惯，当它是商业行为的润滑剂，甚至将其变成堂而皇之的公开合法行为。

在这一时期，行政部门的腐败行为可以说是全方位和多种多样的。

一是把持公共职位。政治分赃的首要含义，便是将公共行政职位作为政党在选举获胜后论功行赏的战利品。在每一个被政治机器掌控的城市，都有为数众多的政府部门工作职位被用于犒劳或者施惠。仅就纽约市而言，19 世纪 70—80 年代由该市的政治机器坦慕尼协会垄断的市政职位就有 4 万多个。

二是偷窃国库。基于对众多行政职位的把控，政治机器对国家公共财产的侵吞变得更加容易和更加隐蔽。例如，纽约市前议员和国会前议员威廉·特威德在任坦慕尼协会老板期间，直接或间接盗取国库的金额不少于3 000万美元，甚至有估算可能达到2亿美元（按1870年美元价格计算）。

三是不当利用政府内部信息。任何与城市建设规划有关的内部信息，如高架桥的搭建、高速铁路的建设、街心公园的改造等，都可能成为政治家和官僚牟利的工具。他们往往预先廉价购买附近地皮，而后在政府公布开发计划、地皮价值暴涨后予以抛售，从而套取巨额利益。一些政客还多次公开宣扬上述行为的“诚实性”与“合法性”，认为通过低买高卖的方式获取投资收益是市场对政治家投资能力和远见卓识的最佳回报。

四是在政府采购过程中巧取豪夺。其典型手法是以签订政府工程采购合同的形式，将巨额财政支出转移给私人企业，而合同金额往往远远高于实际花费。同时，许多城市的财政资金被存入与政府关系良好的商业银行，城市医院的药品和贫困居民的救济物资供应权被特定企业垄断；街道清扫、垃圾收集等市政服务被外包给指定承包商，而官员可以借此捞取巨额回扣。

五是违规出让特许经营权。通过出让特许经营权从私人企业索取贿赂和回扣的现象，在这一时期的美国政府官员中也是司空见惯的。圣路易斯的一家名为“市郊铁路公司”的总裁查尔斯·特纳被证实向该市上议院和下议院的立法者行贿14.4万美元，以换取价值300万美元的特许经营权。除市郊铁路公司之外，圣路易斯的“中心有轨电车”和费城有轨电车的特许经营权亦成为政府官员的获利工具。欲壑难填的政府官员甚至还不断向新公司发放竞争性特许经营权，策动公司之间的兼并与反兼并战，坐收渔人之利。

六是实施弹性管制。在管理被禁止或受限制的行业时，公职人员通过向私人集团大开方便之门聚敛巨额财富。在纽约、费城、圣路易斯、明尼阿波利斯、匹兹堡、芝加哥等大城市，公职人员对赌博、烈酒销售和性服务场所课征行业准入费的现象非常普遍，一些胆子比较大的官员经常公开收取“保护费”，一些较为谨慎的官员对“保护费”的收取则通过适当的中间人进行。[10]

在这一时期的美国各层级立法机关，官商勾结现象也屡见不鲜。腐败集团通过控制议会选举和立法程序，为其腐败行为提供了强有力的保护伞。19 世纪 70 年代初，纽约州和纽约市的议会选举完全处于坦慕尼协会老板特威德的控制之下，他们篡改得票数字，更换候选人姓名，把事先商定的人员推进议会。在这些人的腐败运作之下，纽约众多市政工程项目的提案批复畅通无阻，一系列欺骗性法律协议被恣意捏造。这一时期不同商业集团之间的利益竞争更是让立法机构的腐败丑态暴露无遗。19 世纪末，为争夺厄利铁路公司的控股权，纽约中央铁路公司的铁路巨头范德比尔特与厄利铁路公司巨富古尔德展开了一场空前激烈的拉锯战。由于双方实力不相上下，对立法机构的影响力旗鼓相当，左右为难的纽约州参众两院竟然最终决定公开拍卖政策法规。由于古尔德集团的出价更高，代表其利益的议案最终顺利通过并写入该州法律。[11]

这一时期的司法领域同样未能避免腐败。政治机器影响并操纵着各州和地方法官的选派过程，并把持着法官席位的任命权，许多法官大多沦为政治机器的傀儡而非司法公正的代言人。由坦慕尼协会老板特威德挑选的纽约州最高法院法官卡尔多佐就是多起司法腐败案件的主谋之一。在其包庇之下，上百名与特威德集团有关的罪犯被减刑或赦免。工商业巨贾通过行贿干涉案件审理的事件也屡见不鲜。这一时期最为臭名昭著的腐败案是格兰特总统时期的“动产信贷公司丑闻”。它发生于1868年，直到4年后才被揭露。当时动产信贷公司承接了第一条横贯美国大陆的铁路修建项目。该公司从成立时起就与一些高层有不正当利益输送，而后又涉及向联邦众议员行贿、从联邦财政中骗取巨额铁路建设款和不法资金运作等问题。为阻止司法部门调查，该公司通过分发铁路股票等方式贿赂相关政府官员，时任美国副总统科尔法克斯和后来当选美国总统的加菲尔德都被“围猎”。该丑闻造成的直接损失高达2 000万美元（按1870年美元价格计算），但司法部门并没有对此起诉。[12]

这一时期的美国政府显然不关心公正民主和社会福利，政治合法性绝不是他们认为应该追求的东西，也很少有人关心贫困、失业率或者托拉斯问题，他们关注的只是“坐在马车上的极少数人的利益”。他们的主要做法是让政府维持虚弱和无为的状态，从而为企业家们竞争财富创造最大化的便利——政府的首要任务就是“消除一切阻碍和威胁，使每个阶级和个人都可以自由地、安全地行使权利和追求自由”。[13]

骇人听闻的集体腐败不仅暴露了这一时期美国国家治理体系和治理能力的薄弱，而且反映出政治体制只是被少数精英牢牢把控，存在严重的合法性赤字。镀金时代的美国总统大都是不太知名的，就像首都华盛顿那样没有在国家生活中发挥太大的作用，而且人们也似乎不愿意记住他们的名字。格兰特（1869—1877）、海斯（1877—1881）、加菲尔德（1881）、切斯特·阿瑟（1881—1885）、克利夫兰（1885—1889，1893—1897）和本杰明·哈里森（1889—1993），他们之中没有一位因采取了有利于现代国家治理的举措而被后人铭记，更没能得到历史学家的积极评价。加菲尔德的经历或许能够给人留下稍微深刻点儿的印象，那也仅仅是因为他被一名希望在政府部门谋份职位却没能如愿的人刺杀，并在昏迷两个月后最终死去。克利夫兰是上述这些总统中唯一的民主党人，但他同共和党人也差别不大。当他赢得1884年总统大选时，金融家杰伊·古尔德在发给他的一份电报中这样写道："整个国家的商业利益将在您的掌握下得到保障。"[14]

20世纪以来的超级垄断财团

在镀金时代的虚荣浮华背后，是更多民众对美国政治的参与，以及人们对腐败现象日益高涨的不满情绪。19世纪的最后20年里，由于政治家利用大规模的游行造势与贿赂等各种形式吸引和收买选民，1876—1896年美国选举的投票人数达到了历史最高点，占登记选民总数的73%~82%。[15]这反而激发了民众政治热情的提高和政治意识的觉醒，催生出广泛而深远的进步主义运动。正是在这种背景下，美国启动了大规模政治变革，反腐败成为其中一项重要议程。从19世纪80年代到20世纪30年代新政，基于现代国家发展的客观需求和基本原理，美国历届政府循序推进文官制度、市政管理、经济政策、劳资关系、环境保护、食品安全等一系列改革，社会舆论监督的作用大大增强，美国的现代国家治理体系快速完善，美国政治体制的合法性随之提高。

与此同时，美国经济从自由竞争迈向垄断资本主义的新阶段，这必然催生出新的政治力量，经济精英与政治精英的互动方式在此过程中得到重塑，美国的政治合法性亦面临新的挑战。这其中的最重大变化，便是垄断财团的产生。

垄断财团是工业资本与银行垄断资本深度融合后形成的由一小撮经济寡头控制的垄断联合。[16]美国历史上的第一批垄断财团，是在19世纪末、20世纪初随着垄断资本主义阶段的确立而出现的，是这一时期大规模资本兼并的结果。工业资本的兼并和集中需要筹措大量资金，这有赖于银行资本的供给；集中后的大公司进行扩大再生产，更需要争取银行资本的支持，因而银行资本得以不断提高自己的实力地位，由此形成银行资本与工业资本的深度融合。在这种背景下，到20世纪初美国已出现15~20家工业和银行集团。其中以摩根和洛克菲勒的资本实力最为雄厚。这两个集团控制了近400亿美元资本，占当时美国工业和银行业总资产的36%。

摩根财团发迹于金融业，是美国出现时间最早、经济实力最强的垄断财团，它是以摩根家族为主，联合其他家族而组成的。它的核心J. P. 摩根公司是美国金融界的霸主，与这家公司结盟的还有第一国民银行、互惠人寿保险公司和纽约人寿保险公司等金融界巨头。这时的摩根财团不仅完全控制了美国工业公司有价证券的推销，具有决定性的金融优势，而且控制了美国钢铁公司、通用电气公司、纽约中央铁路公司等一批大型公司，在铁路、钢铁、煤炭等工业部门具有压倒性优势。19 世纪末、20 世纪初，它在最大的 47 家银行和工业公司中占有 72 个董事席位，控制着大量垄断公司。J. P. 摩根本人亲自担任 J. P. 摩根公司总经理，并兼任与摩根公司有密切关系的 32 家金融、铁路、工业等公司董事（1902 年）。

洛克菲勒财团是以洛克菲勒家族为主组成的。它的创始人约翰·洛克菲勒于 19 世纪 60 年代以石油业起家，并很快垄断美国石油业，到 20 世纪初已经是世界石油行业的主要瓜分者。从 19 世纪末开始，洛克菲勒家族以石油业为基础，逐渐向金融业和其他工业部门扩展，并很快与纽约花旗银行建立合作关系，成为该行的最大股东之一。1891 年，洛克菲勒家族支持花旗银行另一最大股东詹姆斯·斯蒂尔曼出任该行总经理；而后，洛克菲勒家族又通过儿女通婚的方式，实现与斯蒂尔曼家族“合二为一”，进一步加强对花旗银行的控制。洛克菲勒家族推动花旗银行向诸多工业企业投资，当上了 20 多家公司的董事，显著扩大了洛克菲勒财团的影响力。

同时，在纽约还出现库恩 – 洛布等财团，在匹兹堡出现梅隆财团，在特拉华州出现以化学工业为主的杜邦财团。由于这些财团和摩根财团及洛克菲勒财团一样，都位于美国东部地区，因此被统称为东部财团。东部财团控制着全美金融体系，利用金融网络将触角延伸到美国各地甚至世界各地，在美国经济生活中的地位可谓举足轻重。

从20世纪20年代开始，在美国东部以外的其他地区，也开始迅速形成一些地方性财团，主要有中西部财团、西部财团和南部财团。中西部财团主要包括克利夫兰财团和芝加哥财团，西部财团主要有美洲银行财团和旧金山财团，南部地区主要是靠石油和军事工业起家的得克萨斯财团。这些不同财团依托各自的垄断行业，相互之间展开激烈竞争。二战前，美国的经济基本上受摩根、洛克菲勒、库恩－洛布、芝加哥、梅隆、杜邦、波士顿、克利夫兰八大财团的控制。战后初期，美国取得国际体系主导权，大量国际资本流入美国，使生产和资本更加集中，垄断财团的整体实力进一步增强。同时，随着工业体系的新老部门转换与垄断财团之间的弱肉强食和相互渗透，像库恩－洛布这样的财团日渐衰落，而诸如第一花旗银行财团和美洲银行财团这样的新兴财团快速崛起。

与分赃制之下对国家权力和资源的赤裸裸篡夺相比，垄断财团对政府和政策的控制更加隐蔽，也更加高级。除了组建各种基金会、思想库，为政府出谋划策和塑造社会舆论这些间接方式外，实力更加强大的垄断财团甚至在很大程度上决定了总统人选以及联邦政府的主要部门部长人选，完全实现了对政府的俘获。二战结束以来，美国总统一般是由一个财团为主，联合其他一些财团抬上台的，有时也会出现几个财团联手操纵总统选举，共同控制政府的局面。而总统的财团背景排列组合，正反映了各垄断财团在各个时期的实力消长。

长期以来，美国经济实力主要控制在东部财团手里，因此美国总统的选举都是由东部财团包办的，战后初期直到60年代中期都是如此。1948年总统选举中，无论是落选的共和党总统候选人杜威，还是得胜的民主党候选人杜鲁门，都是华尔街金融寡头挑选的代理人，主要体现了摩根财团的意志。

艾森豪威尔也主要是摩根财团扶持起来的，同时也体现了这一时期实力快速上升的洛克菲勒财团的意志。到50年代末、60年代初，洛克菲勒财团的实力已经赶上摩根财团，因此肯尼迪的上台乃是洛克菲勒财团经济实力的增长在政治上的反映。进入60年代，美国主要财团的实力对比发生很大变化，西部加利福尼亚财团和南部得克萨斯财团的实力快速增强，以洛克菲勒和摩根两大财团为代表的东部财团地位相对削弱，东部财团长期控制总统人选的局面被随之打破。1963年，代表洛克菲勒财团利益的肯尼迪遇刺身亡。1964年，代表得克萨斯财团利益的约翰逊以副总统身份递补入主白宫，这是美国历史上第一次由东部财团之外的人担任总统。由此人们看到，约翰逊政府在继续维护东部财团利益的同时，开始制定偏袒南部财团利益的政策。

1968年尼克松当选美国总统，这充分反映了西部新兴财团经济实力的增强。在这个西部财团与东部财团权力此消彼长的时期，尼克松作为西部财团的代表，不得不继续寻求东部财团的支持才得以顺利当选。为回报东部财团，尼克松政府第一任期的人事安排主要以东部财团安排的班底为主，主要政策措施也是按照东部财团的意志来进行的。中国人所熟知的美国著名战略家亨利·基辛格，便是洛克菲勒家族推荐到尼克松政府内部任职的（起初是担任总统国家安全事务助理，而后是出任美国国务卿）。到尼克松政府第二任期，尼克松转而大量任用西部财团担任政府要员。这触动了东部财团的利益，引起它们的不满，最终东部财团利用“水门事件”迫使尼克松辞职。这一极不寻常的事件充分折射出垄断财团的能量之大、对美国政治的控制之深。

吉米·卡特是继尼克松之后又一个非东部财团出身的美国总统。卡特的当选，在一定程度上反映出南部财团的快速崛起，是南部财团与东部财团联手合作的产物。中国人所熟知的另一位美国著名战略家、卡特总统时期的国家安全事务助理布热津斯基，便是东部财团安放在卡特身边的重要人物。

里根在入主白宫之前完全是西部财团代言人，是以西部和南部财团为基础的共和党保守派的实际领袖。60 年代里根在加利福尼亚州担任 8 年州长，主要得益于加利福尼亚财团的支持；为在竞选总统过程中争取更广泛的支持，里根在巩固西部和南部财团的支持后，又极力与东部财团搭上了线。相较前几届政府，里根政府上台后更多地体现了以军工和科技产业为主要支撑、以对外强硬为主要主张的西部财团的意志。美国自此总体摆脱了新政路线，进入以经济金融化为主要特征的新阶段——这也成为事关美国国际主导地位的标志性事件。

搅动美国政治的“软钱”与“黑钱”

对20世纪80年代以来美国政治合法性构成影响的因素，至少有如下两方面。

在美国内部，由金融化促成的垄断财团之间的更高程度融合，成为推动美国政治变化的深层动因。从艾森豪威尔总统执政的20世纪50年代开始，一直到80年代的里根政府时代，美国总统的产生和执政越来越有赖于东部、西部和南部财团之间的妥协与合作，这在客观上推动了几大财团之间的融合。从20世纪80年代开始，为摆脱经济滞胀，美国放弃了新政传统，开启新自由主义改革，美国经济的金融化程度不断提高，随即发生了一轮大规模的金融兼并。这一轮金融兼并也在客观上推动了不同地区财团之间的融合。因此，自20世纪80年代以来，美国经济精英阶层的活动方式越来越多地体现为“公司共同体”对美国政治的协同干预。“公司共同体”的逐步形成以及它们的协同行动，是近几十年来美国政治的突出特征。[17]它意味着美国政治的主要矛盾，已经逐步从20世纪初到80年代这段时期不同财团之间的政治斗争，转变为80年代以后愈演愈烈的少数寡头与广大民众之间的竞争。

在外部，冷战的结束和苏联的解体也间接地影响到美国政治的走向。冷战的国际环境及苏联的长期存在，对美国资本主义的恣意妄为构成很大限制。尽管垄断财团已牢牢控制美国政治，它们却不得不时时顾及政治合法性与社会稳定性，否则美国便可能被苏联击败，它们都将成为输家。而且，垄断财团之间为争取更大社会支持而展开激烈竞争，民众可能成为这种竞争的潜在获益者。苏联威胁的消失，让美国的垄断财团大大松了口气，美国的政治合法性从此更多地立足于对美国霸权的维护以及相应的国际主义叙事，而不再那么依赖对国内福祉的强调。大范围海外扩张显著增强了经济寡头的实力；为了能在国内外赚取更多利润，又必须调动更多政府资源为己所用。这要求它们必须进一步加大对美国政治的操控，推动对美国政治制度做出相应调整，而选举制度的改革成为寡头加大操控美国政治的重要突破口。20 世纪 70—80 年代以来，美国联邦最高法院的保守派法官在人数上长期占优，他们多次做出充满争议的判决，不断放松竞选过程中的资金限制，从而大大便利了寡头们通过砸钱影响美国政治。

20 世纪以来美国的总统选举资金问题，亦即金钱与美国选举之间的关系，主要受几部法律制约。从整体特征看，这些法律倾向于对总统选举资金的来源和使用进行严格限制，以防止金钱对选举政治的过分操控，这种趋势与美国不断完善现代国家形态的演进轨迹是一脉相承的。

1907 年的《蒂尔曼法》是在进步主义运动的背景下制定的。该法明确规定：禁止企业和国民银行资助任何联邦公职候选人的竞选活动，否则将被追究刑事责任。尽管这部法律的象征意义远大于实际效果，但被认为是美国首部试图斩断工商业的金钱与联邦选举人之间直接关系的法律。[18] 1947 年的《塔夫脱 – 哈特利法》是另一部对选举资金的使用做出明确规定的法律。该法正式名称为《1947 年劳资关系法》，此时已成为国际体系主导国的美国，展现出对劳资双方一视同仁的姿态，禁止工会组织和企业自身的财务账户发生任何涉及联邦选举的直接捐款或开销，包括资助本组织涉及选举的政治性广告开销。

在这些立法准备的基础上，为进一步规范选举行为，美国国会又制定了《1971 年联邦选举法》。该法于 1972 年 2 月由尼克松总统签署生效，并于 1974 年做出修正，在选举资金的来源和使用以及选举活动的制度化方面做出详尽规定，是当代美国联邦选举制度的基础。《1971 年联邦选举法》及 1974 年修正案的主要内容包括：通过规定披露选举经费的措施，提高候选人竞选资金的透明度；对竞选广告的开销和候选人竞选费用的支出加以严格限制；就公司企业和工会组织设立政治行动委员会的相关事项做出详尽规定；组建联邦选举委员会并授权其解释选举法律、制定监管制度和履行监管职能。

针对《1971 年联邦选举法》尤其是 1974 年修正案对竞选资金捐献数额的严格规定，美国保守势力表示强烈反对，并请求最高法院为他们“主持公道”。他们认为，竞选捐款是对候选人的一种支持表达，限制个人相关支出就相当于限制个人自由，违犯了宪法中“言论自由”和“程序合法”的第一条和第五条修正案。他们因此将代表美国联邦政府的联邦选举委员会告上了法庭，最终将官司打到联邦最高法院，这就是著名的“巴克利诉瓦莱奥案”。[19]

1976 年 1 月，当时正处于向保守方向转型阶段的最高法院，做出了表面看似折中实则明显偏右、对后世影响极为深远的判决。

一方面，最高法院判定，捐款行为本身而非捐款数额已构成言论自由的重要表达方式，公民言论自由已在《1971 年联邦选举法》中得到保护和体现，而且限制个人向候选人的捐款数额属合宪行为，有助于抑制选举腐败。另一方面，最高法院判定，抑制腐败并非限制竞选支出的充分理由。在受到限制的个人捐款行为之外，公民还有权通过其他途径表达个人观点，如为某种观念或某位候选人进行独立的游说活动。由此，最高法院要求废除《1971 年联邦选举法》中对国会竞选费用支出的限制条款，并取消个人或组织在选举方面的“独立支出”限制。

学界普遍认为，最高法院“巴克利诉瓦莱奥案”强化了金钱在美国选举政治中的作用，因为它造成“软钱”的泛滥。所谓“软钱”，是指个人、企业或工会捐献给政党用于基层党组织建设活动的资金，它与捐赠给候选人的被称为“硬钱”的直接捐款是一组相对的概念。利用“软钱”的数额和使用不受限制这一重大法律缺口，利益集团可以通过向政党捐献“软钱”影响选举，政党也可以利用“软钱”为本党候选人造势，旨在就特定议题进行游说宣传的“政治行动委员会”也如雨后春笋般冒了出来。[20]“金主”（或者说“寡头”）对美国政治的干预以及美国政党对“金主”的依赖，就这样以制度化的方式被固定下来。

最高法院影响美国选举政治的另一重大判例，是 2010 年的“联合公民组织诉联邦选举委员会案”。“软钱”的泛滥和政治行动委员会的崛起，引起了大部分民主党人和部分共和党有识之士的不安。20 世纪 90 年代，国会内部曾多次酝酿对“软钱”施加限制的立法倡议，直到2002年才最终成法，这就是《两党竞选改革法》。该法除对“软钱”做出限制之外，还明确禁止公司企业和工会组织使用自身财务经费发布助选广告，并收紧对此类助选宣传的管理；重新定义和规范了与候选人竞选团队无直接配合关系的选举广告宣传，即所谓“独立宣传支出”，强化了有关信息披露、报告和责任声明的规定。“联合公民组织诉联邦选举委员会案”，针对的就是2002年《两党选举改革法》中关于“独立宣传支出”的规定。

“联合公民组织”是一个持有保守意识形态的非营利组织。2008年大选期间，该组织发行了一部由它出资制作的纪录片，旨在攻击当时的民主党总统参选人希拉里。由于担心该片的传播会违犯联邦选举法律中有关助选广告和独立宣传支出的规定，该组织以联邦选举委员会为被告，向联邦地区法院提出诉讼，在初审和上诉法院审理阶段均遭败诉，最后诉至联邦最高法院审理。2010年1月，联邦最高法院以5 ∶ 4的微弱多数做出了有利于“联合公民组织”的裁决，认为政府对“独立宣传支出”的限制，违犯了《美国宪法第一条修正案》关于保护言论自由的精神。就这样，最高法院为各类公司制法人机构（特别是工商企业和工会组织）使用自身财务经费在选举中放手进行政治宣传开了绿灯。[21] 这个裁决的最重大后果，是催生出大量“超级政治行动委员会”。所谓“超级”，是说这些大选中的外围团体只要在联邦选举委员会登记注册后就可以展开合法活动，公开支持或反对政治候选人，其募资和开支完全不受数额限制，也无须公开其来源。2010年

3月，哥伦比亚特区联邦上诉法院根据联邦最高法院对“联合公民组织诉联邦选举委员会案”的判决精神，在“‘现在就说’组织诉联邦选举委员会案”中判定，不得对个人对“超级政治行动委员会”的捐款数额进行任何限制。[22]

由于非营利政治组织和“超级政治行动委员会”旨在影响选民决定的政治支出无须公开其来源，这类竞选资金因此被称为“黑钱”。两党的选举机器利用这些“黑钱”，大肆进行竞选游说，对政治对手开展构思精巧且杀伤力极强的污蔑攻击，并日益突破道德底线。共和党的选举机器在这方面似乎更加擅长。在2016年总统大选中，共和党的各类选举机器一齐开火，对民主党总统参选人希拉里的污蔑攻击无所不用其极，有力配合了特朗普本人的造势活动。这不仅把美国总统选举进一步推向“金钱政治”的深渊，而且严重败坏了美国政治生态；不仅将候选人的大部分精力消耗在筹款活动而非思考治国理政的过程中，而且让少数寡头有机会对美国政治实施前所未有的控制。美国著名调查记者简·迈耶所著的《黑钱：百万富翁助推美国极端右翼崛起的隐蔽历史》[23]一书，以“科赫兄弟”为例，详述了在美国选举制度蜕化的情况下美国寡头控制美国政治和特朗普政府的诸多细节，有兴趣的读者可以找来一读。

当一个国家进入腐败的最高形态，即国家政权被少数隐藏在幕后的权势人物牢牢控制，民众福祉和国家利益只不过是权势人物实现其个人利益的无关紧要的连带产品，而且国家政治体制已无法对这种不正常状况做出及时纠正时，我们可以说，这个国家的政治根基已经被掏空了，这个国家的失败命运乃是注定的。这个国家政治体制的合法性已被消磨殆尽，国家治理效率必然越来越低，人们将越来越对这个国家的体制和这个国家的前途失去信心。当国家处于这样的状态时，任何一次哪怕是偶发的危机事件，都可能演变成一场全国性的噩梦，将国家治理体系的外强中干暴露于世人面前，令广大民众尤其是广大中下层民众付出沉重代价。

2020 年暴发的新冠疫情，便是这样一次危机事件。2020 年 5 月，当美国的新冠肺炎死亡人数突破 10 万人“这一重大心理关口”时，美国《纽约时报》一名悲愤交加的记者这样写道：

> 早在新冠疫情重创美国以前，美国民众对联邦政府的信任就一直在持续下滑，而美国政府此次应对疫情的做法更让美国民众进一步失去对华盛顿的信心。在艾森豪威尔时期，大约有 3/4 的美国民众对政府是持信任态度的，相信联邦政府会做正确的事，会做对美国民众有益的事。此后数十年，这一数字就一直处于下降轨道，无论是民主党执政还是共和党执政。民意调查机构皮尤研究中心的调查显示，到 2019 年这一数字降至低点，只有 17% 的美国民众“经常或大多数时候”信任联邦政府会正确行事。在 2008 年国际金融危机期间，美国民众看到，各大银行得到联邦政府的救助，而普罗大众却没能保住房子。在新冠疫情导致美国失业率飙升的当下，美国民众又看到，联邦政府再次出手关照富人群体，而普通人只能自保。许多受访者说，在美国联邦政府此次发放

疫情救助款时，大型企业似乎得到了其中的大部分，而小型企业仍在苦苦挣扎。普通民众居家隔离，做出牺牲，得到的经济支持却很有限。民众没有获得感，他们觉得联邦政府没有回应他们的诉求，没有代表普罗大众的利益，而民众对政府的信任度乃是一个国家民主健康程度的重要准绳。[24]

在2020年6月美国《大西洋月刊》一篇题为《我们生活在一个失败国家》的文章中，作者乔治·帕克用更加愤怒和强硬的措辞这样写道：

正如新冠病毒对那些老弱病残的人会造成更大伤害那样，当病毒来到美国这个国家时，它发现这是一个有严重潜在问题的国家，并无情地加以利用。许多慢性疾病（政治腐败、官僚机构僵化、经济虚假繁荣，以及民意的分化躁动）已经长期存在且根本没有得到医治。面对病毒来袭，美国的反应像是一个基础设施落后、政府运转失灵的国家，政府传递的信息满是一厢情愿、自我标榜、谎言和甩锅。而当一名政府医生试图向公众发出危险警告时，白宫抢过麦克风，将这一信息政治化。特朗普上任以来的最大成就便是推动了减税，为企业和富人带来数千亿美元收入。受益人蜂拥而至，光顾他的度假胜地，为他竞选连任提供资金帮助。如果说谎是他运用权力的手段，那么腐败则是他的根本目的。这场流行病就像是一场战争，病毒入侵和占领了社会的断层线，放大了和平时期从未引起注意或被人们接受的东西，澄清了一些最基本的现实，它让人们闻到了一种腐败深埋的味道。我们可以从这些可怕的日子中了解到，愚蠢和不公正是致命的。当人们结束自我隔离状态并摘下口罩时，不应忘记孤独是什么感觉。[25]

第九章　美国社会将变得更加不稳定

与长期以来人们对美国社会的直觉印象不同，美国社会自形成之日起，就始终是一个内在冲突的不稳定结构。这么说，至少有两方面理由。一是因其独特的殖民历史而造成的根深蒂固的种族分化。这是就社会的种族结构而言的。当年欧洲人来到美洲从事殖民活动，为弥补劳动力短缺，从非洲贩进大量奴隶并对其进行残酷剥削镇压。如何摆正这些非洲裔美国人在美国社会的位置，实现不同种族之间和谐相处，过去是美国的难题，未来将更是美国的难题。二是因大量工业向海外转移而造成不断凸显的阶层分化。这是就社会的阶层结构而言的。中产阶级规模扩大而促成的纺锤形社会结构，不过是美国工业鼎盛时期的阶段性现象，如今的中产阶级已经大大萎缩了，若不及时遏止，这将严重破坏社会稳定、增加国内治理成本，进而削弱美国的国际主导地位。

白人至上主义与“黑人的命也是命”

长期以来，黑人与白人是美国社会种族结构中截然对立的两极，由此而生的以“黑白矛盾”为主要表现方式的种族分化和种族对立，是造成美国社会不稳定的重要原因之一。从美国建国之日起，黑白矛盾就是当政者必须面对的一个重大问题。200多年来，与肤色相关的问题始终左右着美国政治，似乎没有什么时候是真正的“色盲”时代，只不过有时候是显性的种族主义让位于隐性的种族主义而已。到21世纪，特别是在奥巴马和特朗普执政时期，种族主义再度成为显性议题。两种极端对立的思潮，同时在美国白人和黑人群体中快速酝酿。其中一端是白人群体对传统优越地位的强烈怀旧情绪，表现为“白人至上主义”运动的泛起；[1]另一端则是以“黑人的命也是命”为口号的此起彼伏的大规模黑人抗议运动。一边的人认为给对方的权益太多了，另一边的人则认为还远远不够。白人中的一小撮人仍顽固坚持以“一滴血原则”为衡量标准的“种族纯洁论”和“种族优越论”，难以接受有非洲裔血统的奥巴马当选美国总统；少数混乱社区中的非洲裔美国人则以“装白”为耻，根深蒂固的种族仇恨让他们与主流社会格格不入。双方各有各的说辞，各有各的苦衷，各有各的不满，也各有各的偏见与局限性。两种社会运动一起发力，造成美国社会的高度对立和严重撕裂。

美国的种族分化和种族对立根深蒂固，其原因是多方面的，有历史性的原因，有文化性的原因，有制度性的原因，也有政治性的原因。

要对美国建国200多年一直延续至今的种族问题做出解释，首先必须归因于其独特的殖民历史以及其后发生的一系列连锁事件。自欧洲人来到美洲开始殖民活动，他们便开始有组织地从非洲贩进大量奴隶，以获得最稳定、最廉价的劳动力供应。从16世纪开始一直到19世纪的300多年间，欧洲殖民者从非洲劫掠大量黑人并将其贩卖至美洲，其中一半以上被贩卖到北美的英属殖民地。这些黑人被迫在美国南方的棉花和甘蔗种植园从事劳动，生命权毫无保障，甚至都没有被当成人类。由于贩奴在当时是很普遍的现象，是欧洲列强们开疆拓土搞殖民的基本措施之一，因此美国的国父们在高举“人人生而平等”旗帜、争取建立现代国家时，并没有因自己本身是奴隶主而负有任何道德压力。他们之中只有一少部分人内心隐隐感到，这多少有点伦理不自洽，并可能在日后演变为棘手的政治与社会问题。

建国后不久，美国一些当政者就发现，国内外对奴隶制的批评声越来越大，废除奴隶制似乎是不可避免的了。可是，如果大量黑人奴隶成为自由人和美国公民，又很可能给美国的种族关系和社会稳定带来巨大冲击。面对这一问题，他们的第一反应是让黑人离开——要么将这些黑人送回非洲（如利比里亚），要么将他们集体迁往加勒比地区的某个岛屿。1816年成立的由开国总统华盛顿之侄布什罗德·华盛顿担任首任会长的美国殖民协会的宗旨和使命，就是致力于将美国的自由黑人遣回非洲。1862年8月14日，林肯总统在与自由黑人代表谈话时说：“即便当你们不再是奴隶的时候，你们仍远远不能与白种人处于平等地位……我们白人中有一种不愿意让你们自由了的有色人种和我们待在一起的情绪……因此，彼此分开对双方都要好些。”[2] 只不过，此时的美国黑人群体已在北美土地上生活了数代人之久，大多已经“故土难离”，无处可去。因而南北战争后实行的“种族隔离”制度，实际上是在“遣回非洲”或“集体搬迁”行不通之后出现的“就地解决”的新方案。

即便用最简单的逻辑去推理，人们也能想象得出，“种族隔离”绝非长久之计。“隔离但平等”[3]的口号说得好听，但那怎么可能呢？种族隔离制度之下，依然存在着极为严重的种族歧视和滥用私刑等情况，黑人仍可能被白人随便找个理由便横加责罚甚至折磨致死。没有经历过奴役之苦和南北战争的新一代黑人孩子们，一定难以理解他们在政治上和人格上低人一等的原因——为什么我们一直要被隔离？为什么我们见到白人必须避让？为什么与白人的任何争议一定都是黑人的错？在诸多不解和不满之下，他们注定要寻求改变现状，哪怕在一种广泛存在的歧视氛围和暴力威慑之下，他们不敢公然表现出反抗态度，但他们可以偷偷离开。因此，在南北战争结束后近一个世纪里，美国黑人群体一直没有停止从南方向北方和西部的长途迁徙。2010 年在美国出版的《他乡暖阳：美国大迁徙史》一书，用感人至深的笔触，记录了美国南方黑人这段辛酸的迁徙史。[4]有兴趣的读者可以找来一读，以便能从一个个带着温度的具体故事中感受他们对未来的憧憬和现实生活的不易。

为数众多的黑人来到西部和北方的大城市，不仅让种族关系问题受到举国关注，而且为他们在国家经济和政治生活中争取更大权益、发挥更大作用提供了机会。面对黑人群体不断增长的政治呼吁，1941 年，罗斯福总统发布行政命令，要求将政府工作岗位向所有美国人开放，而不论其种族、信仰、肤色或原国籍。美国黑人群体抓住机会，顺势而上，证明了他们的能力，尤其是在二战中表现突出，涌现出很多英雄事迹。这进一步提高了黑人在美国社会中的地位，也为他们在战后争取更大权益奠定了基础。我们所熟知的 20 世纪 50—60 年代的美国民权运动，便是在这种背景下发生的。民权运动的本质，是政治权利在不同种族之间的再分配，而且显然是有利于黑人的。其引起白人所谓“逆向歧视”（即白人觉得给黑人的照顾太多了，反倒是白人受到不合理的冷落与挤压）的抱怨，乃是必然的。[5] 民权运动的结果，是既带来了非洲裔美国人地位和福利的提升，也让人们在种族问题上更加小心翼翼、唯恐因说错话而丢掉工作，更加剧了不同种族之间的隐性隔阂。

黑人群体在美国总人口中占比不多，但黑人的权力诉求其实是美国社会中诸多少数族裔谋求更大权益的具体体现。非洲裔美国人政治诉求的背后，反映的是族裔人口变化对美国政治版图的重塑前景，这恰恰成为白人群体中很多人的最大忧虑。

20 世纪 90 年代初，少数族裔在美国总人口中的比例大致维持在 25% 左右。由于人口出生率以及外来移民等因素，白人在美国总人口中的比例持续下降，少数族裔占比快速增加。到 2010 年，少数族裔在美国总人口中的比例已升至 36.8%。其中西班牙裔美国人占 17%，非洲裔美国人占 12.9%，亚洲裔美国人占 5.2%。美国人口普查局预计，2025 年少数族裔占美国总人口之比将达 39.6%；2050 年少数族裔占比将达 49.4%，其中西班牙裔占 24.3%，非洲裔占 14.7%，亚洲裔占 9.3%。这意味着，到 21 世纪中叶，美国少数族裔在人口数量上将历史性地超过非西班牙裔白人成为“相对多数”，而非西班牙裔白人则将成为“相对少数”。[6] 少数族裔感觉自己地位低下、太不公平，白人群体则担心“大替换”，害怕有朝一日美国不再是白人的美国了。这种人口学意义上的变化，必然带来不同族裔之间政治地位的深远变化，成为加剧种族矛盾和种族对立的重要原因。

种族对立的文化性原因，主要来自对种族差异论的宗教学和生理学解释。哪怕这些宗教的和“科学”的解释后来被证明根本站不住脚，也不妨碍它们继续在一定程度上充当“白人高人一等”的合法性论据和心理支撑。

在《圣经·创世记》中记载了这样一段传说，大意是：挪亚生有三个儿子——闪、含和雅弗。有一天，挪亚在葡萄园醉酒后赤身而睡，其子闪与雅弗对父亲极为礼敬恭谨，拿衣服为父亲遮体，避免目光触及父亲裸身；含则似乎态度轻浮，暗中讥笑父亲赤身裸体的不雅。挪亚醒来之后得知原委，便对含发下咒语，诅咒含的后代要世世代代做闪和雅弗的后人的奴仆。《圣经·创世记》中的这段文字甚为模糊隐晦，有很多细节之处未曾明示，但这段传说经过后人的不断解析和改造，成了论证奴隶制合情合理的宗教学源头。有意为种族优越论和蓄奴合理性做论证的神学家们断言，含在道德上是恶的，其后代也是如此，挪亚对他后代的惩罚是合理的，而非洲黑人就是含的后裔，欧洲人或高加索人的祖先便是雅弗。黑人被贩卖至美洲，成为白人种植园中世代受苦的奴隶，是他们祖先作孽的结果，是上帝早就安排好了的。在美国南方实行蓄奴制的时代，这一宗教学解释成了对现状合法性的有力论证。由于宗教在美国人生活中的特殊重要地位，宗教学的某些暗示往往超越“政治正确”和科学知识，成为影响人们思维判断的最深层动因。

美国内战结束后，南方黑奴获得了法律上的自由地位。关于黑人应该世代为奴的宗教论断显然说不通了。要继续为白人优越论和种族隔离政策做论证，就必须有更好的“理论”。此时，“科学种族主义”登场了。19 世纪中叶一些很有名望的人类学家宣称，依据他们对世界各地的头盖骨研究，人类可分为欧洲人、亚洲人、印第安人和非洲人四个人种。欧洲人脑容量最大，智力水平最高，因而适合从事科学、艺术和管理等高尚的工作；黑人脑容量最小，属于低劣民族，只能处于社会下层。针对黑人曾创造出璀璨的古埃及文明，这些人类学家竟惊人地断言，古埃及的辉煌乃是白人文明的结晶。为进一步论证种族隔离的合理性，美国统计学家弗里德里克·霍夫曼在其 1896 年发表的《美国黑人的种族特征及其倾向性》一书中宣称，黑人在享受了 30 年自由后，其体质、心理和道德不仅没有进步，反而退步了，重要原因就在于黑人与白人血统的混合，混血儿的体质甚至比纯粹的黑人还差。这显然是在警示说，黑白混血儿已成为社会进步的破坏性力量，美国社会及其文明正因黑人的融入而面临严峻威胁。[7] 直至今日，也很难说这样的“科学种族主义”论断已经彻底从人们的思想观念中消失。

种族对立的制度性原因同样值得关注。这其中最大的制度便是以“吉姆·克劳法”为代表的种族隔离制度了。关于吉姆·克劳有很多不同版本的说法。通常认为，吉姆·克劳是戏剧中一个黑人滑稽角色的名字，1799 年首次出现于波士顿的舞台之上，1830 年又成为一首黑人流行歌曲的名字，此后吉姆·克劳逐步成为白人对黑人的蔑称，或被用来代指一切与黑人有关的事物。所谓“吉姆·克劳法”，泛指 1876—1965 年美国南方各州以及边境各州针对有色人种（主要针对黑人，也针对其他有色族群）实行种族隔离制度的一系列法律。在前文提到的《他乡暖阳：美国大迁徙史》一书中，作者威尔克森这样描述“吉姆·克劳法”：美国南方的黑人“是美国的公民，但他们并没有享受到公民应有的权利，一言一行仍受到吉姆·克劳法的严格控制。这些法律是 19 世纪美国在南方各州强制推行种族隔离制度的一个缩影。种族隔离制度从 19 世纪 80 年代一直持续到 20 世纪 60 年代，大约 80 年的时间，几乎相当于一个健康人的平均寿命，它至少折磨了四代人”。[8] 2019 年获得第 91 届奥斯卡最佳影片奖的电影《绿皮书》，对种族隔离制度也有形象的描述。电影中提到的“绿皮书”全称叫“黑人旅游绿皮书”，最早于 1936 年由纽约黑人邮递员维克多·格林出版，是种族隔离制度废除前黑人专用的旅行手册。电影中有很多令人印象深刻的场景，生动呈现了那个时代的种族隔离。其中之一便是主人公被邀请在一个高档庄园进行钢琴演奏，中途想要如厕，结果被告知只能用院子里一个由简易棚子搭建的茅坑——因为那时在美国南方实行种族隔离的州不允许黑人与白人共用厕所。

如今，在制度层面赤裸裸地实行种族隔离的情况基本不存在了，但各式各样由隐性歧视的法律政策引发的种族隔离以及由此造成的种族对立，在美国依然非常普遍。这其中，除了针对非洲裔美国人等少数族裔的选举压迫和暴力执法外，最为突出的恐怕要数“居住隔离”了。

1968年由约翰逊总统签署的《公平住房法》，并没有彻底改变非洲裔美国人在住房上的不公平处境和受歧视状况。这一方面是由于很多白人仍坚持居住在同质性的社区，一旦有一定数量的非洲裔美国人迁入，他们便会选择搬离该社区，或者是在地方政府打算在白人聚居区为有色族裔修建类似保障房的房地产项目时，白人群体会对政府施加强大压力，阻止项目实施。2015年发生在休斯敦市的“山景街项目”争端，便是很好的例证。休斯敦房管局本打算在一处休斯敦富人区附近推动一个旨在面向低收入群体的保障房项目，结果遭到该地区白人的强烈反对，他们以建设保障房可能造成该社区学校过分拥挤为由，通过集会抗议、建立网站等多种方式进行造势，向各级政府表达不满，硬生生地搅黄了该项目。[9]

另一方面，住房贷款机构的隐性歧视政策也造成居住隔离。住房贷款机构对非洲裔美国人的财政能力和财政信誉信任程度不够，对其住房贷款申请审核更严。[10]这样的隐形歧视造成了“事实上的隔离”，在美国造成“巧克力的城市、香草色的郊区”的隔离居住模式。很多非洲裔美国人聚居的中心城市破败不堪，富有的白人阶层则越来越向更宜居的远郊区迁移。2017年在美国出版、2019年被译成中文的著作《法律的颜色：一段被遗忘的美国政府种族隔离史》[11]对此进行了很好的描述，有兴趣的读者可以找来看看。

美国的种族隔离和种族对立长期持续，还有深刻的政治性原因。这源于过去几十年来一些美国政客为谋取特定群体的政治支持而对种族议题进行的反复操弄。由于20世纪60年代的民权运动搞过了头，很多人都不高兴，这种情绪必然会被某些政治家利用。于是，他们就在不公然违背“政治正确”的同时，试图操弄种族主义议题来积累政治资本。这种政治操弄最开始是通过所谓“狗哨政治”的方式推进的。什么是“狗哨政治”？形象点儿说，就是那些想要谋求上位的政治家，运用某种只有特定人群听得懂也愿意听的种族主义暗语，就像用一般人听不见、唯有狗才能听见的超声波，博取特定人群的政治支持。[12] 比如，他们强调“州权”，实际上是说联邦政府在民权方面操的心太多、手伸得太长了；他们说“法律与秩序”，实际上是说搞社会运动的那些非洲裔美国人太无法无天，该管管他们了；他们说要发动一场“反毒品战争”，局内人一听就知道，打击重点就是那些贩毒吸毒的非洲裔美国人。过去几十年来，不仅尼克松、里根、老布什这些共和党人是操弄“狗哨政治”的高手，而且连克林顿这样的民主党人也会偶尔搞一下。

到特朗普时代，“狗哨”被抛在一旁，取而代之的是赤裸裸的种族主义咒骂。特朗普为了争取南方白人群体的政治拥护，不仅随意咒骂来自墨西哥的西班牙裔移民都是“小偷”“流氓”“强奸犯”，甚至公然羞辱国会中的有色族裔议员。无论是对当时已身患重病的资深民主党众议员伊莱贾·卡明斯，还是对被称为“小分队”的四位年轻有色族裔民主党众议员，特朗普对他们的批评都是毫无口德的。不仅美国有色族裔的敏感神经遭到暴虐，而且美国最基本的“政治正确”也被特朗普踏得粉碎。这种情况是几十年未见的，也是极不寻常的，对美国政治与社会的影响也必将是极其严重的。

中产阶级萎缩与“新的阶级战争”

在现代国家的形成与演进过程中，大规模中产阶级的出现具有重大意义。政治学家相信，中产阶级是政治的“后卫”，认为中产阶级对自身处境的满意，以及他们对更好生活的追求，让他们成为国家现状的守卫者和国家治理体系优化的推动者；经济学家则相信，中产阶级是消费的“前锋”，他们的消费需求很强，是支撑经济持续发展的重要动力；社会学家则相信，中产阶级是社会秩序的“基石”，以中产阶级为主体的纺锤形社会结构是最稳定的。也就是说，大规模中产阶级的出现和持续存在，乃是维系现代国家之中的经济盈利性、政治合法性和社会稳定性的积极力量。

然而，这些来自不同学科的普遍信念，几乎都是建立在中产阶级规模不断扩大或至少维持恒定规模这一假定之上的。如果有历史学家与经济学家、政治学家、社会学家一同参与有关中产阶级的讨论，历史学家可能会着重强调的是，现代国家内部中产阶级规模的扩大，乃是发生在特定历史阶段的事件。现代国家之中并非从一开始就有大规模的中产阶级，中产阶级的规模也并非始终处于扩大之中。为数众多的中产阶级，乃是因国家大规模工业化的推进而出现的；随着国家“去工业化”程度加深，中产阶级规模将会趋于萎缩。当中产阶级的规模趋于萎缩或者维持中产阶级地位的难度增大时，中产阶级发挥的作用恐怕就不再是消费的“前锋”、政治的“后卫”和社会秩序的“基石”了。

在学术界比较严谨的区分之下，美国的中产阶级有新老之分。老中产阶级通常指 19 世纪末之前美国尚处于自由竞争资本主义阶段的手工业者、小商贩和小企业主等。在他们的上端是富有的商人阶层，在他们的下端则是在码头、工厂车间和马车行出卖劳力的雇工，而他们正好处于社会结构的中间层。随着美国资本主义进入垄断阶段，生产集中化程度大大提高，生产方式得到巨大改进，同时大规模城市化进程也在推进，人们的生产和生活方式发生很大的变化，大规模的“白领”出现了，他们构成美国新中产阶级的主体。

1870 年，美国的白领阶层只有 75 万人，仅占劳动力市场的 6%；1940 年，白领阶层的规模已达 1 250 万人，占到劳动力市场的 25%。这些白领主要由教师、推销员和各类办公室职员组成。1870—1940 年，白领阶层的人数占美国总人口的比例持续上升，形成了社会学家所说的纺锤形社会结构。二战以后的经济繁荣，又使美国的白领阶层进一步扩大。[13] 同时，随着新政以后美国政府在社会福利保障方面做得更多，以及工资水平持续上升，大部分蓝领阶层的生活水平也有明显提高。20 世纪 30 年代新政以来尤其是二战以后，是美国社会贫富差距最小的时期。当时的人们持有一种普遍信念，相信可以通过奋斗让自己未来的生活变得更好，子女的生活也将比自己这一代人更好——这是“美国梦”的核心内容。

即便是在20世纪60年代这一被普遍认为是美国贫富分化程度最小的时期，美国社会中仍存在着大量贫困现象。他们之中，有因生产过程自动化而被打入经济底层或流落街头的半熟练和不熟练工人，有因农业技术变革而过着朝不保夕生活的农业流动工人，有“最后被雇用、最先被解雇”的非洲裔美国人以及其他一些少数族裔，还有一些被人遗忘的老年人、社会底层的流浪汉，以及在农村活不下去、在城市又遭排斥的乡下贫民等。这些人的数量有四五千万，占当时美国人口的1/5~1/4。出版于20世纪60年代的一本老书《另一个美国（美国的贫困）》对此有很好的记述。与当时广受称颂的美国“丰裕社会”视角不同，这本书的作者迈凯耳对美国的贫富分化给予相当尖锐的批判，在他看来，“贫困在美国已经成了一种文化，一种制度，一种生活方式”。[14] 这种富裕社会中的贫困现象，成为约翰逊政府“向贫困宣战”的重要动因。有兴趣的读者可以找到此书，探索一下半个多世纪前的美国贫困与今日美国的贫富分化之异同。

当然，贫困现象的存在，并不影响美国中产阶级在社会中占据主体这一基本现实。在二战结束后的很长一段时期内，美国的吸引力就在于它是一个以中产阶级为主体的社会。大多数人有可能过上体面的生活，或至少心中存着美好的期待，相信通过自己的努力能够实现生活水平的改善，在社会阶层结构中向上流动。这是社会总体稳定的原因所在，也是美国民主制度的根基。在这样的社会环境中，人们总体上是理性温和的，社会总体上是稳定有序的，政治总体上是有共识和能够形成合力的。这也是人们觉得战后的民主党与共和党的党纲没有实质性区别的原因所在，因为在这样的社会结构中，它们在政治路线上也必然是有共识的。

自 20 世纪 70—80 年代开始，美国进入了“新的镀金时代”，产业空心化日益加深，“金融化”快速推进，制造业领域的就业机会逐步减少，美国贫富分化日益扩大，美国民主制度的根基开始遭受侵蚀。

1979—2003 年，美国社会中最穷的 20% 家庭的收入增长率为 1%，20% 较富有家庭的收入增长率为 49%，收入在中间水平的 20% 家庭的收入增长率为 9%，而 1% 最富有家庭的收入增长率则高达 111%。根据美联储数据，美国社会中 1% 的最富有家庭大约掌控了 1/3 的社会财富，接下来 9% 的富裕家庭又占有社会财富的 1/3，剩余的 1/3 财富则归属其余的 90% 家庭。[15] 类似的统计数据还有很多，在此就不大量列举了。它们的统计时段或有差异，统计方式也各具偏好，选取指标各有重点，它们所显示的美国社会贫富基本走势却都是一样的，那就是：自 20 世纪 80 年代以来，美国社会的贫富分化越来越大，中产阶级的规模日益萎缩，且维持中产阶级地位的难度越来越高。

早在金融危机爆发前的 2003 年，来自佛蒙特州的联邦参议员伯尼 · 桑德斯就发出警告称，美国正因贫富差距过大而分裂成三个截然不同的社会：第一个是由那些少数极富有的人组成的社会，他们拥有和控制着越来越多的国家财富和权力；第二个是由日益缩小的中产阶级组成的社会，这些普通人为了一份低收入和福利保险要付出比以往更多的劳动时间；第三个则是由那些生活在贫困中的人口组成的社会，而这些人的数量在快速增加。[16]

2005 年卡特里娜飓风袭击新奥尔良市造成的巨大社会混乱，被认为是 21 世纪以来继 2001 年“9 · 11”事件之后美国面临的第二次重大灾难。这既是一次天灾，又是一场人祸。它暴露出，美国社会因为贫富严重分化和弱势群体增多已经变得十分脆弱。在过去一个多世纪里，新奥尔良市不断拓展至周边的沼泽地，变成了一个四周以人造堤坝围拢、与海平面平齐的大盆地。在卡特里娜飓风造成的风暴潮让堤坝出现几十处决口后，海水灌入了盆地，淹没了城市大约80%的土地，水最深处达10英尺①。因为贫困的非洲裔美国人大多住在地势最低洼区域，他们的住房遭受了严重破坏。在新奥尔良市的都会区，大约每 3 套非洲裔美国人的住房就有 2 套被淹，而白人和西班牙裔美国人的住房平均每 4 套只有 1 套被淹。因为没有足够的汽车，许多低收入的黑人尽管接到强制撤退命令，依然无法按时在飓风袭击之前离开或者干脆选择不离开。有 4 万多人（主要是黑人）在超级巨蛋球场和陷入混乱的会议中心临时避难，人的粪便和各类生活垃圾堆积如山。至少有 1 500 多人死于这次灾难，风暴过去数天后，仍有尸体在街头腐烂或者漂浮在洪水之上。[17] 当卡特里娜飓风造成破坏的画面在世界各地的电视中反复播放时，人们几乎难以相信，这样的情形竟发生在美国。

---

① 1 英尺 =0.304 8 米。——编者注

受 2008 年金融危机影响，因贫富分化而造成的社会矛盾大大加剧了。金融危机后，富人们只是遭到了短暂的冲击，借助政府各类刺激政策对金融市场的利好，他们反而获得了更多财富；而美国社会的中下层群体受到的冲击，却是实实在在和长期持续的。2011 年的“占领华尔街”运动就是在这种背景下爆发的。这场运动将长期存在的贫富严重分化问题推到美国舆论的风暴中心，人们开始更多地关注美国社会结构的巨大变化、中产阶级萎缩带来的社会分化、阶层固化和贫困的代际传递问题，有人甚至认为美国正在爆发“新的阶级战争”。[18] 最近几年，国内陆续翻译出版了一些介绍这方面情况的图书作品，如《简斯维尔：一个美国故事》《乡下人的悲歌》《扫地出门：美国城市的贫穷与暴力》《我们的孩子：危机中的美国梦》等。[19] 这些作品以讲故事的方式，生动叙述了美国中下层社会群体的地位脆弱性和处境之艰难，以及由此带来的贫困代际传递和阶层固化问题。所有这些作品都最终触碰到一个敏感而重大的话题，即在这样的贫富分化和阶层固化中，“美国梦”是否仍有吸引力和感召力。[20]

值得注意的是，随着中产阶级萎缩而加剧的社会阶层分化，既体现在不同族裔之间，也体现在同一族裔内部。[21] 也就是说，除了非洲裔美国人普遍处于更加不利的境地外，即便是在白人群体内部，广大中下层群体的生活处境也是十分艰难的。金融危机之后，再度出现于公众视线中的“白垃圾”一词，指的便是这些人。这些白人中下层群体长期受到的忽视以及由此滋生的愤怒情绪，成为民粹政客扩大政治支持的工具。

在2018年出版的极具爆炸性且充满争议、中国民众也并不陌生的《火与怒：特朗普白宫内幕》一书中，作者迈克尔·沃尔夫记述了这样一段关于"白垃圾"和特朗普的情节：多年前，当特朗普陪同外国投资者参观大西洋城时，人群中突然有人问他"白垃圾"是什么意思。当时特朗普脱口答道，就是像我一样的人，只不过他们很穷而已。对此，《金融时报》的一篇专栏评论敏锐地评论道，特朗普之所以能在2016年的大选中"意外"获胜，就是因为特朗普能像魔鬼一样感知到这些人的愤怒，并且用各种脍炙人口的"金句"煽动这种愤怒，把这些人的挫败感和愤怒转变成自己在总统大选时的政治资本。

《金融时报》的这篇专栏评论，用冷冰冰的数字来勾勒这些被称为"白垃圾"的人的窘境：

> 20世纪90年代末，与未接受过大学教育的非洲裔美国人相比，未接受过大学教育的美国白人在50多岁死亡的风险低30%；到2015年，在不到一代人的时间里，他们的风险已经比非洲裔美国人还高出30%了。男性白人占美国人口总数的比例略低于1/3，而他们占美国自杀人数的比例却超过2/3。尽管如此，美国白人工薪阶层颓丧的精神状态，总是被主流社会轻描淡写地一带而过，从未引起人们的关注和重视。这方面的重要证据之一是：在特朗普"意外"胜选的2016年，"变性人"一词在《纽约时报》出现了1 169次，而"鸦片类物质"一词仅仅出现了284次。[22]

恰恰是这类“鸦片类物质”，成为“白垃圾”们在现实世界中唯一可以寻找的慰藉。可能很多人都注意到，特朗普政府在上任之初便向中国施压的诸多议题之中，所谓“芬太尼对美非法出口问题”排在了施压清单中相当靠前的位置。其原因就在于，这类用于镇痛的处方类药物，由于价格便宜且效力更强，已成为美国的精神颓废者更青睐的新型毒品，每年因过度服用芬太尼而死亡的美国人有数万人之多。对“白垃圾”们而言，相比如何缓解生活困难和精神痛苦，像“变性人”这类事关人的存在形态与存在意义的“高大上”议题，实在有些太奢侈了。

中产阶级萎缩的最严重、最深远后果，是它破坏了美国国家治理体系中的政治合法性与社会稳定性。那些从中产阶级中跌落出局的失意群体，不仅逐步失去尊严和体面的生活，转而更多地与吸毒、酗酒、暴力犯罪等恶行联系在一起，而且他们觉得是政府和政治人物欺骗了他们、抛弃了他们，他们不再相信政治人物的号召与承诺，不再是国家政治体系的支持性力量。这正是过去几十年来美国政府的受信任程度不断下降的根源所在。由中产阶级的愤怒和绝望带来的，是政治的更加极化和整个社会的更加撕裂。《金融时报》专栏作家爱德华·卢斯在《美国新阶级战争》一文中，在分析特朗普在2016年总统大选中异军突起的原因时，颇有预见性地说道：

> 2000年，33%的美国人自称“工人阶级”。到2015年，这一比例上升至48%。工人阶级非但没有消失，按人们的自

我认知，近半的美国人都是工人阶级。在某些方面，这些自我认知比收入中值或收入不平等的数据更能揭示真相。这种自我认知表达了一种经济增长的好处与自己无关的感觉。这是非常不美国化的心态。哪个政党最能代表他们？是总在远高于他们收入等级的税收门槛减税的共和党，还是以多元化为组织原则的民主党？长期以来，白人蓝领们就像是投票支持感恩节的火鸡。但人们不要忘了，火鸡还可能会转投万圣节。[23]

第三篇 新一轮世界危机与美国的前途命运

导读

在新一轮世界危机加速展开之际，以正确的心态、立场和方法，就世界危机的理论、历史、现状和未来走势等问题进行深入分析，对作为最重要的后发国家、正开启第二个百年征程的新时代中国而言是尤为重要的。这种深入分析不仅有助于我们更准确地认识美国作为当前国际体系主导国的前途命运，而且有助于我们在世界危机引发的百年变局中更深刻地体会世界现代化的演进规律，更有助于我们认清中国的历史使命和努力方向。本篇就是在此方面的一个尝试。

本篇共包括四章。第十章综合运用各派危机学说，以世界现代化为背景，就世界危机的形成、升级、扩散、出清及影响等问题进行理论勾勒，构建出有关“世界危机”的理论。第十一章是比较久远的历史分析，重点是对荷兰、英国先后主导国际体系时世界危机的爆发过程及其影响进行梳理。第十二章是比较近的历史分析，重点是分析从 19 世纪美国开始兴起到 2008 年金融危机爆发这段时间，美国经历的历次危机以及美国的应对，并从美国的国家兴衰轨迹中探寻当前的世界危机形成的基础。第十三章是现状分析和未来展望，将阐述 2008 年以来世界危机是如何升级和扩散的，并就这一轮世界危机的未来走势以及中美两国的前途命运做出展望。

第十章　世界危机到底因何而来

当前人们的普遍感觉是，世界正变得越来越乱。从“9 · 11”事件彻底打破单极霸权追求绝对安全的神话，到“9 · 15”金融海啸严重冲击各国经济政治社会秩序，从“阿拉伯之春”揭示出中东各国积蓄已久的社会矛盾，到西方各国普遍出现反建制、反精英、反开放的民粹运动，再到特朗普意外当选和更多“不走寻常路”的政治强人纷纷登场，从美俄在中东和欧亚地区激烈斗法，到中美在经贸、科技、地缘、意识形态等领域博弈不断升级，再到 2020 年以来在全球肆虐的新冠疫情以及随后产生的社会骚乱，不仅给各国造成巨大困难，给国际体系带来空前紊乱，而且显著激化了大国对抗情绪。愈演愈烈的世界乱象，正无情地揭露出繁荣的虚假、人心的混杂与和平的脆弱，以及各国治理体系的普遍失衡与治理能力的严重赤字。不夸张地说，这种各国内部普遍面临经济盈利性、政治合法性、社会稳定性难题，世界范围内经济动能严重不足、安全形势不断恶化、公共产品日益稀缺的混乱状况，可以算得上“世界危机”了。

而且，多数人会同意的是：这种危机不是突如其来的，而是积蓄已久的；不是单一领域的，而是多点联动的；不是一国内部的，而是各国深度纠缠的；不是到此为止的，而是会进一步升级发酵的；不是来去匆匆的，而是会持续很长时间的。如今的人们已经越来越能感受到一场猛烈的暴风雨正在天际线处集结。

在过去 500 多年的世界现代化进程中，并不是第一次爆发世界危机。历史规律告诉我们：世界危机总是周期性地爆发，它通常预示着繁荣与和平的演出即将谢幕，它是国际体系即将“变天”的信号，现行国际体系行将土崩瓦解，国际体系主导权的易位必然带来大规模颠簸震荡和高强度战略竞争。但这种过于简略和中性的论断，并不能帮助人们准确理解当前这一轮世界危机的特性及其对世界现代化进程和对中国复兴事业的意涵。

由于眼下这一代人大多生活在衣食无忧、波澜不惊的和平年代，因此容易产生迟钝的判断，继续秉持惯性思维，幻想着只要自己息事宁人，未来形势再坏也不至于撕破脸皮兵戎相见，对危机的破坏性和竞争的惨烈程度缺乏心理准备；由于各种学科分类越来越细、人们的专业化程度越来越高，因此也容易产生割裂的判断，误认为这些危机不过是彼此互不相干的经济危机、政治危机、社会危机、公共卫生危机和国际安全危机，并没有将其视为一个有机联系的整体，更不容易制订一体化的应对方案；由于中国在过去几百年来首次进入大国博弈核心地带，很多情况前所未见，因此也不排除在紧张情绪的驱使下做出一些过激的判断，或者惶惶终日惴惴不安，丧失了自信和定力，或者陷入盲目乐观和冒险主义。尤其是如果“拿来主义”的方法论运用不当，更可能做出立场跑偏的判断，错把别人的“危”当成自己的“危”，把别人的“机”当成自己的“机”，跳不出别人设定的话语和思维体系，离不开别人送到眼前的信息资讯，无法准确界定本国的国家根本利益和长远战略目标。可以说，有关“世界危机”的问题，绝不是一个单凭感官经验就能把握的问题，更不是单凭就事论事就能应对的问题。一旦认识不清、应对不当，便可能犯下无法逆转的重大错误。

有鉴于世界危机将是我们这个时代的最重大现象，我们对世界危机的探索就不能浅尝辄止、满足于从现象到现象的描述，而是必须往深里扎，对其逻辑根源、历史演进等更根本的问题做出知其所以然的探索与剖析。本章的任务便是对世界危机进行理论性的说明，争取对世界危机的内涵、性质、根源、升级、扩散、爆发、出清等基本原理予以阐释。

先让我们对世界危机给予一种简要的全景式勾勒。

如果说危机是事物所处的一种非常规和不可持续状态，那么世界危机则可被认为是世界范围内的各类事物均失去内在稳定性，其共处模式亦被打破的一种非常规和不可持续状态。它通常体现为全球生产活动的系统性紊乱，各国内部与各国之间的矛盾升级和激烈冲突，以及国际体系的结构性变化。世界危机总是周期性爆发，并在不同历史阶段呈现出不同特性，它是世界现代化演进过程中的必然现象，是全球生产活动的基本矛盾、现代国际体系的结构性缺陷与现代国家的治理能力不足等多方面因素共同作用的结果。

无论世界危机的诱发因素和表现形态如何千变万化，其根子均在于资本的过度积累与过度集中——这是世界危机始终存在的逻辑根源，亦是马克思主义学说对世界危机理论的重大贡献。在此基础上，危机升级的基本原理是：资本的过度积累和过度集中首先引发主导国的国内危机，其次升级为国际性的危机且卷入国家不断增多，再次演变为世界性的危机，并在主导国由盛转衰的历史关头出现“预警性的世界危机”，最后在主导国即将“换岗”和国际体系重塑阶段表现为“终结性的世界危机”。

世界危机的升级过程同时伴随着危机扩散。关于世界危机的扩散，其基本逻辑线索有二：其一，由于各国经济体系的开放性和国际经济体系的彼此连通性，资本过剩和资本集中的“病症”在主导国与其他后发国家之间是相互“传染”的，也就是说，是在主导国和后发国家之间相互扩散的；其二，在各国内部尤其是主导国内部，经济盈利性下降、政治合法性下降、社会稳定性下降与内外统筹性下降等几方面异常状况，也往往是叠加共振的，即经济危机与政治危机、社会危机之间相互传导。危机的各种条件不断累积，注定是要爆发的。世界危机的爆发和出清，尤其是“终结性的世界危机”的爆发和出清，其过程通常极为猛烈并具有极大的破坏性，表现为各国内部各阶级之间的尖锐斗争、主导国和后发国家之间的尖锐斗争，以及国际体系的激烈震荡和彻底重塑，必然带来财富的高度消耗、基础设施的严重破坏和大量人员伤亡。与此同时，世界危机也是世界现代化演进的重要动力。每一轮完整的世界危机周期过后，都会出现新的主导国，形成更先进的世界经济形态、现代国家形态和现代国际体系，开启新一轮范围更广、程度更深的全球化进程。人类社会就是在这一过程中曲折前进的。

下面从背景、起源、升级与扩散、爆发与出清等方面做些展开说明。

从世界现代化的视角理解世界危机

从世界现代化的视角去理解世界危机，是非常重要的。在世界现代化进程中，世界危机之所以周期性地爆发，是因为世界范围内的生产活动、现代国家形态和现代国际体系都存在着明显的缺陷。前文曾提过，世界现代化乃是个极漫长的过程，过去几百年的发展看似带来天翻地覆的变化，却不过是其早期阶段，未来的世界现代化仍有巨大的想象空间。在世界现代化早期阶段，无论是生产活动、现代国家形态还是国际秩序形态，都是很不完善的。正是这种不完善或者说缺陷，构成了世界危机爆发的背景条件。

全球范围内的生产活动的主要缺陷，源自马克思主义所指出的并在过去几百年的主要大国中普遍存在的生产社会化与生产资料私有制这一资本主义基本矛盾。这一点已经是大家都耳熟能详的了。正是这一基本矛盾的存在，资本的不断扩张与相对狭窄的世界市场以及相对有限的消费能力之间总是构成挥之不去的紧张关系，资本的逐利本性与人的全面发展要求之间也始终存在着紧张和错位。可以说，只要资本主义的这一基本矛盾继续存在，世界危机就不会彻底消失。

至于现代国家形态的不完善性，则主要表现为国家治理能力不足。前文亦提及，现代国家的本质属性就在于外向性，在于其与外部世界常态化、全方位的交换关系，否则便不能称为现代国家。这实则对现代国家在统筹内外两个大局方面提出了很高的要求，一般而言是很难适应和把控的。如果现代国家缺乏必要的意识和能力，难以有效管理其与外部世界的“大交换”，则要么会将自己的国内矛盾外溢到其他国家，要么难以抵御来自外部世界的冲击。无论哪种情况，都可能诱发本国甚至整个国际体系的危机。

过去几百年来国际体系的重大缺陷，突出表现为国际政治的无政府状态。各国的命运已经被深深绑在一起了，虽然相互利益有所冲突，但就人类社会整体而言，深度联系、普遍交往、激烈碰撞和共同演进的状态已经难以逆转。理想状态下，应该存在一个世界政府，对各个主权国家之间的日常关系和利益纷争进行管理，但现实情况是，过去几百年间，连主权国家的发育进度都参差不齐，更不用说在普遍同意和共享理念基础上让渡部分主权、组成世界政府了。这种情况下，国际秩序的维持往往要靠主导国自身的武力威慑和利益吸引。一旦主导国的威慑力和吸引力出现问题，就会为世界危机的到来铺平道路。

资本的过度积累与过度集中

关于过去几百年来的世界危机或经济危机的根本原因，存在着很多种解释。有人将其归结为人性的贪婪和放纵，或是人类知识的局限和信息不对称；有人将其归结为太阳黑子的周期性活动，认为这种神秘的力量影响了农业收成的丰歉，进而对人类社会形成冲击；类似地，也有人将世界危机归结为地球自身气候环境的周期性变化；还有人认为是各国监管制度的缺位或政策的失当引发了危机，或者干脆将危机归结为意外因素。[1]在马克思主义者看来，这些分析或者陷入了不可知论，或者错误地把诱因当成原因、把次要矛盾当成主要矛盾，或者混淆了时间，把农业时代的原因搬到工业时代来了，都没有找到问题的根子。问题的根子在于资本，在于资本的过度积累和过度集中。正是资本的过度积累和过度集中引发一连串变化，从而成为世界危机爆发的原动力。[2]

长久以来，人类社会的财富积累是缓慢、有限和分散的。在封建主义生产关系下，在亚洲的几个大型帝国内部，虽然有了一些财富剩余，但这些财富并没有转变为可以增值的资本；虽然也有一定程度的财富集中，如收敛于少数贵族、官员和巨商手中，但从世界范围看，这些财富仍是分散于各处的。自世界现代化进程启动以来，情况便发生了根本性的变化。在资本主义制度下，财富的积累和集中速度大大加快。一系列重大技术创新，使人类从自然界中汲取能量并将其转化为财富进而转化为资本的能力空前提高；国际体系的主导国借助世界市场的开辟和拓展，将大量后发国家和边缘国家拉入一个“不平等的交换”中，形成“世界规模的积累”；世界各地世世代代积累的财富，源源不断地汇聚到国际体系中心地带。[3]这意味着，此前分散在世界各地的经由人的劳动而固定下来的来自自然界的能量恩赐，在短短几百年时间里，便迅速转变为少数资本家手中可以不断增值的巨额资本。

由于大交换的猛烈性和世界市场的狭窄性，资本的这种积累和集中很容易发展过头，从而成为危机的祸根。一方面，资本的不断积累，意味着资本越来越多、越来越不稀缺，这必然会导致生产规模盲目扩大、生产相对过剩而利润率日益下降——这是构成各国经济停滞和全球经济停滞的重要原因之一；[4] 另一方面，资本的集中与“贫困的集中”从来都是孪生兄弟，财富日益聚集于主导国和少数人手中，因此无论是在主导国内部还是在其他后发国家尤其是边缘国家，必然产生大范围贫困，贫困的扩大化和长期化，必然带来消费能力的相对不足——这成为经济停滞的另一重要原因。经济停滞，乃是危机的最惯常表现。关于这些，马克思主义的经典文献已多有论述。同时，利润率的下降、生产扩张势头减缓，又必然加剧各国内部的竞争以及各国之间的竞争。各国内部的竞争，其结果通常是更大范围的集中和更高程度的垄断；各国之间的竞争，最终结果往往是战争。高度集中的资本必然生发出可怕的政治影响力，对政府形成绑架，将国家机器裹挟其中，使军事力量服务于资本竞争的目的，在大国之间引发旨在争夺世界市场的武装冲突——这无疑会进一步加剧危机。各种各样的意外事件和自然灾难，如病毒疾病的大范围传播或严重的粮食危机等，也通常会很快合并到这些危机的轨道，并进一步放大危机的破坏性。

除此之外，资本过度积累和过度集中的最重要后果，是催生出“金融化”，即主导国以及主要后发大国从“物质扩张”到“金融扩张”的蜕变。

金融化有两个伴生现象。一方面是主导国的对外投资活动在金融化阶段大大加速。这种对外投资短期内有助于维持一定的回报，对主导国有利，甚至会让主导国进入一个不劳而获的“美好时刻”，而从长期看，这种“食利者”特权注定难以长久，主导国的“美好时刻”实则是“秋天的迹象”，严酷的寒冬旋即将至。因为这种对外投资的实质是“资敌”，会把吸收大量投资并实现快速发展的后发大国培养为自己的竞争对手——主导国与后发大国之间的激烈竞争，成为引发世界危机的又一重要因素。另一方面是主导国（以及主要后发大国）的内部投机也在金融化阶段大大加速。这不仅会进一步加剧资本集中和贫困扩大化，而且将严重破坏国家金融体系稳定，导致国内实体经济投资不足。因为金融资本已经习惯了短期套利和高额回报，对回报率低、回报周期长的实体经济越来越缺乏兴趣——这更会导致主导国内部危机以及连锁性的外部危机。

总之，所有这些有助于生成危机的因素，最终都可归因于资本的过度积累和过度集中。从资本的积累和集中到过度积累和过度集中，再到全面“金融化”，主导国由此走上盛极而衰的道路，最后在一连串的危机和冲突中败下阵来，消耗掉或被剥夺大部分财富和权力——这一发展历程既构成学界常说的“积累周期”，也构成一个完整的危机周期，更是主导国兴衰浮沉的坐标体系。

过去几百年里，这样的“积累周期”或者说“危机周期”不止一次地出现，由此带来世界危机的周期性爆发，以及从荷兰到英国再到美国的国际体系主导权依次更替。著名的世界体系论者阿瑞基在其《漫长的20世纪——金钱、权力与我们社会的根源》一书中，从欧洲资本主义视角出发，认为在过去几百年里共存在四个这样的“积累周期”（或“危机周期”），分别是“热那亚周期”“荷兰周期”“英国周期”“美国周期”。在笔者看来，“热那亚周期”只是资本主义的早期阶段，并未由此催生出国际体系主导国，可以暂且不论。在迄今已完结的“荷兰周期”和“英国周期”的后半段，均出现了类似的资本过度积累与过度集中，并均引发了国际体系的重大危机。[5]尽管并非所有危机都具有世界危机性质，但总是会出现大规模国际权力转移，即最重要的后发大国升级为新的国际体系主导国。

危机的升级与扩散

世界危机的形成有一个从小到大、从一国到多国、从多国到世界以及从量变到质变的升级过程。即便到世界危机阶段之后，其上演过程也并非只有简单的一幕，而是由一连串大大小小和各种形态的危机组成的。世界危机总有一个从“国内危机”到“国际危机”、从“国际危机”到“世界危机”以及从“预警性的世界危机”到“终结性的世界危机”的升级过程。

世界危机形成的最初阶段是国内危机，尤其是主导国内部因资本积累过剩而导致的生产过剩危机。这种危机会造成短期的产品滞销和利润下降，但我们从后来人的角度可以轻松地讲一句，这种危机其实并不碍事。因为在此阶段的主导国还有很大的腾挪空间，既有能力在现有技术体系之下继续做出改进，压缩成本、提高效率，也有能力运用自己的国际主导权，强迫其他国家开放市场，为主导国的产品寻找更多销路。因此，此时的国内危机尽管频繁爆发并具有一定的破坏性，但其对强化主导国的优势反而是有利的，这就是很多西方经济学家所说的“创造性破坏”。资本家可以通过自我修正和对外扩张，将“危”化作“机”。

国内经济危机会很快升级为国际经济危机，而且卷入国家不断增多，以至最终全球绝大多数国家都深受其害，成为名副其实的世界危机。主导国对国内危机的解决方式并非都是创造性的，其在国内的技术创新是创造性的，是将自己的“危”化为自己的“机”，而其对外拓展世界市场的行为，实则抢夺了其他国家的市场份额，挤压了其他国家尤其是后发大国的工业发展空间，是将自己的“危”转化成别人的“危”。这种挤压效应，加上其他后发大国逐步也出现资本积累过剩，会造成后发大国也爆发国内危机。而且，由于信心严重不足、价格剧烈波动等原因，各国内部的危机通常会在主要大国之间相互传导，形成国际性的经济危机。陷入危机的国家会循着主导国的以往套路，在加强国内技术改进的同时，加紧抢占更大的世界市场份额，一起把生产过剩的“大饼”摊向更外围的国家，把更多国家强行拉入国际体系并加大对其剥削。当这种“摊大饼”过程进入极限状态，既无法继续扩展国际体系，也无法从现有体系中“榨”出更大的倾销空间和投资领域时，就轮到世界危机登场了。

世界危机分为两个阶段：先是“预警性的世界危机”，后是“终结性的世界危机”。这一观点亦源自阿瑞基《漫长的20世纪——金钱、权力与我们社会的根源》一书的精彩论述，阿瑞基分别将其称为“信号危机”和“临终危机”。

所谓“预警性的世界危机”，它发生在这样一个重大历史转折时刻，即主导国“对剩余资本重新投资于世界经济的物质扩张之中能否继续获利做出了否定的判断，同时对通过更加专门从事巨额融资能否在时间和空间上延长它的领导和主导地位做出了肯定的判断”。[6]由此，在“预警性的世界危机”发生后，主导国正式放弃通过技术革新谋求更多利润的道路，无奈而又充满憧憬地走上“金融化”道路，开始充当不劳而获的“食利者”角色。“预警性的世界危机”，有时会有一个标志性事件，但更多的时候表现为一段持续较长且难以摆脱的痛苦期。“预警性的世界危机”后的一两代人时间里，世界规模的危机会更频繁地爆发，它既是主导国的运势由盛转衰的“警示灯”，又是主导国在衰败之路上加速前进的“助推器”。“金融化”道路短期内会给主导国带来资本加速积累和加速集中，但它实则是“秋天的迹象”，尾随而至的必是严酷的寒冬。这个严酷的寒冬，便是“终结性的世界危机”。“终结性的世界危机”常常会持续一两代人的时间，在此期间，一连串的危机不仅更频繁，而且更猛烈。在世界危机的反复冲刷下，一个旧的积累周期结束了，一个新的积累周期登场了。

危机升级的过程，也是危机扩散的过程。尤其是到了世界危机阶段，危机的扩散范围更为广泛，其效果更为明显。危机扩散的基本原理有二。

其一是过度积累的病灶在主导国和主要后发大国之间相互“传染”。就像人传人的传染病一样，危机可以“国传国”。在过去几百年的绝大多数时间里，资本的国际流动是不受限制的。各国既无法也不能对资本的活动进行限制，因为现代国家的本质特征就是开放性，一旦动了对资本进行管制的念头，就相当于杀了能下蛋的鹅，会极大地损害本国的国际信誉，使今后的融资活动变得极为困难。而且，由于国际经济体系的相互连通性，资本的国际流动极为便利。这种形势会造成资本过剩的“病症”在各主要大国之间普遍“传染”，因为资本会竞相寻找能够获得更高回报的地方，使资本回报率在各国之间达到一种相对均衡状态。一旦哪里的资本回报率更高，更多资本就会蜂拥而至，加剧那里的资本过剩并降低回报率。

其二是危机从经济向政治、社会和外交领域的“蔓延”。过度积累的资本从来不会均匀散布在社会各阶层，而是越来越集中在少数人手中，形成日益集中的垄断。资本的过度积累（即过剩）和过度集中（即垄断）也是一对孪生兄弟。资本集中的好处是巨额资本的拥有者可以搞出更大的事情，坏处是这会挤压广大中小业者的生存空间。这意味着，少数垄断企业的盈利性增加了，社会整体的经济盈利性却下降了。一旦危机到来，广大中小业者便困境加剧、纷纷破产。随着资本主义金融化程度的不断提高，政治、社会和外交领域的危机还会反过来作用于金融领域，在“金融加速器”的作用下进一步加剧危机。[7] 同时，越发集中的资本会产生更强的政治企图，那就是调动更多国家资源和国家权力为己所用。政府不仅难以抵制强大的资本游说和渗透，而且有时甚至愿意与资本力量更深度结合以实现自身政治意志。过于紧密的政商关系，意味着政府放弃了在市场力量和社会力量之间的中立立场。

和平繁荣时期，日子相对好过，政府的“偏袒”立场尚不至招来普遍反对；危机来临之时，如果政府动用大规模财政资源优先救助大型企业而较少关注社会福利，则必然削弱政府的政治合法性和社会稳定性；如果政府优先关注国内事务甚至选择矛盾转移和祸水外引，则必然还会削弱政府施政的内外统筹性。也就是说，当世界危机爆发时，在各国内部尤其是主导国内部，经济盈利性下降、政治合法性下降、社会稳定性下降与内外统筹性下降等几方面异常状况，往往是叠加共振的，即经济危机与政治危机、社会危机、外交危机之间是相互传导的——这种日子是很难过的，在内常常是顾此失彼、鸡飞狗跳，对外则面目狰狞、示强斗狠。此时的状况通常意味着，“终结性的世界危机”就要来了。

清算时刻与“新世界”的形成

在主导国内部，“终结性的世界危机”突出表现为“上”与“下”、“左”与“右”之间的政治斗争，国家因此被拖入四分五裂、动荡不安的状态。中下层民众与上层精英之间的阶级斗争加剧，社会运动风起云涌；反体制、反精英、怀旧、排外的民众愤怒情绪，往往获得更大势头，有时让一些作为精英的政治家不得不披上民粹外衣，以求自保或浑水摸鱼；国家精英阶层内部的路线斗争也比以往更加激烈，在如何应对危机、维护既存利益的问题上吵吵嚷嚷，既缺乏定见，也缺乏大刀阔斧、刮骨疗毒的勇气。

这往往导致多方面的灾难。

一是决策质量的下降。“家底”的空虚和利益格局的固化，或者让政治家感到心有余而力不足，或者是不同政治集团之间形成尖锐的政治极化而陷入决策僵局，或者至多只能做些小修小补的改革，根本无济于事。二是财政纪律的败坏。经济形势的恶化本就让政府可支配的财富缩了水，而花钱的地方又越来越多，无论是社会福利需求的满足还是海外行动成本（对外战争）的支付，都需要大量的钱。怎么办？要么向别人借，要么自己印。无论采用哪种方式，都意味着主导国财政信誉的不断削弱。三是主流意识形态的瓦解。有助于国内不同阶层、不同派别之间达成妥协的国内共识松动了，主导国对外倡导的国际主流意识形态也因主导国自己不能身体力行而大大褪色了，各国对主导国曾经倡导的理念与口号越来越持质疑和反对态度。四是主导国自己的封闭和收缩。主导国在大开大合的国际“大交换”中自己受不了了，不得不顺应国内部分产业的呼吁而奉行保护主义，顺应国内多数民众的呼吁而将重心收回国内。这种状态下的主导国早已失去了主导国应有的战略意志和精神面貌，其掌控国际体系的时日便屈指可数了。

“终结性的世界危机”之所以被称为“世界危机”，是因为其爆发主要还是在全球层面，而不仅仅在作为国际体系中心地带的主导国内部。在主要大国之间不断升级的经济竞争、政治对抗和军备竞赛后，世界规模的战争往往成为“终结性的世界危机”最主要的表现方式。

主导国往往是战争的发动者。主导国眼见自己的主导地位岌岌可危，更加激进和冒险的心态会在对外决策圈中弥漫扩散，希望能运用自己依然占优的军事实力加紧打压后发国家，以便维持本国的竞争优势、维护国际体系的稳定、确保自己的海外利益。后发大国往往是战争的积极参与者。在世界危机背景下，主要的后发大国日子也不好过，不仅国内存在与主导国类似的经济、政治和社会困境，而且还要应付来自主导国的打压。内外压力下，后发大国的反抗意识也会增强。大量边缘国家也常常是战争的参与者。这些国家或者受到主导国和主要后发大国的控制而被裹挟着参与战争，或者是为反抗其他大国的剥削，或者本身就是其他大国争夺的“前沿地带”而干脆成为世界大战的战场，甚至这些边缘地带的某些重大变故或动荡有时也会鬼使神差地把主要大国拖入战争之中。

战争是巨大的不幸，生灵涂炭，芸芸众生苦不堪言，任何有良知的人都不愿看到战争，不愿看到人类因战争而遭受苦难。可是我们也不得不承认，战争是世界危机的必然产物，也是世界危机的出清方式。在“终结性的世界危机”阶段，战争的作用是使过剩产能以畸形的方式得到快速释放，过剩劳动力以令人痛心的方式被大大消耗，郁积在人心之中的“愤怒”“冒险”“破坏”等负面政治能量也以“相互伤害”及“事后忏悔”等方式得到释放。各国社会财富被重新分配，社会阶层被重新划分，各国之间的政治和经济关系也被重新洗牌。

对曾经的主导国荷兰而言，“终结性的世界危机”突出表现为几次英荷战争，荷兰与英国在此基础上完成了主导国的“换岗”；对曾经的主导国英国而言，“终结性的世界危机”表现为一战、“大萧条”和二战等一系列事件。一连串重大危机的爆发，乃是主导国的主导地位以及整个国际体系的清算时刻，“旧世界”在这些危机中被砸烂；与此同时，一个更先进的“新世界”在大调整、大变革、大动荡、大对抗中逐步建立，各国的国家形态得到更新，新的主导国在此过程中产生，并以其为中心形成新的全球经济环流——世界现代化进程因此不断向前演进。

第十一章　世界危机与主导国的兴衰

上一章关于世界危机的理论阐释，可能让人感觉有些费解。这就是理论研究的尴尬：如果一种系统的观点缺少了理论支撑或者在理论方面轻描淡写，往往显得说服力不足；如果在理论阐释部分长篇大论，又可能不接地气，让人望而生畏。本章的内容是历史性的，是用具体的历史事实来印证上一章的危机理论，这么做或许让人感觉稍好一些，有助于读者进一步加深对危机理论的理解。本章对荷兰主导时期的资本积累过剩及其后果、英国主导时期的资本积累过剩及其后果进行了分析。本章发挥的作用是承前启后，既是对上一章理论阐释的印证，也是对下一章涉美分析的铺垫。

“郁金香泡沫”与世界危机的雏形

1637年发生在荷兰的“郁金香泡沫”危机是很多人熟知的，它被认为是现代历史上第一次金融泡沫破裂事件，也是典型的因资本积累过剩而导致的主导国国内危机。

16世纪中叶起，郁金香这种百合科植物经由土耳其引入西欧，因其十分娇艳而受到各国尤其是荷兰上流社会的喜爱，成为身份地位的象征；又因其不易繁殖、数量稀少而价格不菲，故而成为金融炒作的对象。尤其是一些因感染某种花叶病毒而产生变异的郁金香球茎，开出的花朵格外妩媚动人，更加受到金融资本的追捧。从1636年10月开始，郁金香球茎的价格开始大幅攀升，短期内价格就被拉高到十几倍甚至几十倍，最贵的郁金香价值10头牛外加一辆崭新的马车、两匹灰马和一套完整的马具。[1]疯狂的金融炒作吸引了国内外大量投资者，甚至还为此形成了专门的郁金香期货市场，并形成一系列在此后几百年里反复出现的复杂金融操作。[2]但当其价格已经高得离谱时，“郁金香泡沫”就像我们此后常常见到的那些泡沫危机一样，都要因各种缘由而最终归于破裂。这就是著名的“郁金香泡沫”危机。

“郁金香泡沫”危机的前提是资本积累过剩。荷兰出现资本积累过剩，首先要归因于荷兰经济的长期繁荣。作为当时的国际体系主导国，荷兰掌控着国际贸易与金融体系的运转，有能力在短时期内就汇聚起巨额财富。大商人们自然是赚得盆满钵满，不知道大把的钱该怎么花，就连小城镇的生意人、小饭店老板和园艺家们，也因涓滴效应而拥有了不少“闲钱”。[3]但荷兰国家规模小，没有什么经济纵深，吸纳剩余资本的能力十分有限，那时国际贸易的规模通常也比较固定，不是说扩大就能扩大的，无法吸纳更多剩余资本。大量的“闲钱”没处可去，要么被用于国内奢侈消费，要么走对外借贷的路，要么走金融投机的路。“郁金香泡沫”危机，便是金融投机造成的恶果。

对荷兰的国际主导地位而言，“郁金香泡沫”危机是一个标志性事件，是荷兰国际体系主导权出现松动的最早期预警信号。此后的荷兰，不可避免地走上了金融化的不归路。从那时起，在荷兰国内，“去工业化”（虽然这时并没有什么复杂高端的工业）进程加速发展，富裕的荷兰人开始越来越多地买房置地，消费主义文化泛滥，奢靡之风盛行，特权阶层随之增多，贫富分化越来越严重，国家治理体系日趋失衡，经济危机扩散为政治危机和社会危机，而政治家安于现状，只顾眼前利益，失去战略远见。[4]对外，荷兰则越来越多地向其他后发国家借贷或投资，充当起不劳而获的“食利者”角色。其他后发国家则用从荷兰那里借来的钱，或者加快自身经济发展，或者发展军事力量，继而用不断壮大的经济和军事力量去蚕食荷兰的国际贸易份额，或者干脆赖账不还，让荷兰蒙受巨额损失。

在“荷兰周期”的后半段，资本主义世界已经聚集了大量剩余资本，它们不仅在金融市场最为发达的荷兰兴风作浪，而且还将眼光投向了其他后发国家。因此，当投机套利活动随着“金融化”程度的加深而越发频繁时，经济危机的范围也就逐步蔓延到国际层面，从荷兰的国内危机发展为冲击多国金融市场的国际危机，而作为当时重要后发大国的英国和法国，自然首当其冲。这突出表现为金融史研究领域的两个经典案例——18 世纪 10—20 年代的“南海泡沫”危机和“密西西比泡沫”危机。

18 世纪头 10 年的英国，由于人们对英国经济前景的普遍乐观预期，以及国内国际市场上存在大量剩余资本，英国南海公司的股票价格一度飙升至每股 1 000 英镑以上，形成巨大的金融泡沫。而后，内幕人士与政府官员大举抛售，又导致南海公司股价一落千丈，“南海泡沫”被直接戳破，导致南海公司在1720年倒闭，重创英国金融业。这就是“南海泡沫”危机。“南海泡沫”危机造成的巨大损失，使英国政府和民众到了谈“股”色变、因噎废食的程度。英国政府1720年制定《泡沫法》，在其后近一个世纪里都禁止设立股份公司，结果严重制约了英国金融业的发展。

这一时期的资本积累过剩，同样冲击到法国金融体系的稳定，“密西西比泡沫”的破灭便是例证。为解决国家融资问题和恢复国家经济活动，法国政府于1717年组建密西西比公司，并将殖民地的垄断贸易权授予该公司。在极度乐观的盈利预期下，该公司股价从最初的每股150里弗尔飙升至每股10 000里弗尔。但是，出售股票所获的收益并没有像该公司承诺的那样去开发密西西比河流域的“遍地黄金”，而是被用来偿还王室债务。由于法国纸币发行过于泛滥，一些精明的投机者对法国金融形势越发感到不安，悄悄将投机所得兑换成贵金属并偷运出境。这逐步引发人们的信心赤字。当密西西比公司的高股价再也无法维持时，就必然出现股价崩盘、泡沫破裂并引发金融危机，导致法国银行业在民众中彻底失去公信力，并间接影响到法国整个国民经济的发展。[5]

英国的“南海泡沫”危机与法国的“密西西比泡沫”危机之间也不是孤立的，而是通过一系列方式联系在一起。在当时，手持大量闲置资本的英国人大量涌入巴黎，现场认购密西西比公司股票；同时，来自大陆国家的投机者，也在抢购南海公司股票。这种投机行为逐步发展到盲目和疯狂的地步，“当其他所有人都发疯时，我们只能效仿他们”。[6] 这进一步说明，无论是资本积累过剩还是由此形成的经济金融危机，都是在各国之间相互传染的。

在荷兰主导国际体系的时期所爆发的上述国内和国际危机，还算不上具有世界级的规模和世界性的影响，毕竟此时参与现代国际体系的国家数量有限，大部分国家仍然不具备现代国家形态。因此，无论是危机的升级还是扩散，都还只是世界危机的雏形和预演。尽管如此，这些危机的爆发依然意味着主导国进入由盛转衰的历史轨道，意味着大国竞争的升级和国际权力转移的加速。四次英荷战争中荷兰的节节败退、江河日下，以及 18 世纪末法国对荷兰的占领，宣告了世界现代化进程中资本积累的“荷兰周期”正式终结，荷兰的国际体系主导国地位也随之被英国取代。

“英国周期”中的过度积累问题

伴随着资本积累的“荷兰周期”落幕，“英国周期”登上历史舞台。这两个积累周期有一定程度的重叠，前一个周期的末端恰恰是另一个周期的开端，从而形成一段特殊的“双元化”时期。顺便说一句，这种“双元化”状态，此前曾出现于“热那亚周期”与“荷兰周期”之间，也在此后的 20 世纪 20—30 年代“英国周期”和“美国周期”之间出现过。[7]

阿瑞基在《漫长的 20 世纪——金钱、权力与我们社会的根源》中写道：“在整个 18 世纪，伦敦渐渐赶上阿姆斯特丹，成为一个可以与之匹敌的巨额融资中心。一方面，在与法国和次要竞争对手的斗争中，英国成功地取得了对欧洲以外地区贸易的绝对控制权；另一方面，它和荷兰的剩余资本转移到英国企业手中。”[8] 在荷兰与法国联手，共同支持北美殖民地的独立事业、严重削弱英国的海外殖民版图的同时，英国也加紧了对荷兰国际主导权的最后阶段的抢夺。在经过一段时期的“双元化”状态后，当19世纪初英国彻底击败法国成为名副其实的国际体系主导国时，资本积累的“英国周期”正式确立。

很快，英国国内的资本积累就出现了过剩。因为与荷兰的重商主义资本主义不同，英国开创了机器大生产，而机器的产出能力特别强，特别容易出现生产过剩。在1788年英国棉纺织工业出现典型的生产过剩之后，1793年、1797年、1803年、1810年、1815年、1819年的英国均出现了规模不等的生产过剩危机。当然，这些危机仍只是英国的国内危机，而且其爆发还受到战争等因素的影响，因而危机的表现方式既不规律，也不典型。[9]

直到1825年，首先在英国爆发的经济危机已明显超越国内危机的范畴，发展到国际危机的新阶段。1825年危机的如下几方面特点值得关注。

其一，大工厂工业已经开始在此时发挥主导性的作用。“到了19世纪20年代，英国的大工厂工业已经发展到这种程度，以至它虽然还没有占优势并且仍然完全建立在手工业和工场手工业的基础上，但已经在全国经济生活中起决定的和主导的作用了。”[10] 因此，它成为没有和其他“外界的骚动”纠缠在一起的一次典型的生产过剩危机，并且波及英国的其他主要经济部门。

其二，此时的世界市场已显示出饱和的初步迹象。为刺激拉丁美洲的购买能力，英国向其提供大量借款并以此购买英国商品，尽管如此仍难以消化英国的大量商品。

其三，1825 年危机之前英国国内已经出现严重的金融投机活动。伦敦金融中心地位的确立以及其他一些辅助性因素，极大地强化了英国国内的货币资本供给，货币出现了供大于求的状况。在对外借贷活动快速增加的同时，国内金融投机也越来越泛滥，“有些矿业公司的成立，除了在交易所里‘开矿’以外，没有其他任何目的”，而且两院议员和显要人物也大量参与金融投机活动牟取暴利。[11]

其四，危机开始具有国际性的影响，引发了其他后发国家的局部危机。“1825 年危机无疑首先是英国的危机，但它也以种种形式影响到和表现于许多国家的经济。这样的国家数目之多远非以往任何一次危机所能相比。欧洲中部和地中海沿岸也出现一些危机现象；在大西洋彼岸，危机现象不仅发生于美国，而且也发生于拉丁美洲国家的商业方面；这种现象甚至在农奴制的俄国的对外贸易动态中也反映出来。”[12]

首先爆发于国际体系主导国内部的 1825 年经济危机，具有重大的指标性意义。如果说约 200 年前荷兰的“郁金香泡沫”危机仍然是工业革命之前爆发的国内金融危机，且尚不具备引发世界危机的能力，那么 1825 年经济危机则是工业革命之后资本主义世界第一次因普遍积累过剩和生产过剩而造成的经济危机，它不仅拉开了周期性经济危机的“正史的序幕”，而且标志着因积累过剩而造成的危机正式从国内危机发展为国际危机，并为此后从国际危机到世界危机的升级扣动了发令枪的扳机。

1825 年经济危机之后，1837 年、1847 年、1857 年又非常规律地爆发了周期性经济危机，而且波及范围和冲击力度一次比一次大。到 1857 年，危机已经从国际危机升级为典型的世界危机了。

由于资本主义、工厂工业和世界市场在 1847—1857 年获得迅速发展，各国投入工业的资本也绝对地和相对地急剧增加，大量剩余资本投入工厂企业中，因而生产过剩危机的基础更加扩大。各国之间的经济联系前所未有地增强，因而卷入此次危机的国家空前众多，各国经济的周期性动荡也融合为统一的世界经济周期——1857 年经济危机第一次成为世界性的了。“1857 年，德国第一次发生了本国的危机，并且不是局部危机，而是周期性普遍生产过剩危机。在法国，1857 年普遍生产过剩危机也比 1847 年表现得清楚，因为周期各阶段的更替在这次没有和政治事件的影响纠结在一起……1857 年，英国发生的危机深刻而普遍。在英国，1857 年的危机是第四次普遍生产过剩危机，但是以往任何一次危机都还没有像 1857 年危机这样彻底而全面地震撼过英国式生产。”“英、法、美、德四国当时集中了世界工厂工业的五分之四左右。这四国社会再生产过程中断，就足以使 1857 年的危机具有世界性了。”不仅如此，俄国、斯堪的纳维亚国家、拉丁美洲各国也深深卷入危机中。[13]

不断升级的经济危机推动主导国和其他国家主动或被动地采

取一些应对举措，并带来深远的战略影响。

危机带来的最直接改变是技术创新。为避免因生产过剩而带来的利润率下降，在激烈的市场竞争中强化自身优势，资本家千方百计地改进和提高技术能力。这种技术的重大创新不仅体现为英国国内相对有限的技术进步，而且体现为19世纪中叶以后美国和德国等后发国家在技术发明与生产组织方式方面的革命性变化。

危机带来的另一重大后果，是主导国对外投资的增加。英国国内的过剩资本开始大量投资于国外的铁路建设，先是大举投资欧洲国家的铁路建设，在遭遇阻力后又转而在拉丁美洲和美国大举投资铁路建设。这些铁路基础设施建设既吸收了大量的剩余资本，也帮助这些后发国家的经济发展步入快车道，为英国培养了日后的竞争对手。

同时，危机还开始破坏各国之间的和平关系。19世纪50—70年代，主要欧洲大国之间燃起零零星星的战争，如1853—1856年的克里米亚战争、1859年在意大利进行的奥法战争、1866年的普奥战争、1870年的普法战争等。虽然这些战争一般规模较小、持续时间不长，但意味着在世界危机的普遍困境之下，国际和平开始消退，大国竞争开始升级。

为克服危机，作为国际体系主导国的英国还进一步加大对殖民地的压榨和海外市场的拓展。在印度，英国政府于1857年撤销了东印度公司，直接委派驻印度总督加以治理，英国对印度的剥削进入新阶段。到1858年年中，侵略中国的第二次鸦片战争结束了，中国被迫接受《天津条约》，承诺进一步开放国内市场；1856

年，英国对波斯发动了战争，并在次年迫使波斯签订和约，获得了新的贸易特惠权利。无论在印度、中国还是在波斯，英国都借助枪炮和刺刀为过剩商品的出口扫清了道路。[14] 而德国、美国等主要的后发大国则对国内市场加强了保护，同时强化了与英国的海外市场竞争。

1873—1896 年"大萧条"之后

1873 年，席卷整个资本主义世界甚至广大边缘国家的世界危机再度爆发。这次危机和以往的危机很不一样。这种不同之处在于，危机的策源地，或者说对危机周期产生决定性影响的，不再是英国，而是美国和德国。

在美国，内战之后铁路建设像打了鸡血一样快速扩张（主要动机是骗取国家巨额补贴、圈占铁路两侧的土地和地下矿产），围绕铁路建设的金融投机活动太猖獗了，结果触发了从金融领域向整个经济部门蔓延的危机；在德国，来自法国的巨额战争赔款被投入国家信贷体系中，这严重助长了投机热潮，也触发了经济危机。这意味着，是美国和德国等后发国家的资本积累过剩把英国拖入了一场世界危机之中——这在"英国周期"之内还是第一次。

似乎是由于英国被其他国家的危机周期带乱了节奏，这次危机在英国持续的时间很长，断断续续，时好时坏，被认为是一次"慢性危机"，历史学家选择了"长期的""持久的""巨大的"等一系列形容词来描绘它。[15] 有人认为这场危机一直持续了 5~6 年，有人认为这是一场持续十多年的危机，甚至有人认为从1873年到1896年，英国经济一直就没有摆脱“大萧条”状态。[16]

“大萧条”进一步加剧了资本积累过剩。过剩的资本积累、残酷的商业竞争、英国竞争优势的日渐丧失，以及由此导致的惨淡的商业前景，加速了英国的金融化进程。

在英国，剩余资本的规模是如此之大，以至远超出“能够安全而又有利可图地重新投资于他们业已建立的行业的程度”，也就是说，再也难以找到可以继续增值的实体投资领域了。与美国的情形不同，过剩的资本积累并没有在英国引发行业内部的兼并和更高程度的垄断，因为英国企业有着“非常团结”的组织结构。过剩资本的持有者们选择了一条看似很“明智”的策略，即“至少保留部分流动资本，通过地方银行或者直接通过经纪人，让伦敦城以任何形式把它投资到世界经济的任何地方去，只要那个地方有可能获得最保险的、最高额的盈利”。[17]

由于金融化深入推进，像罗斯柴尔德家族这样的金融精英集团出现了。在这些金融精英的勾兑下，一个新的国际金融环流形成了——来自英国国内和其他后发国家的大量剩余资本汇聚于伦敦这个国际金融中心，而后又投资于世界各地以赚取高额回报。伦敦并不是当时唯一的国际金融中心，但它有能力控制其他国际金融中心，不通过伦敦，谁也没有办法在巴黎、柏林和阿姆斯特丹获得融资。[18]在罗斯柴尔德家族的勾兑之下变得更加顺畅的，还有主要大国之间的安全关系。“谁会真的认为，如果罗斯柴尔德家族和它的关系网表示反对，有哪个欧洲国家能够发动一场大的战争，或者赞助一大笔国家贷款？”[19]

伴随着英国从“世界工厂”到“世界金融家”的角色转变，英国作为国际体系主导国最后的“美好时刻”来临了。这似乎有些讽刺。开始的时候，是资本积累过剩将利润率拉低到“不合理”的水平，主要工业大国之间的竞争因此加剧，让英国的日子十分难过；但是，当大国竞争升级到军备竞赛和为大规模战争做真刀真枪的准备时，各国大举增加军费开支，纷纷强化对国际资本的争夺；从 19 世纪 80 年代开始，欧洲大国的军事支出成倍增加，英国、法国、德国、俄国、奥匈帝国和意大利的军费总额，从 1880 年的 1.32 亿英镑增加到 1900 年的 2.05 亿英镑。英国金融资本家手中掌握的过剩资本，居然一下子变得抢手起来，他们只要专门从事对外借贷，就能将利润率恢复到合理水平——虽然他们最终会意识到，隆隆的枪炮声很快就会由悦耳的音乐转变为帝国的丧钟。而且，“随着越来越大量的剩余资本移出贸易和生产，那些不能或不愿移出贸易和生产领域的企业发现，导致他们利润减少的竞争压力减轻了”。英国企业国内竞争压力的缓解，也有助于他们从萎靡沮丧的精神状态中缓过神来。因此，从 1873—1896 年“大萧条”的末端一直到 1914 年一战爆发的这段时期，“轮子转起来了……价格开始上扬，利润也随之增加……信心也恢复了……在整个西欧，这些年月成了一去不复返的好时光——爱德华时代”。[20]

无论是“大萧条”、“金融化”还是“美好时刻”的来临，其实都是“秋天的迹象”，是英国作为国际体系主导国由盛转衰的预警信号。

“苏伊士运河的开航、美洲的铁路建设、美国西部各州的移民定居、加利福尼亚和澳大利亚的金矿，以及技术和工程学的伟大成就——所有这一切都给英国资产阶级带来新的销售市场和追加利润。英国的工业垄断地位到60年代达到了顶点。可是，这也是它的覆灭的开始。”[21]英国在“大萧条”阶段苦苦挣扎的20多年，正是美国和德国开启第二次工业革命、利用内燃机和电力的广泛使用等重大技术创新，大踏步前进的时候。“大萧条”后蓦然回首，英国的技术水平和工业实力已经被美国和德国甩在后面了。

长期以来，英国通过在国际体系内奉行自由贸易、在西方世界推行均势和平、在东方实行高压统治的方法，维系国际体系运转和自身主导权。如今，英国与美国和德国等后发国家在经济规模和技术实力上的逆转，不仅严重打击了英国的对外贸易，打乱了英国主导的国际经济环流，甚至英国国内都开始大量充斥美国和德国商品，美国和德国实力的增长还大大改变了大国均势格局。而且，东方也传来“坏消息”。英国本来希望继续剥削亚洲市场，利用在印度市场的商品倾销，以弥补欧洲和美国市场上的损失，结果到19世纪80年代，印度本身的工厂工业也萌芽了，并利用廉价劳动力和廉价原料的优势与英国竞争，年轻的印度工业甚至开始在远东市场上排挤英国。[22]

在英国国内的政治与社会领域，1873—1896年“大萧条”后也开始出现微妙变化，日渐呈现出衰败迹象。“美好时刻”并没有带来任何贸易的扩张和生产的进步，而且所谓的“美好时刻”其实也只属于少数人，剩余资本大规模地从工业转向金融领域，富了少数金融资本家，苦了绝大部分产业工人，英国大多数人的实际工资是持续下降的。社会贫富分化的不断加剧，悄然侵蚀着这个国际体系主导国内部的社会稳定性。与社会稳定性同时下降的还有政治合法性和意识形态的先进性。如同文艺复兴时期的佛罗伦萨以及“佩鲁齐假发时代”的荷兰一样，成为食利者的英国资本家开始只关注眼前利益，满脑子想的都是怎么延长这段“美好时刻”。社会文化也失去了朝气蓬勃的进取精神，“每个人都在说……只要我这辈子快活就行，至于身后之事，管他呢”。[23] 如同前文一样，风起云涌的工人运动和工人阶级政治话语权的增强，迫使英国政府不断改善社会福利，以部分地修复政治合法性和社会稳定性，而这又给政府带来巨大的财政负担，进一步增加了主导国的国家治理成本。

英国主导地位的终结

“终结性的世界危机”来临时，危机通常表现为包括主导国和其他后发国家在内普遍的经济危机、政治危机、社会危机相互叠加的状态，国际安全危机也发展到世界大战的最高阶段。此时的世界已是一团乱麻，进入总的“清算时刻”，非要经过长期的折腾和巨大的消耗，才能完成危机出清和体系重建。

1914 年一战的爆发，便是英国主导国际体系百余年后的“清算时刻”，标志着世界危机正式进入“终结性的世界危机”阶段。此后，英国主导下的早已风雨飘摇的国际体系，在经历“大萧条”

和二战等一连串危机冲击后，终于完成历史使命，退出历史舞台。

两次世界大战的爆发，是英国长期奉行的“威慑”和“均势”政策的破产，意味着英国主导下的国际安全体系的解体。面对德国在欧洲大陆的强势崛起和快速扩张，英国最初想通过强有力的军事打压加以遏制——这就是布尔战争的背景。[24]英国虽然以巨大的成本取得了布尔战争的胜利，但从此进入了海外成本激增的时代，英国主导的国际安全体系的失衡与不稳定也昭示于人。自此，作为后发大国的德国，从军事层面对英国的国际主导地位发起挑战的意志更加坚决了——这又成为一战爆发的背景。一战中失败的德国，随着国内困境的加剧而重新武装自己，试图以战争方式摆脱国内困境和强加于己的不公正安排——这又是二战的起因之一。英国被再次拖入战争并陷入极大的战略消耗，这彻底击碎了英国长期主导的国际安全体系。

在国际安全体系解体的同时，英国主导的国际政治体系也土崩瓦解。这可从三方面看。一是自治领、殖民地的离心倾向。英国不得不向加拿大、澳大利亚、南非和印度承诺，在帮助英国渡过难关之后，它们将在英联邦中获得更高的政治地位和更大的自治权。二是“东方革命”的爆发。一战后期俄国爆发“十月革命”，创建了世界现代化进程中第一个社会主义政权。“东方革命”不仅意味着俄国这个客观上对英国主导的国际体系提供巨大支撑的后发大国，公然与英国主导的国际体系彻底“脱钩”，而且还为后世的世界现代化进程向更高层次演进进行了宝贵的制度创新实验。三是大量边缘国家的政治独立。无论是社会主义国家的列宁，还是资本主义国家的美国总统威尔逊，都在各种国际场合公开呼吁“主权独立”和“民族自治”，大量处于国际体系边缘地带的国家日渐觉醒，强力反抗欧洲列强的剥削和压迫，开启了波澜壮阔的独立解放事业。上述三方面变化，分别从国际政治体系的核心地带、半核心地带和边缘地带快速侵蚀着英国的主导地位。

首爆于美国并迅速蔓延至全球的1929—1933年“大萧条”，则是英国主导的国际经济体系遭受的致命一击。与1873年危机一样，危机起源于更具系统重要性的美国，而不是作为体系主导国的英国。

对于“大萧条”，金德尔伯格在其《1929—1939年世界经济萧条》一书中这样写道：

> 这次萧条波及面这么宽、程度这么深，持续时间这么长，是由于英国没有能力、美国又不愿意在三个方面承担责任以稳定国际经济体系，致使该体系处于不稳定的状况。这三个方面是：一、为跌价出售的商品保持比较开放的市场；二、提供反经济周期的长期贷款；三、在危机时期实行贴现。……除非某些国家，像英国在19世纪和截至1913年时所做的那样，采取行动去稳定世界经济，否则这个体系就不可能稳定。在1929年英国没有能力这么做，而美国则不愿这么做。当每个国家都转而保护它自己的国家私利的时候，全世界的公共利益就遭受到被抛弃、被损害的命运，而这时所有国家的私利也就随之受到损害。[25]

在“终结性的世界危机”阶段，英国的国内矛盾也高度激化。内部的困境和折腾，让这个曾经无比荣耀的“日不落帝国”失去了领导世界的意志和能力。

内部困境首先体现为财政状况的日益恶化。一战期间，英国的生产和出口都受到很大的影响，英国不得不变卖自己持有的一部分国外有价证券，并向美国借债以弥补国际收支逆差。英国和美国在国际金融体系中的相对地位出现了颠倒，英国从美国的债权国变成美国的债务国。[26]此后，由于海外投资和进出口贸易进一步减少，英国的财政状况日益恶化。待到二战到来时，英国的海外投资收入进一步受到重创，外债激增，英镑地位恶化。英国在战争期间的海外投资减少了 1/5，外债则增加了将近 30 亿英镑，变成有巨额负债的大国。[27]

英国内部的折腾，则以国内阶级矛盾的激化和风起云涌的社会运动为标志。受到战后经济困境和“十月革命”等内外部因素的影响,20 世纪 20 年代英国工人阶级掀起了声势浩大的抗议运动。英国政府和资方的让步空间都很有限，工人阶级与政府和资方的矛盾不断上升，终于引发 1926 年全国总罢工。全国总罢工导致英国经济完全陷入瘫痪，造成巨大损失。美国“大萧条”让英国工人阶级的状况雪上加霜，失业人数激增。到 1932 年第三季度，英国失业人数接近 300 万，失业率高达 23%。[28]

在这种情况下，工党在英国政坛中快速崛起：1918 年成为议会第三党，1922 年第一次占据“国王陛下的反对党”的座席，1923 年第一次上台执政。由此打破了英国政坛中自由党和保守党轮流执政的格局，改变了英国长期以来的意识形态导向，带来英国内外政策的深远变化。[29]历史悠久的自由党沦为次要角色并陷入分裂，由它代表的“帝国统治”“自由贸易”政策，也被保护主义的国内关税政策和收缩主义的对外绥靖政策取代。一战前的英国虽然总是将“和平”挂在嘴边，但实际上其对外政策是相当强硬的，从不准备让步，而二战到来时，张伯伦则不得不匆匆往返于伦敦和慕尼黑之间，为保持和平和维护现状而不得不一再退让，昔日国际体系主导国的神气与自信早已荡然无存。[30]

第十二章 “美国周期”的形成与发展

在长达二三十年的英国国内蜕变和世界危机出清之后，英国已经筋疲力尽，根本无法继续主导国际体系，此时的国际体系已彻底变了天、换了岗。世界现代化进程掀开新的一页，进入了美国担当国际体系主导国的新阶段。资本积累的“美国周期”替代了“英国周期”，新的世界危机开始围绕美国的资本过度积累和过度集中而展开。

美国在危机中乘势而起

美国作为后发大国，是如何在“英国周期”内的历次危机中化危为机、乘势而起，最终成为新的国际体系主导国的呢？

其一，要归因于内部发展空间的挖掘。当1825年第一次爆发国际性经济危机，1857年第一次爆发世界性经济危机，欧洲各国正苦于国内发展空间的狭小之时，美国正处于如火如荼的西进运动之中，有似乎无限广阔的经济发展空间等着富有冒险精神的美国人去开拓。无论是对于美国的农业发展还是工业进程，西进运动都具有重大意义。西部开发使美国的耕地面积从1790年的

3 000万英亩①增加到1860年的超过4亿英亩。美国成为农业大国，西部农业的发展为东北部提供了充足的粮食供给，而人口的大量西迁则为东部的工业品开辟了广阔的国内市场，在美国国内形成了东西双向互补的发展格局。西部地区矿产丰富：苏必利尔湖附近有丰富的煤矿；明尼苏达蕴藏大量便于开采的铁矿；世界上最大的铅矿位于密苏里州、俄克拉何马州和堪萨斯州形成的三角地带；在密西西比河以西的南方各州，石油储量极为丰富，对美国日后的工业腾飞具有重大意义。西进运动还极大地拉动了美国的铁路建设，并连带吸引了大量外国投资（主要来自英国），拉动了本国的钢铁制造及相关产业。对美国人来说，在东西相距4 500公里的美国境内，要解决大量拓荒者前往远西部，双向营销西部剩余农产品和东部工业品，只能依靠铁路。1830年，第一条铁路巴尔的摩—俄亥俄铁路正式通车；1833年，长达136英里②的查尔斯顿—汉堡铁路成为当时世界上最长的一段铁路。1850—1860年，仅密西西比河上游地区就铺设了1万英里铁轨，东北部到密西西比河的旅程畅通无阻。[1]

其二，重大技术创新的作用功不可没。在当时的国际体系主导国英国陷入1873—1896年“大萧条”时，美国国内正在一系列重大技术创新的驱动下开启第二次工业革命。1869年，美国著名发明家托马斯·爱迪生创办了爱迪生公司；1879年，在经历1 300多次实验后，爱迪生研制出世界上第一只白炽电灯泡；而后他又

① 1英亩≈4 046.86平方米。——编者注

② 1英里≈1.61公里。——编者注

改进了照明系统，包括发电机、馈电线和配电系统。在此基础上，1882 年纽约建成第一座中心发电站。1886 年建立的威斯汀豪斯电气公司经过长期科研，终于解决了交直流互变和高低压互变等技术问题，实现了电力的远距离输送难题。到 19 世纪 90 年代末，美国的重要城市都建立了发电厂，大企业普遍使用电能作为动力，各种电气设备获得极为广泛的应用场景。借着电力的广泛使用，美国将以煤炭和蒸汽机为主要动力来源的英国远远甩在后头。1893 年，杜里埃兄弟在吸收欧洲汽车技术的基础上，研制成功美国第一辆单汽缸内燃机汽车。同年，亨利·福特制造出时速 25 英里的汽车，形成了美国日后汽车工业的雏形，开辟出重要的经济增长点。[2]

其三，垄断帮助企业扩大了竞争优势。在英国的 1873—1896 年“大萧条”之前，美国企业的垄断程度并不高，美国国内的大部分经济活动都是由单个业主或几个合伙经营的小型企业来推动的。作为英国“大萧条”的结果或者说作为对“大萧条”做出的回应，从 19 世纪后期一直到 20 世纪初，美国企业的兼并活动明显增加，美国经济的垄断程度不断提高。从美国内战结束的 1865 年到 1905 年的 40 年中，很多单个经济组织被联合或合并为单一的托拉斯或控股公司。从单个企业、合伙制、托拉斯到控股公司，就是由小型的自由资本到大规模垄断资本的发展过程。洛克菲勒财团是这一发展道路的典型代表。1867 年，洛克菲勒、安德鲁和弗拉格尔以合伙的形式创建了标准石油公司联合体，1882 年合伙公司由标准石油托拉斯取代，1899 年又演化为新泽西州标准石油公司（控股公司）。老约翰·D. 洛克菲勒和他的同事们在30多年中陆续合并了近400家单个资本，在极盛时代，他的公司控制着美国石油市场的84%。1897—1903年，随着国际经济竞争的加剧，美国国内横向兼并（同类企业的合并）活动进一步加速，被合并的工矿企业超过2 800家，形成美国国内第一次兼并高潮，明显强化了美国企业的国际竞争力。1925—1930年，由于世界危机蔓延和国际竞争更加激烈，美国国内又掀起以纵向兼并（性质不同但相互关联的上下游企业之间的合并）为特征的第二轮兼并高潮，合并企业数目超过4 500家。[3]

其四，还要归因于对世界市场的开拓。即便是在羽翼未丰、根本没有剩余资本对外投资的19世纪20年代，美国也在拉丁美洲展开了一场与英国争夺海外市场的角力。这是因为在19世纪20年代，由于美国南方植棉业和北方工业特别是纺织业的发展，美国已经产生了寻找海外市场的需求。南方奴隶主对于占有新的土地和奴隶市场来拓展奴隶制经济也有很大的野心。1820年美国国会通过扩建海军的新海军法，便暴露出美国凭借军事实力扩展海外市场的意图。[4]正是在此背景下，1822年3月，美国总统门罗发表了承认拉丁美洲新独立国家主权的咨文；1823年12月，门罗在致国会咨文中提出对拉丁美洲的新政策声明，宣称任何欧洲国家都不应染指南北美洲事务，提出“美洲是美洲人的美洲”——这就是著名的“门罗宣言”。此后，随着国内资本积累日渐充裕，美国不断加大对拉丁美洲的投资和商品出口。至19世纪末，当美国国内市场逐步饱和、各国对世界市场的争夺日趋激烈时，美国拓展海外市场的需求更加迫切，1898 年美西战争就是在这种背景下爆发的。美国从西班牙手中夺取了波多黎各、关岛、菲律宾和古巴，扩展了在拉丁美洲的存在，还将海外殖民前沿推至亚洲。1900 年，美国又提出针对中国的“门户开放”政策，要求与其他欧洲列强和日本均沾在华利益，想要把中国变成共享的海外市场。

其五，是政府对经济社会事务的干预。当“英国周期”下的世界危机在 20 世纪初发展至“终结性的世界危机”阶段时，美国国家治理体系中的政府职能也在扩展，政府对金融、工业和社会层面的介入力度不断增大。20 世纪初开始兴起的“进步主义”社会运动，推动美国政府调整与大公司以及与美国社会之间的关系，改变以往在劳资矛盾中“机械地偏袒资方”的做法，努力做到“公平施政”，推动国家治理体系向更现代的方向发展——这相当于增加了国家治理体系在内外危机中的韧性。为应对猖獗的金融投机和严重的金融危机，将巨兽一般的金融帝国置于更有效的公共监督之下，20 世纪初的美国政府积极推动银行体制改革，1913 年制定《联邦储备法》，并依此建立联邦储备机制，即美联储。一战后的 20 世纪 20 年代，是美国自由放任资本主义“最后狂欢”的时代，结果引发 1929—1933 年席卷全球的“大萧条”，彻底摧毁了本已风雨飘摇的英国主导下的国际经济体系。为应对这次自己酿成的世界危机，美国推出“新政”，大大强化政府职能，全面加强国家管理，并顺应二战的形势需要确立战时体制。这些措施为美国顺利度过世界危机、确立战后国际主导权奠定了坚实的制度基础。

福特主义、巨量剩余资本与“滞胀”

从 19 世纪 50 年代开始，美国就显现出工业化大生产的巨大潜力。在此阶段，标准化部件的机器制造已被广泛称为“美国制造体系”，即零部件可换的大规模生产体系。这一生产体系的最大优势是效率高、产量大，可以短期内创造出大量商品、获取大量利润，因此它既是一种先进的商品生产方式，也是一种高效的资本积累方式。由于美国经济是大陆规模的，远比历史上的荷兰和英国大得多，因此即便是依靠国内资源和国内市场，美国也已实现史上最大规模的积累。到 20 世纪，这种生产方式（或者说积累方式）被亨利·福特进一步发展到极致，美国资本积累和集中的规模大大超越了历史上和同时期的所有大国。

当 20 世纪初的汽车还是型号不一、产量不大的时候，福特便断言：“造汽车的正确方法应该是让一辆汽车和另一辆汽车一模一样，就好像图钉工厂生产的图钉都是一种型号，火柴厂生产的火柴都是一个规格一样。”1908 年问世的 T 型车，既是福特最得意的产品，也标志着一种更先进生产方式的登场。由于使用装配流水线作业，福特公司的汽车产量从 1906 年的每天 100 辆骤增至 1921 年的每分钟一辆，1925 年甚至达到平均每 10 秒就能生产一辆 T 型车。在美国，到 20 世纪 20 年代，由汽车消费拉动的大众消费时代来临了，1927 年美国拥有了世界上 4/5 的汽车，平均每 5.3 人就有一辆。而在欧洲，即便是机械化程度最高的英国和法国，此时也不过是平均每 44 人才拥有一辆。[5]

由福特开创和引领的这种生产方式与资本积累方式，被称为“福特主义”。由于福特公司的巨大成功，“福特主义”成为美国绝大多数工业集团的首要信条，有力支撑了二战期间美国及其盟国对庞大军备物资的需求，为美国积累了巨额资本并夯实了美国的全球领先地位。美国国内经济的垄断，无论是横向垄断还是纵向垄断，其程度都是资本主义发展历史上最高的。二战后，这种生产和资本积累方式也被欧洲与日本效仿，成为西方资本主义世界中一种普遍的资本积累方式，并在此基础上重建了新的国际合作体系。由于“福特主义”生产方式的普及，加之两次世界大战对英国主导下的国际体系内部矛盾起到强力出清作用，除了英国等少数国家仍难以摆脱步履蹒跚、停停走走的状态外，西方资本主义国家普遍在二战后进入了长达近 20 年的经济增长黄金期。

“福特主义”的优点是效率高、产量大、短期聚集大量财富，缺点是特别容易生产过剩，造成产品滞销和利润率下降。二战结束后，由战争拉动的巨大需求消失了，可是“福特主义”的生产方式却停不下来，结果必然造成更加频繁的经济危机。在二战后的 30 年内，美国先后爆发了 1948—1949 年、1953—1954 年、1957—1958 年、1960—1961 年、1969—1970 年、1973—1975 年的 6 次经济危机。人们可以为每次危机寻找到具体的诱因，但其根子都在于巨量的过剩资本积累而引发的生产过剩危机。

怎么办？在已经投入大量资本的情况下，削减产量的方法是行不通的，技术创新也不是说搞就能搞成的；在冷战对峙的政治氛围下，西方资本主义国家必须对国内的工人阶级“好”点儿才行，降低工资似乎也是行不通的。唯有寻找，或者更准确地说，“创造”新的更大需求。

那么，怎么创造新的需求呢？方法至少有二。

一种方法是提高工资，让民众有更强的购买力。二战期间和二战之后，美国企业内部逐步形成了新的劳资关系，劳资矛盾趋于缓和，劳资双方通过集体谈判方式，确立了双方都能接受的工资水平、更为稳定的劳动合同以及最低工资的累进增加制。由于工人阶级生活状况不断改善，对商品的需求增加了。一定时期内，这种新的安排既保证了资方的经济盈利性，也有助于社会的整体稳定性。

另一种方法是政府出马，通过国家干预进行“需求管理”。二战之后一直到20世纪70年代末的美国历届政府，无论是民主党执政还是共和党执政，都总体奉行扩张的财政政策、宽松的货币政策和不断改进的社会福利政策，以日益扩大的政府规模和政府职能为基础，实施凯恩斯主义的国家干预，不断烫平经济周期和维持有效需求，调节着大规模生产和大规模消费之间的良性循环。[6]

日子要是能这么一直过下去就好了！但怎么可能呢？

20年经济增长黄金期之后，“滞胀”（经济停滞与通货膨胀并存的“奇怪现象”）终于出现了。包括美国在内的西方各国经济，普遍从高速增长转为低速增长甚至停滞。1973—1983年，发达资本主义国家GDP年均增长率只有2.4%，不到1960—1973年年均增长率5%的一半。西方各国普遍出现持续的高失业率和消费物价上涨。1960—1970年，发达资本主义国家年均通货膨胀率为

4.3%，1970—1982 年则达到 9.9%，日本、英国、意大利在个别年份甚至突破 20%，美国也曾连续两年超过 13%。[7] 一时间，滞胀成为 20 世纪 70 年代资本主义世界经济的通病。

美国是“福特主义”搞得最好的国家，因此也是最早出现滞胀的国家。20 世纪 60 年代后半段，美国经济就开始出现滞胀的一些早期特点。从 1967 年起，利润率开始走低，工业生产增长率也开始走低，消费物价指数却逐步上升。1969—1970 年美国战后第五次经济危机期间，工业生产下降 6.8%，国民生产总值下降 1.1%，失业率由 3.5% 升至 6%，消费物价上涨 6.2%，标志着美国最先步入滞胀。滞胀令美国政府陷入左右为难、顾此失彼的窘境。如果想要扭转经济停滞，就必须继续扩大财政支出，以政府之力继续创造更大需求以提振经济，这必然使通货膨胀更加严重；如果采取紧缩政策来重点对付通货膨胀，则必然引发经济衰退，老百姓肯定闹翻天。[8] 事实上，20 世纪 70 年代和 80 年代初，尼克松、福特、卡特三届政府的国内经济政策不得不反复摇摆于紧缩和扩张之间，并且无论怎么抉择，都无法应对滞胀的持续加重。

滞胀困扰下的美国陷入了经济、政治与社会的全面危机状态。经济盈利性的危机自不必说，由于国家治理的失败，坚持了半个世纪、被两党和官民商学各界普遍信奉的“新政共识”出现了动摇；美国战后推行的“大政府”路线，其政治合法性被严重削弱了；由于失业率的高企，中产阶级的幸福感下降，“富裕中的贫困”仍大量存在，以及很多人认为少数族裔的民权运动搞过了头，这一时期美国的社会稳定性也出现了严重问题，东部与西部、北方与南方之间的分化拉大，富人与穷人、白人与黑人之间的矛盾日益突出，似乎谁都对现状不满意；大规模的社会运动风起云涌，动辄几十万人上街游行，社会治安状况日益恶化；曾经引以为豪的美国主流社会文化也出现异化苗头，抵制社会现状、消解主流价值、主张颓废无为的“嬉皮士”文化在青年一代大行其道。

如果对比曾经作为国际体系主导国的荷兰和英国的发展轨迹，我们可以说，美国此时的国内危机状态，对作为国际体系主导国的美国而言，绝不是好兆头。它很可能是美国由盛转衰的预警性信号。换言之，20 世纪 70 年代美国国内经济危机、政治危机与社会危机的叠加共振，可能是“预警性的世界危机”在主导国内部的具体体现。

由滞胀引发的“预警性的世界危机”，同样体现于国际体系层面。滞胀在西方主要大国内部普遍存在，各国的日子都不好过，相互之间的合作热情日益减退，竞争势头必然升级。日本等后发大国开始酝酿比“福特主义”效率更高、更讲求精益求精的“丰田主义”生产方式——这与 19 世纪 70 年代美国对英国“世界工厂”地位发起的挑战非常相似。布雷顿森林体系的解体，标志着二战后确立的国际经济体系出现动摇，美元与黄金价格的脱钩和浮动汇率制，使主要大国之间的经济金融关系进入了无序甚至是竞争的新阶段。这一阶段苏联在全球范围内的进取外交以及苏联与欧洲关系的改善，则对美国的国际安全体系构成冲击——这也不禁让人想起 19 世纪末、20 世纪初德国对英国海外殖民地的觊觎及主导地位的蚕食。

前所未有的金融化程度

面对滞胀，作为国际体系主导国的美国，与历史上由盛转衰的其他主导国一样，做出了事关其前途命运的重大判断，即“对剩余资本重新投资于世界经济的物质扩张之中能否继续获利做出了否定的判断，同时对通过更加专门从事巨额融资能否在时间和空间上延长它的领导和主导地位做出了肯定的判断”。[9] 在经过痛苦的煎熬与求索之后，20 世纪 80 年代的美国放弃了“福特主义”的资本积累道路，无奈而又充满憧憬地开启了“金融化”进程，开始充当不劳而获的“食利者”角色。

新自由主义意识形态的兴起和一系列法律政策的修改，为美国的金融化进程提供了必要的思想准备和制度支持。作为凯恩斯主义和“新政”路线的替代品，新自由主义的政治思潮和治国理念在美国逐步兴起。倡导新自由主义的“新保派”势力进入美国政治舞台中心，其中的不少人成为美国政府内的重要人物。新自由主义的思想核心是“市场原教旨主义”和“社会达尔文主义”，明确主张私有化、自由化和市场化，减少政府对经济活动和社会事务的干预，充分发挥市场这只“看不见的手”的作用，削弱工会力量并减轻政府的福利负担；新自由主义还主张去除对资本国际流动的政策限制，促进资本的全球自由流动。大量进入里根政府的“新保派”势力，既在国内推行新自由主义的国家治理思路，也在对外政策中推广这一思想，要求其他国家实行新自由主义改革。自 20 世纪 80 年代起，关于“国家干预是坏的，自由市场调节是好的”的理念，越来越成为这一时期的国际主流意识形态。

无论在共和党总统执政时期还是在民主党总统执政时期，旨在推进美国金融化的法律准备都在紧锣密鼓地推进。1980年，在民主党的卡特政府执政末期，美国制定并通过了《存款机构放松管制和货币控制法》，迈出放松金融管制的步伐。里根时期，美国又先后制定并通过《吸收存款机构法》（1982年）和《公平竞争银行法》（1987年）。这些法律逐渐放松了对金融机构的管制，包括放松对存贷款利率的限制，打破对金融业务范围的限制，鼓励金融机构之间的竞争和并购等。老布什任内，美国继续加大对银行并购的支持。1990年前后，美国共有46个州颁布法令，允许其他州的银行持股公司收购本州银行，彻底打破了美国金融史上占统治地位的“单一银行制度”和“单一州原则”限制，为银行业跨州并购开了“绿灯”。1991年美国制定并通过《联邦存款保险公司改进法》，允许所有储蓄机构和国民银行之间在银行合并条例的范围内进行并购。1994年克林顿政府任内，美国又出台《跨州银行法》，为银行业并购彻底放行。在这些努力的基础上，1999年美国正式废除了过去60多年来一直实施的《格拉斯－斯蒂格尔法案》，代之以《金融服务现代化法案》，彻底打破银行分业经营格局，为银行开展投资银行业务和涉足房地产行业铺平道路。[10]

经过这些准备，一场史无前例的“金融革命”在美国爆发了。一场规模空前的银行并购在美国和全球范围内迅速兴起，金融部门在美国经济和政治生活中的地位不断提高，金融操作的复杂程度超出想象，非金融部门对金融部门的依赖空前加深。华尔街在消沉了几十年后，再度处于万众瞩目的荣耀地位。美国人（无论是年轻人还是老年人）的工作和生活，也与这个国家的金融活动建立了越来越密切的联系。

美联储前主席艾伦·格林斯潘在其《繁荣与衰退》一书中这样写道：

> 在里根执政时期，华尔街迎来了自20世纪20年代以来最繁荣的时代。金融家成了全国名人。投资银行承诺会立即致富，让人过上纸醉金迷的生活，从而吸引了整个国家的年轻人……随着经济的发展和人们将退休储蓄委托给市场，大量资金涌入各种金融工具……家庭财富投资于股票而非低风险储蓄账户的比例从1980年的1/10增至2000年的1/4。纽约证券交易所的股票交易量从1960年的每天约300万股增至1990年的每天1.6亿股，到2007年达到每天16亿股……到2000年，美国共有9 000家共同基金公司，其中约6 000家在20世纪90年代开业……在1970年后的30年里，货币市场共同基金、抵押贷款组合和证券化贷款等“新兴”中介机构持有的金融资产份额激增，而商业银行、互助储蓄银行和人寿保险公司等“传统”中介机构持有的份额下降……随着美国金融奇才施展他们的魔法，华尔街开始繁荣起来……这产生了强大的“财富效应”：投资者因投资组合价值的增加而感到兴奋，他们更自由地借钱购买房屋和消费品。[11]

前所未有的金融化进程不仅仅发生在美国，西方集团中的欧洲和日本同样面临资本积累过剩的困扰。内生性的困境加上美国、欧洲、日本之间在金融积累阶段的竞争，将欧洲和日本也推向了高度金融化的道路。

20 世纪 80 年代以来，欧洲的产业界巨头们（奔驰公司、大众汽车、联合利华等）积极支持和推动欧盟一体化以扩大欧洲市场规模，并倡导保护主义立场，希望利用欧洲经济空间的扩大建立一个统一的“欧洲技术 – 产业复合体”，以便与美国和亚洲的工业强国竞争。与此同时，出于对美竞争的需要，欧洲在构建金融化积累体系方面也不甘示弱，甚至动手更早。

1973 年后，金融化的大幕率先由英国撒切尔政府拉开，此后逐步扩散到各国。到 20 世纪末，金融驱动的积累模式已在欧洲占据主导地位，法国、德国、意大利、荷兰和西班牙等主要国家都实现了高度的金融化。至 2008 年，金融资产占欧洲各国 GDP 的比重，欧盟达到近 600%，法国和英国为约 700%，爱尔兰则近 900%，金融扩张在英国、爱尔兰和冰岛表现得尤为突出。欧盟金融市场一体化和公司控制的欧洲市场的形成，促进了欧洲大陆经济体的金融化，就连德国这样不太重视金融化的国家也深度卷入其中了。[12]

日本在金融化方面同样走得很远。

从内生因素看，日本国内市场相对狭窄，更容易陷入资本积累过剩，金融化成为自然而然的选择。20 世纪 70 年代石油危机对日本经济打击十分严重，日本陷入了与美国类似的经济困境。

为应对经济衰退，日本政府被迫实行积极的财政政策，大量发行国债。国债的发行要求有相应的金融市场做配套，国债流通市场由此诞生。同时，日本企业手中握有大量剩余资本，也希望将其投入实物期货市场以谋求更大回报。在政企两种因素的共同作用下，日本政府开始以利率自由化为突破口，加速推动金融自由化，放松对金融市场的管制，日本的金融体系也不再发挥“护航体系”的作用。

从外部因素看，美国对日本的金融化进程施加了巨大的推动力。1983 年 11 月，时任美国总统里根访日，要求日本加快金融自由化改革，随后两国成立“日美间日元 – 美元委员会”，双方财政部官员多次碰面，探讨日本资本市场自由化、国际化改革问题，并很快达成大额存款利率自由化、废除外汇管制、允许外国银行参与信托业务三点共识。1985 年，日本成立“制度问题研究会”，加紧研究修改“专业金融机关制度”，并于 1991 年发布最终报告书《有关新的金融制度》，正式开启日本渐进式金融改革。而此时美国已不满足于渐进式改革，要求日本实行更激进的结构调整。1996 年 11 月，屈从于美国压力的时任日本首相桥本龙太郎承诺，将在 2001 年前彻底改革金融制度。由此，“金融大爆炸”时代（1996—2001 年）拉开序幕，日本金融改革的主导权随之被美国掌握，以接受存款并贷款为主要模式的战后日本金融经济体制被改造为靠价格、利率变动获利的投机金融体制，华尔街获得了在日本金融市场自由驰骋的机会。转眼间，日本金融市场就成为境内外热钱疯狂逐利的舞台。[13]

20世纪80年代，全球金融资产的名义价值几乎与全球GDP相等，而到2005年，该数值已达到全球GDP的3倍多。1980年，全球外汇交易的名义价值是全球贸易值的11倍，到2009年则激增至73倍。1980—2007年，全球各种金融衍生合同从1万亿美元扩大到600万亿美元。各种对冲基金和私人股本集团、特殊投资载体以及操纵大型银行的控股公司，已经彻底改变了资本主义的面貌。[14] 通过推动全球范围内的金融管制自由化和政府资产私有化，通过向冷战后大量融入国际体系的转型国家输出美式经济理念和国家治理模式，美国的巨量剩余资本实现了对各国金融体系的隐蔽掌控和往来穿梭，即便是欧洲各国和日本的金融体系，华尔街的资本也有着不可低估的发言权和操控力。同时，欧洲和日本的大量剩余资本也大量收购美国的银行并参与美国国内的金融业务，形成了全球范围内的剩余资本合流。

很显然，美国推动和主导的全球金融化与金融全球化，已大大超越了以往的国际体系主导国，发展到"国际金融垄断资本主义"或"国际金融垄断帝国主义"阶段。

这是一种无须领土权力控制的新型"金融货币帝国主义"，其核心机制是利用金融领域的市场经济机制控制各国。此时的美国已经把银行垄断资本与工业垄断资本的结合转变为脱离并统治实体经济的虚拟经济，并借助高科技的帮助，在全球金融市场上发动一轮又一轮"金融恐怖主义战争"来摧毁弱国经济体，大规模转移各国财富以谋求巨额利润，从而夯实全球金融军事霸权的基础。在这种积累体制下，美国充分运用美元霸权的货币垄断，形成全球向美国纳贡的垂直金字塔形剥削掠夺体系。[15] 这体现出，过去几百年来的资本主义经过从荷兰主导、英国主导到美国主导的演进，不仅体现出明显的周期性特征，而且呈现出重要的阶段性新特征，世界范围内的资本主义金融化达到前所未有的程度。

短期内，金融化的积累方式似乎特别管用。但可以肯定的是，金融化绝非正路。

金融化的积累方式并没有发展出新的价值创造方式，它仅是一种隐蔽的财富转移方式，其结果只能是资本的超级过度积累和超级过度集中。它不仅败坏了实体经济的长远运行环境，而且将整个国家的经济金融体系置于危险之中。由于金融性收益更加可观，企业越来越“不务正业”，在股市上的表现取代了营业利润率，成为最牵动经营者神经的指标；生产性企业受金融化的影响而削减长期生产性投资，必然损害未来生产部门的赢利能力。同时，金融部门倾向于采用更高风险的投资策略提高利润率，大量金融衍生工具的出现为金融机构提供了更多投机机会，这些金融机构得以用相对有限的资本尽可能地扩张金融杠杆，从而增大了国家金融体系的整体风险。而且，一系列资产被层层嵌套在一起，一旦某个市场的违约率突然提高，便会引发恐慌性的资金抽逃，引发连锁反应甚至酿成金融危机。由于金融体系的极复杂运作，对金融机构整体的风险评价也变得极为复杂，对金融危机做出事先预警和早期应对的难度极大。[16]

打压后发大国与世界市场的拓展

19 世纪末的英国在迈入“金融化”过程中，同步加大了对世界市场的拓展和对后发大国的打压，即英国对非洲殖民地的开拓以及由此导致的布尔战争和英德冲突。自 20 世纪 80 年代起进入“金融化”阶段的美国，也开始做着与英国当年同样的事情，不仅明显加强了对后发大国（苏联和日本）的打压，而且在被称为“新自由主义”的意识形态指导下，推动各国解除对经济活动的管控和国内市场保护，帮助美国企业不断开拓世界市场。

在 1981—1989 年里根政府时期，美国对苏联和日本这两个最重要后发大国的打压采取了不同的策略。

对于日本这种在美国主导的资本主义体系内的后发大国，里根政府的主要手法是“经济战”。美国利用日本在经济上和安全上对美国的依附，借助货币政策强力敲打日本，迫使日本于 1985 年签署《广场协议》，推动日元大幅升值，打击日本出口优势，削减日本对美巨额贸易顺差，明显迟滞了日本的发展势头，甚至由此开启了日本经济长达数十年的“停滞时代”，“日本可以说不”的信心被彻底打掉了。

针对苏联的迅猛发展和对外扩张势头，里根政府的主要手法是“政治战”，即综合运用除直接军事冲突之外的多种手段，强化对苏联的冷战攻势，通过加强高科技出口管制、限制社会主义阵营的对外贸易、在苏联国内制造意识形态混乱和民众心理恐慌、在社会主义阵营内部制造分裂、在全球各地给苏联制造麻烦等方式，严重增加苏联国内的治理成本和海外安全成本，最终造成苏联解体。

日本的“服软”和苏联的解体，标志着里根政府对后发大国的打压取得成功。在此基础上，接替里根政府的老布什政府（1989—1993年）则开始谋划“后冷战时代”以美国为中心的“世界新秩序”，并以针对伊拉克萨达姆政权的第一次海湾战争为序幕，开启了美国资本和军事力量向全球拓展的新阶段。

1993—2001年期间执政的克林顿政府，将“参与和扩展”作为国家安全战略的关键词和总纲领，继续推进美国资本和军事力量向全球拓展，不断扩大世界市场的规模，强化美国对国际体系的控制。克林顿政府的基本逻辑是：“扩大民主社会和自由市场国家的大家庭有利于美国所有的战略利益——从在国内促进繁荣到在国外遏制全球威胁”，因此“与新兴的民主国家合作，帮助它们维持发展自由市场和尊重人权的民主制度，是我们国家安全战略的一个关键部分”。[17]在这一逻辑下，20世纪90年代的美国“帮助”苏联国家深化经济自由化和政治民主化改革，为美国资本大举进入创造了有利条件。

2001年上台的小布什政府在这条路上走得更远。在完成对苏联国家的渗透和改造后，小布什政府以“反恐”为名，将美国的全球战略重心进一步向东推至“大中东”和“大中亚”地区，试图借助“大中东民主改造计划”和“大中亚民主改造计划”，将这些相对封闭、尚未完全融入资本主义体系的边缘地带国家改造成便于美国资本纵横驰骋的沃土。

“美好时刻”里的巨大隐忧

在金融化不断深化以及对后发大国的打压和对世界市场的拓展过程中，美国的“美好时刻”到来了。

经过里根、老布什、克林顿和小布什等几任总统的持续努力，美国主导的国际体系大大扩容。美国成功地将原属苏联阵营的一系列国家拉入美国主导的国际体系，在世界现代化历史上第一次开创了真正全球意义上的“全球化”，世界市场的规模空前扩张。这种国际体系的规模，是荷兰和英国作为主导国时的国际体系规模根本没法儿比的；全球产业分工的细致程度和各类生产要素的流动速度，也是史无前例的。尤其是中国作为最具潜力的后发国家，在 20 世纪 70 年代末启动改革开放，循序融入国际经济体系，成为全球最主要的产业转移承接者和国际资本吸收者之一。由于作为全球最大发达国家的美国与作为全球最大发展中国家的中国之间存在的经济高度互补性，全球经济由此形成强有力的新型环流，对国际经济体系的运转起到不可或缺的支撑作用。

此时的美国，在经济上成为这一超大规模国际体系中的“超级食利者”，在不断扩张的国际金融网络中，利用极为复杂的金融操作，在一次次看似偶发的各国经济危机中，隐蔽地收割其他后发国家和大量边缘国家的财富，实现了资本的“超级过度积累”和“超级过度集中”。在安全方面，“一超独霸”的美国享受着苏联解体后无比惬意的“单极时刻”，依靠冷战同盟体系而傲视全球，不断推动北约东扩、挤压俄罗斯的地缘战略空间，并利用遍布全球的军事基地和盟友网络，对其他后发国家构成威慑和遏制。在政治方面，美国则努力推广“华盛顿共识”，将自由市场、民主政治和公民社会树立为现代国家的标准版本。在一种“普世价值”得到全面普及、“历史终结”业已成为现实的幻象之下，整个西方世界弥漫着盲目的乐观情绪。

在美国国内，由里根总统开启的“新自由主义”改革似乎也奏效了。20 世纪 80 年代，美国开始走出 70 年代始终困扰美国的“滞胀”局面；从 1983 年开始，美国经济出现了低通货膨胀下的适度经济增长，失业率逐步降低，困扰美国多年的高失业、高通货膨胀和能源危机这三大难题得到缓解，“里根经济学”因此被尊奉为美国经济发展史上的又一次革命。80 年代美国与苏联的“军备竞赛”也催生出一种类似“军事经济”的繁荣，这与 19 世纪末、20 世纪初英国凭着大国军事竞争关系的升级而恢复了利润多少有几分相似。里根政府在 1988 年的《总统经济报告》中总结道：这届政府的政策已促成创纪录的经济扩张——美国在和平时期最长的一次；经济的扩张创造了 1 500 万个就业机会，丰厚的收益遍及各个行业和各个阶层，实际国民生产总值在 5 年中上升了近 23%。克林顿时期，美国财政状况甚至出现了盈余。美国联邦政府的财政赤字从 1992 财年创纪录的超过 2 900 亿美元逐步下降，至 1998 财年开始出现盈余，2000 财年财政盈余一度高达 2 370 亿美元。

然而，“美好时刻”毕竟是“秋天的迹象”。国际体系主导国在大举收获的同时，也必会感到丝丝凉意，不得不面对终将到来的严酷寒冬。自20世纪80年代以来，在美国的“经济盈利性”“政治合法性”“社会稳定性”似乎都得到实现，国际安全形势也一片大好的表象之下，巨大的隐忧和危机正悄然酝酿并不断升级。

就像当年英国在金融化阶段所经历的那样，美国国内经济也出现了因投资不足而造成的“空心化”现象。大量的产业被外包给劳动力价格更为低廉的东亚后发国家，原先设在美国国内的大量工厂被废弃，“铁锈带”产生了；越来越多的公司注重的是股市表现和股东利益，而较少关注实体经济和公司的长远竞争力。虽然美国依然掌控盈利丰厚的高端制造业，但能够吸纳海量劳动力就业的中低端制造业逐渐减少，美国制造业就业人数从1979年历史最高水平的1 940万逐步下降到2009年的1 190万。[18]美国的商场里随处可见的都是由后发国家制造的日常用品。

在经历了一两代人以后，美国的中产阶级规模明显缩小，两极分化更加严重。1989—2007年，美国最富有的前1%和前9%家庭的股票资产价值分别增加了36.8%和44.3%，而接下来的10%、20%、20%和40%家庭分别只增长了10.5%、6.5%、1.5%和0.5%。皮尤民意调查显示，1988年有26%的受访者认为美国是一个分为“有产”和“无产”两大阶层的社会；2007年，持这一看法的受访者比例已经上升到48%。[19]1929年，最富有的1%的美国家庭的收入占美国全部家庭收入的份额达到了历史最高的25%左右；二战后的经济繁荣时期，这一份额稳步下降，至1973年达到最低点的大约10%；此后这一比例又开始上升，至2000年达到22%，几乎重回1929年的水平。同时，全美最富有的5%

的家庭的收入在美国全体家庭收入中所占的份额，也从1973年的约15.5%上升至2000年的20.8%，创下20世纪的最高纪录。1980—2000年，私人部门员工实际报酬的年均增长率几乎为零。[20] 人们所熟知的支撑社会稳定的纺锤形社会结构变了形——社会稳定性的根基被慢慢掏空。

美国扩大世界市场的行动也遭到强烈抵抗。从某种角度说，“9 · 11”事件以及其后此起彼伏的国际恐怖行动，乃是世界发展高度不平衡、不公正的产物，是处境不利的边缘国家和边缘群体的暴力反抗，是对美国侵扰伊斯兰世界的激烈报复。“9 · 11”事件后，美国“一怒之下”接连发动两场耗时长久、耗资巨大的反恐战争，不仅极大地增加了美国的海外安全成本，而且加剧了国际安全体系不稳定，反恐战争陷入“越反越恐”的尴尬局面。美国强行推动对其他国家的改造，更是引起很多国家的普遍警觉。

资本的超级过度积累和过度集中还催生出更猖獗的金融投机活动，在各国造成更频繁的金融危机。金德尔伯格发现，“从20世纪80年代开始算起，之后的30年是货币历史上最为动荡的时期，金融危机的爆发最频繁、影响规模最大”。[21] 20世纪80年代，墨西哥、巴西、阿根廷等十多个发展中国家出现严重信贷泡沫，外债规模过大，最终积重难返导致危机；90年代初，日本的股价和房价出现严重资产泡沫，芬兰、挪威、瑞典等国房地产和股票市场同样经历了一轮泡沫膨胀，而后泡沫破裂引发危机；90年代中期，墨西哥再度爆发金融危机；90年代后半段，危机则爆发在东南亚的泰国、马来西亚和印度尼西亚。2007年年初，英国、西班牙、爱尔兰、冰岛等国也开始出现房价暴跌和银行危机，随后引爆金融危机。在这些危机中，银行体系的崩溃超乎想象，一些国家为挽救危机所要付出的成本占 GDP 的比例甚至高达 15%~20%。每次危机都造成一批银行和金融机构因巨额损失而被收购，导致资本集中的程度不断加深。每次危机之后，都伴随着该国经济的严重衰退甚至长期萧条。

而且，这些不同国家的危机之间还存在着深层联系。由于全球范围内资本严重过剩，它们到处寻找可以增值的国家和行业。当拉丁美洲国家的经济前景被看好时，大量剩余资本便涌入拉丁美洲，导致拉丁美洲资本短期严重过剩；在拉丁美洲爆发危机后，泡沫被推向日本，又抬高了日本的房价和股价；在日本资产价格泡沫破灭后，大量剩余资本又转而涌向东南亚。“跨境资金的涌入几乎一定会推高该国资产价格，这是由于其国内投资者可以很高的价格从原持有人手中收购资产，又以更高价格出售给外国投资者。资产像‘烫手的山芋’在投资者之间传递，在此过程中，资金不断涌入，资产价格不断上涨，泡沫逐渐累积，直至危机爆发。”[22]

这种过度的金融投机活动最终殃及美国自身，导致了百年不遇的 2008 年金融危机。

第十三章　正在到来的新一轮世界危机

如果说 20 世纪 70 年代的“滞胀”是标志着美国作为国际体系主导国由盛转衰的“预警性的世界危机”，那么 2008 年金融危机则可被认为是现行国际体系和美国主导地位开始瓦解的“终结性的世界危机”的开端。“终结性的世界危机”的全面爆发和彻底出清通常要持续几十年。当年大英帝国的国际主导地位，自从一战这一“终结性的世界危机”的序幕开启后，又在其后约 30 年中先后遭受“大萧条”和二战等一系列重大危机的冲击而最终瓦解，其间给世界造成无比巨大的灾难。如今，从全球金融危机到新冠疫情危机，从大国经济脱钩到地缘政治对抗，新一轮“终结性的世界危机”正渐次展开，并将成为 21 世纪中叶之前国际政治的最重大特征。

为什么说“这次不一样”

2008 年金融危机之后，美国经济界一时间陷入“集体反思”。媒体上刊登了大量分析性文章，各路学者纷纷著书立说；保尔森、盖特纳、伯南克等前政要和危机亲历者，先后出版了一大批回忆录，或者为损失慨叹，或者为自己开脱，或者为未来建言；美国政府专门授权组建“金融危机调查委员会”，出版了厚厚的调查报告。[1]有意思的是，除一些“激进”的左翼人士之外，美国的官方研判和经济界绝大多数主流人士对危机成因的分析，均停留于策略或技术层面，倾向于从比较具体的环节查找原因，有意无意地忽略了“过度金融化”这一最基本事实。

这些观点可谓林林总总：或归结为“金融创新论”，即认为资产证券化的风险扩大效应乃是金融危机的根源，言外之意是，只要规范一些金融创新活动就可以避免金融危机了；或归结为“政策失误论”，认为是格林斯潘时代错误的货币政策造成了本可避免的房地产泡沫破裂，认为只要制定正确的货币政策就可以避免金融危机了；或归结为“监管缺位论”，认为政府不应把次级房贷债券这种金融衍生品的评估和监督责任完全抛给私人债券评级机构，建议政府机构强化金融监管职能；还有人提出“储蓄过剩论”，将危机归因于外部根源，认为是东亚新兴经济体和石油输出国的国内储蓄过多，这些过剩储蓄通过资本与金融账户大量回流美国，直接压低了美国的长期实际利率，引发房地产价格飙升和投资者对高风险金融产品的追逐，这种分析的隐含对策是新兴国家必须多多购买美国商品；还有人干脆将危机归结为“人性贪婪论”，认为是金融资本家固有的贪婪本性与金融机构内部不恰当的激励机制推动了金融过度投机和铤而走险，所以应该改变华尔街的薪酬体系。[2]

不仅美国经济界主流人士对2008年金融危机的原因剖析有些轻描淡写，而且金融危机造成的结果看起来似乎并不严重，根本不必大惊小怪，完全可以很快翻篇。因为在美国政府的强力救助和二十国集团其他成员的积极配合下，美国经济很快便重回增长轨道，开启了自 1854 年以来美国最长的增长周期。就此而言，认为 2008 年金融危机是百年不遇的重大危机，貌似有些言过其实。

但是，当人们摆脱对此次金融危机成因的各种技术性分析的束缚，把这次危机放在更大的时空背景加以考察时，人们或许会更倾向于认为，这次危机与发生在“美国周期”内的其他危机真的不一样。

其一要看这次危机爆发的空间方位。前文提到，自 20 世纪 80 年代美国开启金融化进程后，国际金融危机的爆发频率比以往的任何时候都高，而且相互之间关联性很强，是过剩资本在各国金融市场之间往来穿梭的结果。由于这些危机大多爆发在拉丁美洲、欧洲和东南亚的新兴国家和转型国家，因此这些危机主要是其他国家的危机，而不是美国的危机，也远未到冲击整个国际金融体系的程度。很多时候，受危机困扰的国家还要向美国和美国掌控的国际组织求助，美国可以借此强化对国际金融体系和各国金融体系的掌控。但当这些金融“泡沫”或者说过剩资本实在无处可去时，它们选择了回归国际金融体系的核心地带——美国本土的金融市场，在次贷市场上兴风作浪并最终酿成大祸。这意味着，2008 年金融危机既是过去 30~40 年里各类小型金融危机不断累积叠加后的危机总爆发，又是过剩资本从最初的在外围地带游荡而无利可图之后攻向国际金融体系核心地带的标志性事件。

其二要看这次危机爆发的时间方位。当人们说 2008 年金融危机是百年一遇的危机时，会不自觉地将其与1929—1933年“大萧条”做比较。这种比较的问题在于：“大萧条”乃是在资本积累的“英国周期”末端发生的危机，此时美国的身份仍然是后发大国。也就是说，这次危机纵然爆发在美国，它敲响的却是英国主导地位的丧钟，只是令英国主导的国际体系以更快的速度走向灭亡。如果拿一个人的生命周期做比较，此时美国的工业实力、发展潜力都处于青壮年阶段，“大萧条”这样的危机确实令美国感到痛苦，但让它在危机之后变得更加成熟干练。在资本主义世界的资本积累进入“美国周期”之后，二战后陆续爆发的6次经济危机以及20世纪70年代的“滞胀”现象，已经名副其实地成为美国的危机了。从人的生命周期看，此时的危机越来越接近于“中年危机”。再也无法像青年一样生猛的美国，此时仍拥有门类齐全的工业生产体系，尽管政府陷入困境，但市场与社会的契约关系仍在，美国仍可以利用尚存的权力和信誉为自己营造新的有利态势，这就是金融化进程的开启。在“美好时刻”延续了30~40年后，“还账”的时间到了。此时的美国经济已高度“空心化”，看似依然风光无限，健康状况实则大不如前，2008年金融危机的冲击也自然与“大萧条”和“滞胀”时期截然不同。

其三还必须看美国的危机应对措施。回顾金融危机爆发后十多年间美国政府的举措及其实际效果，我们可以说，美国政府采取的各种措施，只是一种策略上的而非战略性的应对，是一种三心二意的而非痛下决心的应对，是一种名义上打着“再工业化”旗号，实际却在搞“再金融化”的应对方式，让美国在金融化的不归路上越走越远，失去了自我救赎的最后机会。2010 年时任美国总统奥巴马签署的《多德 – 弗兰克法案》，其金融监管的效力因金融利益集团的游说和渗透而大打折扣，很多重要条款的规定模糊复杂，为金融利益集团寻找法律漏洞提供了空间。[3] 由于金融利益集团的阻挠，直到奥巴马第二任期末期的 2016 年，即该法案签署 6 周年之际，该法案的执行情况仍不理想。法案规定的 390 项条款中，完成的只有 274 项，其余约 30% 的规定因触及大型金融机构的利益而迟迟难以推进，与衍生品和抵押贷款相关的改革措施的推进难度尤其大。[4] 特朗普上台后又掉转航向，以减少银行运营成本、便利中小企业和个人融资为由，大幅放松银行监管力度。[5]

过度依赖非常规的货币政策而忽视结构性改革，使美联储承担了过多的政策目标和政治负担，大大加剧了资产泡沫和经济脆弱性。[6] 美联储的量化宽松政策提供的大量廉价资本，没有流向制造业和其他实体产业，而是流向资本市场，拉动美国股市一路飙升至历史最高点，营造出既没有提高劳动生产率甚至也没有增加真实就业机会的虚假繁荣。[7] 奥巴马政府努力推动的“再工业化”倡议，实际成果寥寥无几，大多成为推动股指上扬的噱头。

日益败坏的财政纪律

鉴于荷兰和英国等主导国在衰败阶段的状况以及以往“终结性的世界危机”的特点，对 2008 年金融危机之后的美国运势的观察，至少有两个值得关注的方面：一个是美国政府财政纪律的败坏，另一个是美国国内政治与社会矛盾的升级。这两方面状况的迅速恶化不仅将加速美国的衰败，而且成为“终结性的世界危机”的重要组成部分，并将在世界范围内产生复杂的共振和连锁反应。

让我们先来看看美国日趋松弛的财政纪律和不断恶化的债务状况。

通常所说的美国债务，有政府公共债务、企业债务和家庭债务等很多种。政府公共债务又分为联邦政府债务和州及地方政府债务。我们通常说的国债，是指联邦政府公共债务，也称主权债务。不同类型债务的形成原因、规模及其作用或影响通常有很大的差别，不能一概而论。借债并非总是坏事。很多时候，正是债务的出现推动了经济环流的形成和生产活动的扩大。在后布雷顿森林体系时代，美国修改了国际经济运行规则，构建起以美国负债为主要驱动力的全球经济环流，并利用对外负债来巩固和强化美国的金融霸权地位。[8] 长期以来，由于美国的综合优势，美国的国债不仅没有被当作问题，反而还成为维持美国经济和世界经济运转的必要动力。

作为主要对美贸易顺差国的东亚国家、石油出口国和其他新兴经济体，为维护其大额外汇储备的安全，不得不将手中结余的美元储备继续投入美国，购买收益相对稳定的美元资产，由此成为美国国债的主要外部持有者。其中，中国和日本是美国国债最主要的外部持有者。由于外部经济体对美国国债的强劲购买力，美国得以源源不断地通过发行国债获得大量廉价外部资本，为美国国际收支赤字和国内预算赤字融资，维持美国债务经济的持续运行。依靠这种借债模式，美国在国内得以长期维持着低储蓄、高消费的经济增长模式，维持着美国金融市场的持续繁荣。依托成熟的资本市场，美国居民将大量资金投入以股票为主的金融市场，股市繁荣将增加居民持有的净资产和可支配收入，消费的增加又成为经济增长的重要动力。基于美国与上述国家的“相互依赖”关系，这种借债模式也成为美国构筑国际经济环流的重要方式和美国掌控国际经济体系的重要手段。

出于维护国家金融信誉的考虑，美国宪法授予国会以设定国债上限的权力——这是一种自我约束的财政纪律。一战期间，美国国会通过《第二个自由债券法案》（1917 年），规定了政府的举债数额以及可以采取的借债措施。该法案确立了国会在法律上可以控制政府债务的地位，被认为是设定美国国债上限的起点。此后，面对二战即将爆发的形势，20 世纪 30 年代国会开始从立法控制财政部的发债权转为限制财政部的发债总量，并于 1939 年首次明确规定美国国债规模为 450 亿美元；随着美国对战争的卷入日深，国会设定的国债上限也不断提高，1945 年确定为 3 000 亿美元。二战后，国债上限又被压缩至 2 750 亿美元，并一直维持到 1954 年。即使在朝鲜战争期间，美国也只通过增加税收而非增加国债为战争融资。1954—1962 年，美国国债上限降低了 2 次，提高了 7 次，直到 1962 年国债上限再次被确定在 3 000 亿美元。

由于二战期间的战争支出，1946 年美国的债务水平超过 GDP 的 100%。其后的 30 多年里，持续高速的经济发展降低了美国债务在GDP中的占比，1974年美国债务与GDP之比达到二战以来的最低水平，为24%。从20世纪80年代开始，由于快速增加的军事支出和大规模减税，美国债务水平进入了不断上升的新阶段。90年代，在克林顿政府的加税、削减军费和美国经济繁荣等因素的作用下，美国债务占GDP之比逐年下降，甚至从1998年开始连续4年出现预算盈余——这是40多年来的第一次。进入新千年后，美国债务水平再次提高。小布什政府发动的两场战争让美国债务骤然飞涨，奥巴马政府向弱势群体倾斜的福利支出和为应对金融危机而采取的救助和刺激政策，进一步增加了美国的债务水平。[9]

随着国债不可避免的增多，美国的财政纪律日益变得松弛。1962—2010年，美国国会共74次改变国债上限。尤其是从2001年开始，为了支付美国在阿富汗和伊拉克的战争费用，美国国债上限的提高更加频繁，美国国债规模的上升态势日趋明显。2007财年，美国国债上限为9.8万亿美元，国债数额为8.92万亿美元，国债占GDP的比重为65.4%；由于政府在危机中的救助行动，2008财年国债上限调整到10.6万亿美元，国债数额增至9.96万亿美元，占GDP的比重为70.0%；2009财年的国债上限进一步上调至12.1万亿美元，国债数额增至11.91万亿美元，占GDP的84.1%；2010财年国债上限更调至14.29万亿美元，国债数额增至13.53万亿美元，占GDP之比为92.1%。[10]

此后，国债上限的调整和国债增发的规模一发不可收拾。到2017年，即特朗普上任首年，美国联邦政府债务已从2007财年危机爆发前的 8.92 万亿美元上升一倍多，达到 20.44 万亿美元，占到 GDP 的 105.4%。如果再加上 50 个州和各地方的其他公共债务，在金融危机爆发后仅 10 年时间，美国公共债务规模已骤升至 26 万亿美元，占到 GDP 的 130% 左右。

特朗普政府上台后大力推动税改，于 2017 年年底签署《减税与就业法案》，希望通过减税刺激经济繁荣，进而增加政府收入、平衡政府预算。根据国会预算办公室估计，这一法案将在此后 10 年中为 GDP 增长贡献一个百分点，但同期为美国政府增加 1.8 万亿美元的债务。尤其是在新冠疫情暴发后，特朗普政府采取了前所未有的大手笔救助举措，仅 2020 年 4—6 月联邦政府的公共债务就新增 3 万亿美元，接近当年 GDP 的 15%，大大加剧了联邦政府的债务负担。国际货币基金组织预计，这场由新冠疫情引发的经济衰退过后，美国政府债务将超过 GDP 的 130%，比 10 年前高出超过 30 个百分点。美国能否以及如何管理其巨额债务，不仅事关美国自身的财政状况和财政信誉，而且可能在全球引发连锁反应，深深影响到其他国家对债务的态度以及债务管理方式。[11]

美国宪法赋予国会设定债务上限的职责，在财政纪律方面进行自我约束，这一初衷是好的。实际操作中，国会的这一职责其实无法真正履行。在议员的有限任期制度以及“寅吃卯粮”的战略文化之下，每次两党激烈争吵甚至政府“关门”的闹剧之后，都是债务上限被一而再再而三地调高。据统计，从 1960 年以来美国国债上限平均每 8 个月就要上调一次，这一旨在维护美国金融信誉的自我约束机制完全成了摆设。按照一般人的基本逻辑，借的债总是要还的；按照经济学的基本原理，债务水平不断升高必然拖累长期经济增长。因此，尽管关于维持债务与 GDP 之间怎样的比例才算是财政健康这一问题并无共识，美国的执政者都应该意识到，必须避免过多借债，要尽量压低债务水平。可是，降低债务水平需要艰难的政治决断。无论是通过减少支出、增加税收还是转嫁危机的方式降低债务，美国都将付出更大的经济、政治和社会代价，在美国的选举体制之下难免出现更多折腾。

美国这种借债度日、以新债还旧债、以债务维持国际经济环流和美国经济地位的债务经济模式能一直持续下去吗？美国会不会像英国在“终结性的世界危机”阶段那样，也遭遇严重的财政危机或债务危机？由于未来的多变性，人们很难预判具体事件将如何展开，因此对这些问题的回答只能是粗线条的。而且，只有摆脱技术性思维的束缚，从粗线条的战略趋势角度去考虑这一问题，我们的判断才有可能与即将发生的现实同向而行。

最粗略的两条线索无非是美国政府的借债需求与还债能力。

从实际需求看，未来几十年美国的借债规模可能是天文数字。这首先来源于美国财政支出的刚性需求。尽管美国的社会保障和福利水平在西方国家之中算不上好的，但这方面的支出在美国联邦财政支出中所占的比例仍然很大，一般为 50% 左右。要维持必要的社会稳定和社会竞争力，这方面的支出不仅无法削减，而且由于美国人口老龄化和福利资源分配不均，未来这方面的需求可能还更加迫切。另一笔大的财政支出是军费。世界性的危机越是升级，美国的国际地位越是不稳，美国就越不敢轻易削减军费，甚至随着海外成本的不断增加，随着大国博弈日趋激烈，美国还要不断增加军费——因为这涉及美国的威慑能力，涉及美国的国际主导地位。未来可以想见的是，美国要维护现行国际体系的海外行动成本将越来越高，绝不是越来越低，军费开支将越来越成为美国的一个财政负担。另外，为了扭转美国经济结构越来越“空”的局面，同时为了应对“后疫情时代”的经济困境，美国正酝酿推出大规模基建措施。多年以来，美国各界对于推动大规模基建多有议论，但由于可能造成沉重的债务负担，因此每每议而不决。如果美国经济陷入长期停滞，美国的府会和两党可能会产生一种“顾不了那么多了”的想法，为国内基建而大举借债。若是如此，美国的债务规模可能在现有基础上成倍地增长。

与此同时，美国的还债能力与还债意愿却是人们必须重视和警惕的。

通过增设税目或上调税率提高财政收入，在哪个国家都是不受欢迎的政策，美国的政治人物大都倾向于推行减税政策以取悦选民，只有在未来可能出现的极端情况下，美国才可能尝试加税。加税必然招致社会反对，并会牺牲经济增长，而经济增长速度的减缓又反过来削弱税基。既然增加税收的方式在政治上和经济上均不太可行，美国政府便大多采用应对债务的另一种方法——增发货币。以美元贬值来稀释美国政府的债务，这种方式很不道德，却是美国政府的常用手段。[12] 金融危机后，美联储长期维持量化宽松政策，在新冠疫情暴发后甚至推出“零利率 + 无限量宽”的兜底政策，更折射出美国政府在债务问题上的态度。特朗普上台后，还通过修改国际贸易规则、对主要经济体发起贸易摩擦的方式，试图以此增加美国对外出口，在拉动国内就业的同时改善财政状况，这种方法只能招致贸易报复，效果不会太好。

既然未来几十年美国的借债需求可能是个天文数字，而美国的还债能力却是个天大的问号，那会发生什么呢？理论上说，如果一个国家的债务利息和巨额到期债务把全年的财政收入都消耗殆尽甚至仍有亏空，这个国家就没有信用再发新的国债，失去借新债还旧债的融资能力，并严重削弱其金融信誉，导致巨大的财政危机。即便美国掌握着货币特权，也只能延缓这一时刻的到来，无法根本逃脱这一基本规律。一旦美国政府的债务透支接近极限，加之美国对国际体系的主导能力显著下降，美国对国际合作的参与热情显著下降，各类经济体就会对美元失去信心，就会提前预防，一场与美元、美债相关联的更高级别的全球金融危机就有可能发生。有权威观点认为，从后危机时代的实际情况看，美国遭遇这种危机的概率已经超过 50%。[13]

政治极化、社会分化与“美国优先”

让我们再来看看金融危机之后的美国政治与社会矛盾。

从奥巴马政府上台开始，美国的政治斗争迅速升级，呈现出高度的政治极化特征，国家治理体系中的执政效率和政治合法性快速消退。民主党和共和党两大政党之间针锋相对，缺少共同的哲学理念，民主体制之下必需的妥协合作精神与长远理性头脑成为稀缺品，两党在一系列重大政策问题上出现根本立场分歧，奥巴马执政后期只能依靠行政命令来施政，无法争取到来自国会的任何跨党支持；两党内部的意识形态极端化和同质化倾向也不断增长，少数极端思潮对党内其他成员构成巨大的“政治正确”压力。相应地，总统选举中出现红州与蓝州泾渭分明的局面，总统选举结果并非总是取决于全美范围内的民意向背，而是经常取决于少数摇摆州选民的利益诉求和情感倾向。虽然政治竞争是美国的常态，但人们绝对可以说，这种政治与社会矛盾已经到了极不健康的程度。

在特朗普时代，美国的政治极化朝着更严重的方向发展。

2016 年大选期间，特朗普的基本策略是发表大量极端言论，争取和调动与他有着类似想法的极端选民，为此不在意甚至故意激怒其他选民。他公然鼓吹民族主义，毫不掩饰对移民的厌恶，以低俗的语言诋毁墨西哥和来自墨西哥的移民，公然煽动种族主义和性别歧视。[14] 他的当选既是美国政治极化和社会分化的产物，又是进一步加剧极化和分化的催化剂。上台后，他不仅没有采取措施弥合由其过激言论造成的社会分裂，反而把当选的第一天就作为 4 年后竞选连任的起跑线，继续煽动愤怒、对抗和分裂情绪。《纽约时报》和《华盛顿邮报》等主流媒体对特朗普口诛笔伐、毫不留情，特朗普则不顾总统之尊不时反唇相讥。对国会的民主党人，特朗普也毫不留情。为巩固其选民基本盘和捍卫其自身的移民政策，挑动民主党不同代际相互争斗，特朗普甚至公然发布推文，冒天下之大不韪，对被称为“小分队”的几位民主党有色族裔女议员发动人身攻击，挑动全社会的种族主义情绪，说她们是“外国人”，应该赶紧离开美国，回到她们“支离破碎”“罪犯横行”的祖国去。

特朗普任内的政治恶斗不仅发生在他与民主党之间，以及他与自由派媒体之间，而且在他领导的行政部门内部以及他的白宫团队内部也处处弥漫着战斗氛围。特朗普总感觉体制内部有一大批被称为“深暗势力”的人在暗中捣鬼并阴谋加害于他。他认为这些人隐藏于军队、情报和司法等强力部门内部，甚至白宫之内也有深暗势力的同情者和同路人，必须进行“政治整肃”。[15] 特朗普就像是一位“战时总统”，只不过他的战场不在伊拉克或阿富汗，而是在他自己领导的国家内部。在美国历史上恐怕还从来没有哪位总统如此煽动自己的国民相互仇视和对立，把个人前途建立在国家的分裂之上。[16] 从克林顿、小布什到奥巴马的每一任美国总统，尽管当他们卸任时美国都变得比以往更加分裂，但他们作为美国总统仍致力于推动国家团结，而特朗普则在从竞选到任职的所有时段都在煽动和利用国家的愤怒与分裂。

正因为特朗普刻意制造国家分裂，从未有跨党合作的诚意，所以从特朗普当选美国总统的第一天起，民主党人就开始琢磨着怎么把他搞下去。在特朗普正式就职前，就有民主党人在国会提出议案，要求特朗普退出任何有可能存在利益冲突的投资，否则将触发宪法规定的弹劾总统的条件。特朗普从执政第一天起，就开始面对“通俄门”“通乌门”“艳星门”“逃税门”等各种丑闻和相关调查，每一项调查的目的都是希望找到特朗普不胜任美国总统的证据。弹劾乃是美国政治中的“核选项”，万不得已时才被使用。大多数时候，即便总统有错也往往“有罪不弹劾”，而在特朗普时代，民主党人不顾巨大的政治代价执意弹劾特朗普，足见美国政治矛盾之尖锐。

作为政治矛盾的结果，美国社会的“左”“右”之争更加激烈，“极左”和“极右”思潮获得更多民意支持，跨党合作所依靠的社会思想共识解体了。代表右翼思潮的“茶党运动”从2009年奥巴马上台之后开始兴起，其势头一直延续到特朗普当选。从其对政府规模、财政预算、税收水平、福利保障、移民等方面的政策主张看，他们留恋的是资本主义“黄金时代”的美国，他们是自由放任资本主义的支持者，他们强烈反对奥巴马重走“新政”路线以及其隐含的“社会主义”倾向，希望能回到过去，重温“美好时刻”。特朗普当选后，代表着更极端保守势力的斯蒂芬·班农成了“国师”，成为美国右翼民粹思潮的新精神领袖。左翼民粹思潮则从2011年的“占领华尔街”运动开始酝酿。“我们是99%”的口号，意味着这一社会思潮代表了美国中下层弱势群体的普遍不满。2016年以来兴起的“桑德斯现象”，是左翼民粹思潮的更新升级版。民主党总统参选人伯尼·桑德斯鲜明地提出“民主社会主义”口号，获得广大青年群体的热烈支持，令极端右翼派人士既愤怒又惊恐。

美国社会内部的“黑”“白”矛盾也被搅动起来。共和党人成功地在美国煽动起新一轮“白人至上运动”，原本就很脆弱的美国社会变得更加撕裂。奥巴马任内，共和党人为打翻身仗，不断挑动南方白人的种族主义情绪，宣称奥巴马用白人的纳税去救助那些慵懒的黑色和棕色移民，誓言要将“黑人总统”逐出白宫。一定程度上，共和党人的竞选策略取得了“成功”，“老白男”的愤怒情绪被调动起来，他们后来成为特朗普的“死忠粉”。特朗普的成功当选让这些人有了进一步发泄的机会。在特朗普当选后的仅仅10天内（2016年11月8—18日），就发生了867起针对少数族裔的暴力伤害事件。2017年8月，弗吉尼亚州夏洛茨维尔镇发生的种族主义流血事件，是一起精心策划、有组织的“白人至上运动”，充斥着暴力和纳粹的标志，令全美和全世界震惊。特朗普总统对这一事件态度暧昧，表态闪烁。[17]这一事件在全美引发连锁反应，美国的非洲裔群体掀起声势浩大的“黑人的命也是命”的反抗运动。由于总统带头搞种族歧视，美国的种族矛盾会发展到什么程度，很容易想象。鉴于这一问题的极度敏感性，未来无论谁是美国总统，要修复这一社会创伤也必然是极难的。

政治极化演变为突破底线的政治恶斗，社会分化演变为破坏稳定的严重对立，这极大恶化了政府的执政环境。受此影响，美国政府的决策质量出现明星下降。这正是在“终结性的世界危机”阶段主导国国内政治的另一重要特征。

奥巴马在其任内初期，尚能表现出跨党合作的气度，将作为共和党人的罗伯特·盖茨继续留任国防部长；到特朗普任内，白宫的运作完全陷入了高度的“同质性思维”和“小圈子决策”，别说容不下民主党人，就连一般的共和党人都接纳不了，体制内外的任何不同意见都被统统当作对特朗普个人权威的冒犯和执政地位的威胁。前国防部长马蒂斯、前国务卿蒂勒森、前司法部长塞申斯、国家安全事务助理博尔顿等相对传统的共和党高官，很快就因为与特朗普政见不合和对特朗普不够尊敬，或者愤然挂冠而去，或者在遭公开羞辱后被炒鱿鱼，取而代之成为主要辅政者的是蓬佩奥、埃斯珀、巴尔、纳瓦罗、库德洛、彭斯等人，虽然他们内心深处可能有各种各样的想法，但他们都对特朗普表现得毕恭毕敬、极度忠诚，甚至无原则地阿谀奉承和吹捧特朗普的执政成就，任凭特朗普在一系列重大政策上率性而为，完全凭着个人的主观好恶去任意地拨弄国家发展的舵盘，甚至还进一步向更偏狭、更极端的方向推动。特朗普的女儿和女婿等家族成员对国家决策的深度卷入，又模糊了公共事务和私人利益之间的界限，让人感觉特朗普政府在堂而皇之地搞"家族政治"——这更是有违现代国家治理的基本规律，有违美国长期以来形成的政治传统。至少在表面上，从特朗普政府那里，人们已经绝对找不到一个国际体系主导国理应具有的兼收并蓄、中正平和、冷静谨慎的品质。如果有人认为特朗普政府的很多言论和决策近乎疯狂，估计不会有很多人表示反对。

在美国国会，立法活动的严肃性也遭到严重削弱。在内政议题上，立法投票几乎完全以党派划线，以维护本选区的既得利益为出发点和落脚点，对如何维护国家的长远与整体利益缺乏负责任的思考和谋划；在涉华、涉俄等对外问题上，更是缺乏立法者应有的审慎。他们中的一些人，为彰显自己的"政治正确"和"政治先进"，或者希望自己在党内代际交替时期能够脱颖而出，常常提出一些“博眼球”的极端提案。在浓重的意识形态偏见的笼罩下，对于涉华、涉俄等重大外交问题，整个国会常常省略必要的辩论，以无异议的呼声表决方式，图一时痛快，显表面团结，草率地通过一些关乎美国对外战略全局和美国国际形象与国际地位的对抗性立法。他们似乎没有意识到，国会制定的法律，相当于给美国整个国家机器确定了方向，会对国家的命运形成重大影响，一旦方向跑偏，必然误国误民，造成难以弥补的颠覆性错误。

决策质量下降的更重要体现，是特朗普政府提出的“美国优先”口号。每个国家都将维护自身利益作为优先考虑和行动准绳，这本来无可厚非，自己心中有数就可以了。作为国际体系主导国的美国，公然将这一口号挂在嘴边，在大庭广众之下不厌其烦地宣誓，既没有必要，又适得其反。特朗普政府提出这一口号，显然是出于国内政治的考虑。其在取悦国内“死忠粉”“脑残粉”的同时，不得不以牺牲国家的内外政策统筹性为巨大代价。“禁穆”（限制一些伊斯兰国家公民入境）、“修墙”（在美墨边境修建边境墙）、“毁约”（就各类国际经济条约进行重新谈判）、“退群”（退出或威胁退出一些不合心意的国际组织）、“加税”（对自他国进口的商品征收高额关税）、“脱钩”（切断与一些后发国家的联系）、“长臂管辖”（以国内法约束他国行为）、“制裁”和“滥诉”等，在国际社会都是极不得人心的。

对高处不胜寒的国际体系主导国来说，这些做法完全失掉了主导国该有的样子，是自毁长城的选择，是极度不自信的表现。其本质是主导国的自我封闭和战略收缩，必然进一步加剧美国自身危机和整个世界的复杂连锁反应。主导国兴衰的客观规律和世界危机的基本规律告诉我们，在“美好时刻”的悠扬乐声终了之后，主导国内部竟然如此折腾，迎接它的必将是天寒地冻、朔风凛冽的漫长冬天。

百年未有之大变局

自 2008 年全球金融危机以来，与美国内部危机一同出现的，是整个世界范围内的困境与动荡。绝大多数国家和整个国际体系，都在进入从稳到变、因变生乱、因乱而斗、斗而更乱的全面危机状态。新一轮逐步展开的世界危机，正在一步步接近百余年前上一轮“终结性的世界危机”全面爆发时的状况。

二战后确立并在 20 世纪 80—90 年代大规模扩容的以美国为核心的国际经济体系，显然已经无法维系。在以美国的债务经济为推力构筑起来的国际经济体系中，美国经济的病症就像传染病一样传播到其他国家。美国债务经济的国际循环直接导致全球流动性膨胀，加剧了各国财政状况的恶化和国际货币体系的不稳定性。很多国家得了与美国类似的“金融化”“空心化”“政治极化”“社会分化”的毛病，却没有美国那样对外转嫁危机的能力；各国的经济状况既与美国经济症状有类似之处，又存在着本质上的不同。2008 年金融危机后，欧洲很快爆发了主权债务危机，“欧猪五国”的财政境况成为欧盟整体状况的缩影。金融危机爆发十多年来，世界经济始终难以摆脱“平庸增长”，“长期停滞”的阴影始终笼罩着各国尤其是西方发达经济体。主要经济体的财政政策受制于高企的债务水平，遭到滥用的货币政策又渐渐失去了效力。继欧洲、日本采用“负利率”政策后，新冠疫情后的美联储也将利率降到接近零的水平，不少人开始思考，要是美联储也实施负利率政策，世界将是何模样。人们对美元信誉还能延续多久，将慢慢产生私下里的各自研判。国际金融体系正跌入无法自拔的陷阱，主要发达经济体似乎无奈地玩起一个不知如何终止的“击鼓传花”游戏。

主要大国之间的传统贸易关系也出现严重问题。特朗普政府正式放弃美国历届政府坚持的“国际主义”信念和“自由贸易”政策，端起“公平贸易”的机关枪到处扫射，通过加征关税对贸易伙伴施加压力，要求与对方重谈贸易协定并要求对方进一步开放国内市场，即便是造成盟友反目和让美国民众买单也在所不惜。美国贸易代表办公室的工作量可谓相当饱满，需要同时推进与加拿大、墨西哥、欧洲、日本、韩国、中国、印度等的贸易谈判工作。在意识到自己与后发国家的经济联系为自己培养起可怕的竞争对手后，特朗普政府选择以极其极端的方式加紧与后发国家“脱钩”，严控国内尖端技术和设备出口，强化国内投资安全审查，断绝与后发国家的科技交流关系，并在与盟友的贸易协议中加入排他性的“毒丸条款”，试图以此延缓后发国家的崛起势头，倒逼制造业回流国内。殊不知，就像几百年来的历史表明的那样，正是主要后发大国对国际经济体系的参与，才有国际经济体系的持续运转，才有国际体系主导国的“食利”特权。如今的美国选择切断与主要后发大国的联系，恰恰是在加速推动国际经济体系解体，而其经济主导地位也将随着国际经济体系的瓦解而画上句号，美国的主导地位将与美国引领的这一轮全球化进程一同走向尽头。[18]

如果说雷曼兄弟等华尔街投行的垮掉是标志着这一轮“终结性的世界危机”正式开启的里程碑式事件，那么与雷曼兄弟一起垮掉的，还有美国的新自由主义理论。在从美国转向金融化至今的几十年里，得到广泛传播的新自由主义理论，成为美国操控其他国家事务的强大武器，成为支撑国际体系运转的国际主流意识形态。2008 年金融危机以及其后全球范围内广泛出现的一系列经济停滞、政治极化、社会动荡的现实表明，这种以“凯恩斯革命的反革命”为主要特征的、将原本具有一定学术价值的治理理论推向极端的政治思潮，不仅给广大发展中国家造成巨大伤害，而且最终让美国也付出沉重代价。[19] 新自由主义所主张的“市场原教旨主义”和“社会达尔文主义”，遭到各国中下层民众唾弃，很多国家退回到“民族主义”“民粹主义”“国家主义”的堡垒中，对参与国际合作的热情下降，美国提出的国际倡议和者寥寥。随着新自由主义理论的破产，美国的国际意识形态先进性荡然无存，维系国际政治体系运转的国际意识形态共识轰然崩塌。

思想的共识瓦解了，聚拢人心的基础就没有了，大国之间的协调行动自然越来越难。自冷战结束以来延续了 20 多年的以经济合作、军控合作、反恐合作、地区热点议题合作以及金融危机早期的危机应对合作为推动力的大国稳定关系框架，在美国、俄罗斯、欧洲各国、中国等主要大国的相互指责和不断升级的摩擦冲突中渐渐失去了效力。这意味着，美国作为国际体系主导国，其与中国、俄罗斯等后发国家之间的权力稳定结构已不复存在。乌克兰危机和在叙利亚问题上的尖锐对峙，令长久以来发生在桌面之下的美俄地缘角力公布于世，美国联手欧洲对俄罗斯实施一系列制裁，给俄罗斯带来严重经济困难，俄罗斯与西方的关系跌至冷战结束以来的谷底。所谓俄罗斯对 2016 年美国大选的“干预”，尽管其中很多细节仍未为世人所知，却足以令美俄矛盾发展到上纲上线的地步，有些人甚至认为俄罗斯成功发动了一场针对美国的“颜色革命”。美国在对中国发起贸易战的同时，还在所谓的台湾、香港、新疆、西藏等问题上不断消磨中美业已形成的战略共识，公然挑战中国的核心利益和忍受底线，更在科技、地缘、军事、网络、金融等领域发起旨在遏止甚至逆转中国崛起势头的公开和隐蔽攻势。“竞争”而不是“合作”，早已成为毫不讳言的国际政治主题词。

这一轮国际体系坍塌和大国战略竞争到底会发展到什么地步，会不会最终兵戎相见，引发另一次世界大战？对此，可能有人认为，核武器的存在、各国之间更深的相互依赖，以及人们的理念进步，会为这一轮大国竞争划上有约束力的红线；也可能有人认为，更加扩容的国际体系和各国之间更深程度的相互依赖，反而增大了矛盾的激化程度和问题的解决难度，这次世界危机的出清将比以往更加困难，造成的伤害将远远超过以往。

未来的大方向势必由历史规律决定，未来到底如何展开却常常难以预测，也不便对此着墨过多。对于那些若隐若现的共同感觉，做到心知肚明就足够了。我们可以确认的最起码事实是：如果说过去几百年来的大国竞争和国际体系主导国的“换岗”，主要是欧美资本主义大国之间的“内斗”，自21世纪第二个10年全面开启的这一轮大国竞争则与以往有显著不同。这一轮大国竞争和国际体系重塑，同时伴随着从跨大西洋地区向跨太平洋地区的权力重心转移，伴随着东方文明与西方文明之间的思想理念碰撞，更伴随着资本主义和社会主义之间的政治制度竞争。我们对此可以做出的最基本判断是：目前业已开启的这一轮大国战略竞争和国际体系重塑，绝不会止于“贸易战”“科技战”“舆论战”等这些“文绉绉”的形式，不经过异常汹涌的大风大浪和长达数十年的激荡较量，这一轮世界危机是根本无法出清的。

思考未来的世界形态与中国使命

沉舟侧畔千帆过，病树前头万木春。世界大势浩浩荡荡，不断奔向新的进步。纵观世界现代化的历程，从来都是在异常尖锐的矛盾冲突和艰苦卓绝的伟大斗争中，开创出更加崭新的经济形态、政治形态、社会形态、文化形态和国际秩序形态。延续几百年的世界现代化进程，到21世纪上半叶，只能说才刚刚开始，只能说为开创更先进的世界形态做了必要准备，未来发展的空间无限广阔，人类社会的前景无限美好。

危机爆发的过程纵然令人痛苦，危机的尽头却绝非黑暗一片，而是更加明朗的天空。如今的危机，恰似一个新世界诞生前的阵痛。无论这一轮世界危机以多长时间、以什么方式实现出清，我们都可以肯定的是，它必将是一段旧历史的终结和一段全新历史的开端。在迄今为止的世界危机的渐次升级与扩散中，人们隐隐感觉到，更先进的思想理念、更先进的国家制度、更先进的生产形态、更先进的国际关系模式和更先进的政治力量，已经在世界的东方集聚势头、显示轮廓，并将在漫长的世界危机爆发和出清过程中为人类社会的未来指明方向。

每当我们在夜深人静的时候轻轻叩问心灵深处，每当我们仰望星空并想到这个蓝色星球在宇宙中便有如一粒沙尘，或者当我们在某个奇妙的时刻忽然生出某种怅然若失的感觉时，很多人不免一声轻叹，感慨如此短暂的人生到底意义何在，一生辛辛苦苦到底为了什么，为何世间有如此多的坎坷磨难，因而不自觉地坠入一种迷茫与惆怅。若是在世界危机冲击之下，我们的宁静生活变得更加震荡，我们的传统思维经受更多挑战，这样的情绪一时间冒出得更多些，恐怕也是自然而然的事。

这种情绪的作用，不应是让我们由此变得萎靡懈怠、怨天尤人、惶惶不可终日。它的作用，应是让我们在忙碌之余有机会驻足反思、扪心自问，以便让我们更清楚地定准自己的时空方位，更清楚地认识到世界现代化的发展方向，更清楚地意识到未来应以更坚定的意志、更高效的方式去做那些更有意义的事。

我们不可妄自尊大，更不能小看自己。我们中的每一个人，都有其独特的使命；由我们作为一分子的 5 000 年生生不息、绵绵不绝的中华民族，更有其独特的使命。当我们看到过去几十年甚至几百年郁积的世界矛盾正在爆发，而我们正在成为决定世界走向的首要变量时，我们更应感到“为万世开太平”的重大责任。像我们中国这么大一个国家，就应该有雄心壮志；像我们中国这么大一个国家，一定能实现雄心壮志。作为处在这个特殊时代的中国人，无论是稚气未脱的少年，还是饱经沧桑的前辈，无论是居于庙堂之侧的辅政者，还是一生默默无闻的普通劳动者，每个人都是独一无二的，每个人都是不可或缺的，每个人都承担着使命，每个人都应有对自身使命的体察。

我们完全有理由保持信心。只要我们加满油、把稳舵、鼓足劲，循着世界发展的客观规律，牢记时代赋予的神圣使命，把那矢志不渝、始终坚守的初心与宏愿时刻怀在心间，沿着一代又一代前辈给我们铺就的道路和架设的标志牌，一棒接着一棒跑，一茬接着一茬干，我们就无比坚定地相信，民族伟大复兴一定能实现，全球公平正义一定能实现。我们的生命和我们毕生付出的辛勤与努力，将在这一波澜壮阔的伟大进程中获得永恒不朽的意义。

注释

第一篇　主导型国家的兴衰规律

第一章　世界现代化大潮中的主导型国家

1 ［美］斯塔夫里阿诺斯：《全球通史：从史前史到 21 世纪》（第 7 版），董书慧等译，北京：北京大学出版社，2005 年，第 345—351 页。

2 同上，第 308—310 页。

3 ［美］艾尔弗雷德·W. 克罗斯比：《哥伦布大交换：1492 年以后的生物影响和文化冲击》，郑明萱译，北京：中信出版社，2018 年；［美］查尔斯·C. 曼恩：《1491：前哥伦布时代美洲启示录》，胡亦南译，北京：中信出版社，2014 年；［美］查尔斯·C. 曼恩：《1493：物种大交换开创的世界史》，朱菲等译，北京：中信出版社，2016 年。

4 向祖文：《康德拉季耶夫的长波理论述评》，《当代世界社会主义问题》，2009 年第 2 期，第 80—88 页。

5 陈晓晨：《国际政治长周期与体系进化——莫德尔斯基长周期理论再解读》，《现代国际关系》，2004 年第 12 期，第 56—61 页。

6 ［美］查尔斯·P. 金德尔伯格：《世界经济霸权：1500—1990》，高祖贵译，北京：商务印书馆，2003 年，第 345—349 页。

7 ［美］罗伯特·吉尔平：《国际关系政治经济学》，杨宇光等译，上海：上海人民出版社，2006 年；［美］保罗·肯尼迪：《大国的兴衰：1500—2000 年的经济变迁与军事冲突》，陈景彪等译，北京：国际文化出版公司，2005 年。

8 游博：《大国兴衰理论述评》，《社会主义研究》，2005 年第 1 期，第 113—115 页。

9 ［美］弗朗西斯·福山：《历史的终结与最后的人》，陈高华译，桂林：广西师范大学出版社，2014 年，第 23 页。

10 ［美］曼瑟·奥尔森：《国家的兴衰：经济增长、滞胀和社会僵化》，李增刚译，上海：上海人民出版社，2007 年。

11 Daron Acemoglu and James A. Robinson: *Why Nations Fail: The Origins of Power, Prosperity and Poverty*, New York: Random House, 2012.

第二章　荷兰与英国的兴衰浮沉

1 ［美］保罗·肯尼迪：《大国的兴衰：1500—2000 年的经济变迁与军事冲突》，第 69—70 页。

2 同上，第 66 页。

3 同上，第 65—66 页。

4 王超华主编：《荷兰》，北京：石油工业出版社，2019 年，第 49 页。

5 张健雄编著：《荷兰》（第 2 版），北京：社会科学文献出版社，2018 年，第 41 页。

6 ［美］查尔斯·P. 金德尔伯格：《世界经济霸权：1500—1990》，第 149—151 页。

7 ［英］罗伯特·艾伦：《近代英国工业革命揭秘：放眼全球的深度透视》，毛立坤译，杭州：浙江大学出版社，2012 年，第 56 页。

8 同上，第 249—250 页。

9 ［美］保罗·肯尼迪：《大国的兴衰：1500—2000 年的经济变迁与军事冲突》，第 19 页。

10 ［美］查尔斯·P. 金德尔伯格：《世界经济霸权：1500—1990》，第 142 页。

11 聂庆平、蔡笑：《金融创新、金融力量与大国崛起——基于荷兰、英国和美国的分析》，《财贸经济》，2008 年第 5 期，第 39—40 页。

12 同上，第 41 页。

13 “香料群岛”也称为“东印度群岛”，是 15 世纪前后欧洲国家对东南亚盛产香料的岛屿的泛名，大致相当于今天的马来西亚、印度尼西亚、文莱、巴布亚新几内亚和菲律宾大部。

14 王超华主编：《荷兰》，第 102 页。

15 [英] E. E. 里奇、C. H. 威尔逊主编：《剑桥欧洲经济史（第四卷）：16 世纪、17 世纪不断扩张的欧洲经济》，高德步等译，北京：经济科学出版社，2002 年，第 264 页。

16 [美] 查尔斯·P. 金德尔伯格：《世界经济霸权：1500—1990》，第 150 页。

17 王超华主编：《荷兰》，第 131—133 页。

18 同上，第 134 页。

19 同上。

20 [美] 查尔斯·P. 金德尔伯格：《世界经济霸权：1500—1990》，第 151 页。

21 [英] W. H. B. 考特：《简明英国经济史》，方廷钰、吴良健、简征勋译，北京：商务印书馆，1992 年，第 347—348 页。

22 同上，第 349—352 页。

23 同上，第 361 页。

24 同上，第 363—366 页。

25 刘金源：《渐进的改革：英国政治现代化道路及其启示》，《科学与现代化》，2016 年第 3 期，第 15—22 页。

26 阎照祥：《英国政治制度史》，北京：人民出版社，1999 年，第 354 页。

27 同上，第 354—361 页。

28 同上，第 368 页。

29 [英] W. H. B. 考特：《简明英国经济史》，第 293—294 页。

30 王可园、郝宇青：《政治权利与阶级意识——19 世纪英国议会改革对工人运动改良主义的影响》，《当代世界与社会主义》（双月刊），2016 年第 6 期，第 155—161 页。

31 丁建定：《英国现代社会保障制度的建立（1870—1914）》，《史学月刊》，

2002 年第 3 期，第 84 页。

32 ［英］W. H. B. 考特：《简明英国经济史》，第 368 页。

33 罗志如、厉以宁：《二十世纪的英国经济——“英国病”研究》，北京：商务印书馆，2013 年，第 81 页。

34 1874 年成立，1878 年改为现名。

35 罗志如、厉以宁：《二十世纪的英国经济——“英国病”研究》，第 8 页。

36 ［美］查尔斯 · P. 金德尔伯格：《世界经济霸权：1500—1990》，第 159 页。

37 张健雄编著：《荷兰》(第 2 版)，第 19—25 页。

38 ［美］查尔斯 · P. 金德尔伯格：《世界经济霸权：1500—1990》，第 163—164 页。

39 罗志如、厉以宁：《二十世纪的英国经济——“英国病”研究》，第 3 页。

40 ［英］W. H. B. 考特：《简明英国经济史》，第 368—375 页。

41 罗志如、厉以宁：《二十世纪的英国经济——“英国病”研究》，第 134—137 页。

42 ［英］W. H. B. 考特：《简明英国经济史》，第 368—375 页。

43 罗志如、厉以宁：《二十世纪的英国经济——“英国病”研究》，第 146 页。

44 ［英］W. H. B. 考特：《简明英国经济史》，第 306—310 页。

45 同上，第 387—388 页。

46 ［美］查尔斯 · P. 金德尔伯格：《世界经济霸权：1500—1990》，第 152 页。

47 罗志如、厉以宁：《二十世纪的英国经济——“英国病”研究》，第 37 页。

48 同上，第 39 页。

49 同上，第 124 页。

50 ［英］W. H. B. 考特：《简明英国经济史》，第 379—380 页。

51 罗志如、厉以宁：《二十世纪的英国经济——“英国病”研究》，第 80 页。

52 ［英］W. H. B. 考特：《简明英国经济史》，第 381—383 页。

53 ［美］保罗 · 肯尼迪：《大国的兴衰：1500—2000 年的经济变迁与军事冲突》，第 83 页。

54 关于后发国家的优势问题，可参见［美］亚历山大 · 格申克龙：《经济落后的历史透视》，张凤林译，北京：商务印书馆，2012 年。这本书的主要贡献是提出著名的“落后的优势”理论。

55 可参见张亚东：《重商帝国：1689—1783 年的英帝国研究》，北京：中国社会科学出版社，2004 年。

56 [英] W. H. B. 考特：《简明英国经济史》，第 382 页。

57 同上，第 376 页。

58 罗志如、厉以宁：《二十世纪的英国经济——“英国病”研究》，第 78 页。

59 邓久根、贾根良：《英国因何丧失了第二次工业革命的领先地位？》，《经济社会体制比较》，2015 年第 4 期，第 32—41 页。

60 罗志如、厉以宁：《二十世纪的英国经济——“英国病”研究》，第 81—82 页。

第三章　历史是一面镜子

1 [美] 查尔斯 · P. 金德尔伯格：《世界经济霸权：1500—1990》，第 166 页。

2 [英] W. H. B. 考特：《简明英国经济史》，第 183 页。

3 1871—1874 年英国人口规模为 3 200 万，而当时刚刚赢得普法战争的德国已有 4 000 万人，战败的法国有 3 600 万人，遥远的美国人口规模为 4 000 万。至 1910 年，美国人口已达 9 100 万，德国人口已达 6 400 万，英国（包括爱尔兰）人口只是缓慢地增至 4 500 万，大大落后于美国和德国。而且，德国与美国生产和贸易规模的增长也大致与其人口规模的增长保持了基本一致的步伐。19 世纪 70 年代初，英国的煤产量、生铁产量和纱锭数均超过法国、德国与美国的总和；到 20 世纪初，美国的煤产量已大大超过英国，德国和美国的生铁产量也把英国甩在了后面。同上，第 375—376 页。

4 [美] 查尔斯 · P. 金德尔伯格：《世界经济霸权：1500—1990》，第 123 页。

5 同上，第 126 页。

6 [美] 保罗 · 肯尼迪：《大国的兴衰：1500—2000 年的经济变迁与军事冲突》，第 72—81 页。

7 ［英］W. H. B. 考特：《简明英国经济史》，第 391—392 页。

8 同上，第 392 页。

第二篇　美国运势变化的内在机理

第四章　美国能否引领新一轮技术创新

1 王莹、李荣健：《美国的“拿来主义”与早期工业革命》，《武汉大学学报》（人文科学版），2007 年第 1 期，第 105 页。

2 ［美］罗伯特·戈登：《美国增长的起落》，张林山等译，北京：中信出版社，2018 年，第 549 页。

3 同上，第 545—546 页。

4 何顺果：《美国文明三部曲：“制度”创设—经济“合理”—社会“平等”》，北京：人民出版社，2011 年，第 130 页。

5 ［美］瓦科拉夫·斯米尔：《美国制造：国家繁荣为什么离不开制造业》，李凤海、刘寅龙译，北京：机械工业出版社，2014 年，第 21 页。

6 同上，第 28 页。

7 同上，第 67 页。

8 陈宝森：《美国经济与政府政策——从罗斯福到里根》，北京：社会科学文献出版社，2007 年，第 293—294 页。

9 ［美］瓦科拉夫·斯米尔：《美国制造：国家繁荣为什么离不开制造业》，第 111—114 页。

10 ［美］弗雷德里克·艾伦：《大变革时代》，秦传安译，南京：江苏人民出版社，2019 年，第 130 页。

11 ［美］瓦科拉夫·斯米尔：《美国制造：国家繁荣为什么离不开制造业》，第 117—119 页。

12 同上，第 122—125 页。

13 同上，第 151 页。

14 同上，第 148 页。

15［美］威廉姆·邦维利安、［美］彼得·辛格：《先进制造：美国的新创新政策》，沈开艳等译，上海：上海社会科学出版社，2019 年，第 72—73 页。

16［美］罗伯特·戈登：《美国增长的起落》，第 548 页。

17 同上，第 548 页。

18 同上，第 550—553 页。

19［美］瓦科拉夫·斯米尔：《美国制造：国家繁荣为什么离不开制造业》，第 145—147 页。

20 *The Boeing 737 MAX Aircraft: Costs, Consequences, and Lessons from its Design, Development, and Certification*, by the House Committee on Transportation & Infrastructure, March 2020. https://transportation.house.gov/imo/media/doc/TI%20Preliminary%20Investigative%20Findings%20Boeing%20737%20MAX%20March%202020.pdf.

21［美］威廉姆·邦维利安、［美］彼得·辛格：《先进制造：美国的新创新政策》，第 30 页，第 35 页，第 40 页。

22 李洁：《美国国家创新体系：政策、管理与政府功能创新》，《世界经济与政治论坛》，2006 年第 6 期，第 56 页。

23［美］艾伦·格林斯潘、［美］阿德里安·伍尔德里奇：《繁荣与衰退》，北京：中信出版社，2019 年，第 372 页。

24［美］罗伯特·戈登：《美国增长的起落》，第 617 页。

25 同上，第 618 页。

26［美］艾伦·格林斯潘、［美］阿德里安·伍尔德里奇：《繁荣与衰退》，第 372 页。

27［美］艾米·戈德斯坦：《简斯维尔：一个美国故事》，徐臻译，北京：中信出版社，2019 年，第 3—6 页。

28 罗志如、厉以宁：《二十世纪的英国经济——“英国病”研究》，第 530—537 页。

29 Peter Hasson: “Blacklist Valley: How Big Tech reshapes politics by cen-

soring conservative ideas and personalities", *Washington Examiner*, Feb. 4, 2020, pp. 26-30.

30 Andrea Kendall-Taylor, Erica Frantz, and Joseph Wright: "The Digital Dictators: How Technology Strengthens Autocracy", *Foreign Affairs*, March/April, 2020, pp. 103-115.

31 罗志如、厉以宁：《二十世纪的英国经济——"英国病"研究》，第 145 页。

32 关于奥巴马政府在推动技术创新和先进制造业方面的举措，可参见焦国伟：《全球金融危机后美国制造业发展战略研究》，吉林大学博士学位论文，2019 年，第 43—48 页；甄炳禧：《智能制造与国家创新体系——美国发展先进制造业的举措与启示》，《学术前沿》，2015 年第 11 期，第 27—39 页；以及［美］威廉姆·邦维利安、［美］彼得·辛格：《先进制造：美国的新创新政策》。

第五章　跨国公司能否回流美国

1 陈宝森：《美国经济与政府政策——从罗斯福到里根》，第 296—298 页。

2 复旦大学资本主义国家经济研究所编：《美国垄断财团》，上海：上海人民出版社，1975 年，第 2 页。

3 ［美］罗伯特·吉尔平：《跨国公司与美国霸权》，第 68—69 页。

4 陈宝森：《美国经济与政府政策——从罗斯福到里根》，第 718—721 页。

5 Arthur Herman: "America Needs an Industrial Policy", *American Affairs*, Winter 2019, p.14.

6 ［美］路易吉·津加莱斯：《繁荣的真谛》，余江译，北京：中信出版社，2015 年，第 49 页。

7 ［美］艾伦·格林斯潘：《动荡的世界》，余江译，北京：中信出版社，2014 年，第 216 页。

8 Sami J. Karam: "Capitalism Did Not Win the Cold War: Why Cronyism Was the Real Victor", July 19, 2017, https://www.foreignaffairs.com/

articles/world/2017-07-19/capitalism-did-not-win-cold-war.

9 ［美］路易吉 · 津加莱斯：《繁荣的真谛》，第 96—97 页。

10 同上，第 50 页。

11 ［美］罗伯特 · 吉尔平：《跨国公司与美国霸权》，第 148 页。

12 陈宝森：《美国经济与政府政策——从罗斯福到里根》，第 721 页。

13 Charles Duhigg and David Kocieniewski: "How Apple Sidesteps Billions in Taxes" , *The New York Times*, April 28, 2012, https://www.nytimes.com/2012/04/29/business/apples-tax-strategy-aims-at-low-tax-states-and-nations.html.

14《英报报道苹果在英避税高达 5.7 亿英镑》，《参考消息》，2012 年 10 月 16 日，第 4 版。

15《为逃避国内高额企业税 50 家美企海外藏钱 1.6 万亿美元》，《参考消息》，2017 年 4 月 14 日，第 4 版。

16 陈宝森：《美国经济与政府政策——从罗斯福到里根》，第 721—722 页。

17 Alex Capri: "2017 Is Going To Be A Disruptive Year For U.S. Multinational Firms -- Thanks To Trump", *Forbes*, Dec. 22. 2016, https://www.forbes.com/sites/alexcapri/2016/12/22/2017-is-going-to-be-a-disruptive-year-for-u-s-multinational-firms-thanks-to-trump/#16c1451f4e9f.

18 ［美］拉娜 · 弗洛哈尔：《制造者与索取者：金融的崛起与美国实体经济的衰落》，尹芳芊译，北京：新华出版社，2017 年，第 129 页。

19 Marco Rubio: *American Investment in the 21st Century: Project for Strong Labor Markets and National Development*, May 15, 2019, https://www.rubio.senate.gov/public/index.cfm?p=Press-Releases&id=FB4F11DB-F614-48EB-AAFA-3FC73A261D3D.

20 Joseph E. Stiglitz: "Is Stakeholder Capitalism Really Back?", Aug. 27, 2019, https://www.project-syndicate.org/commentary/how-sincere-is-business-roundtable-embrace-of-stakeholder-capitalism-by-joseph-e-stiglitz-2019-08?barrier=accesspaylog.

21 ［美］罗伯特·吉尔平：《跨国公司与美国霸权》，第 130 页。

22 同上，第 116 页。

23 陈琦：《跨国公司竞争优势最大化：国际产业转移的一种新解释》，江西财经大学博士学位论文，2010 年，第 67—68 页。

24 ［美］罗伯特·吉尔平：《跨国公司与美国霸权》，第 13 页，第 38 页。

25 同上，第 4 页。

26 同上，第 69 页。

第六章　保护主义能否重振美国

1 ［美］罗伯特·吉尔平：《国际关系政治经济学》（第 2 版），杨宇光等译，上海：上海人民出版社，2011 年，第 161—162 页。

2 严荣：《国外经济民族主义研究述评》，《国外理论动态》，2009 年第 1 期，第 48 页。

3 ［美］罗伯特·吉尔平：《国际关系政治经济学》（第 2 版），第 176 页。

4 同上，第 171 页。

5 张少华：《汉密尔顿“工商立国”与杰斐逊“农业立国”之争》，《历史研究》，1994 年第 6 期，第 126—141 页。

6 伍山林：《汉密尔顿经济战略思想与美国经济政策的历史逻辑起点》，《求索》，2019 年第 1 期，第 84 页。

7 ［美］罗伯特·吉尔平：《国际关系政治经济学》（第 2 版），第 168 页。

8 同上，第 177 页。

9 严荣：《国外经济民族主义研究述评》，第 47 页。

10 美国学者迈克尔·赫德森认为，二战以后，美国为维护和强化国际体系主导权，转而推行自由贸易，刻意删除了美国奉行保护主义的这段历史，保护主义、美国学派与美国经济崛起之间的历史联系因而成为经济学与历史研究的“黑洞”。可参见［美］迈克尔·赫德森：《保护主义：美国经济崛起的秘诀（1815—1914）》，贾根良等译，北京：中国人民大学出版社，

2010 年；以及贾根良：《美国学派：推进美国经济崛起的国民经济学说》，《中国社会科学》，2011 年第 4 期，第 111—125 页。

11 倪峰、侯海丽：《美国高关税及贸易保护主义的历史基因》，《世界社会主义研究》，2019 年第 1 期，第 48—50 页；姜达洋：《美国贸易保护主义的历史渊源》，《西部论坛》，2012 年第 2 期，第 83—86 页；王晓德：《美国早期历史上的经济民族主义及其影响》，《南开学报》（哲学社会科学版），2006 年第 1 期，第 18—26 页。

12 邓峰：《论美国关税法的演变》，《东北亚论坛》，2005 年第 1 期，第 74 页。

13 谈谭：《美国 1934 年〈互惠贸易协定法〉及其影响》，《历史教学》，2010 年第 10 期，第 66 页。

14 孙玉琴：《大萧条时期美国贸易政策与中美贸易》，《美国研究》，2012 年第 1 期，第 114—115 页。

15 谈谭：《美国 1934 年〈互惠贸易协定法〉及其影响》，第 69 页。

16 徐泉：《美国外贸政策决策机制的变革——美国〈1934 年互惠贸易协定法〉述评》，《法学家》，2008 年第 1 期，第 159—160 页。

17 张龙：《世界贸易体制的历史反思——从关贸总协定到世界贸易组织》，《太平洋学报》，2001 年第 4 期，第 76 页。

18［美］罗伯特·吉尔平：《国际关系政治经济学》（第 2 版），第 211 页。

19 胡加祥：《美国贸易保护主义国内法源流评析——兼评 232 条款和 301 条款》，《经贸法律评论》，2019 年第 1 期，第 8 页。

20 所谓“快车道”授权，是指国会授权行政部门与外国政府进行贸易谈判，并承诺在不修改贸易协定的前提下，国会将在行政部门提交贸易协定的 90 天内就该协定进行整体投票，要么通过，要么否决。

21 张继民：《战后美国对外贸易政策的演变》，《特区经济》，2007 年第 5 期，第 16 页。

22 仲鑫、金靖宸：《中国入世后美国贸易保护政策的演变及对策》，《国际贸易》，2019 年第 2 期，第 25—26 页。

23 Robert E. Lighthizer：“The Era of Offshoring U.S. Jobs Is Over”, *The*

New York Times, May 11, 2020, https://www.nytimes.com/2020/05/11/opinion/coronavirus-jobs-offshoring.html.

第七章　分权因何成为制度缺陷

1 李秀红:《美国总统制确立的理论渊源及制度基础》,《学术界》, 2015 年第 7 期，第 224 页。

2 同上，第 225 页。

3 罗荣渠:《美洲史论》, 北京：中国社会科学出版社，1997 年，第 36 页。

4 Samuel E. Morison, Henry S. Commager and William E. Leuchtenburg: *The Growth of the American Republic*, Volume one, Sixth Edition, New York: Oxford University, 1969, pp.251-252.

5 张业亮:《奥巴马执政以来的美国联邦权和州权冲突》,《美国研究》, 2015 年第 5 期，第 49 页。

6 罗荣渠:《美洲史论》, 第 37 页。

7 这一原则是 1803 年由美国最高法院第四任首席大法官约翰 · 马歇尔在裁决马伯里诉麦迪逊案时确立的。

8 罗荣渠:《美洲史论》, 第 36 页。

9 当然，并非所有国家都天然形成两党制的政治版图，还存在一党执政、多党并存等不同状况。一个国家最终形成怎样的政党制度，取决于多种因素。关于美国为何长期维持两党制，还有“选区制度决定论”“文化传统决定论”“社会共识论”“宗教容忍论”“政党忠诚论”等多种解释。可参见:宋秋娥、张兹暑:《中外学者论美国两党制何以长期存在》,《高校社科信息》, 1999 年第 1—2 期，第 7—10 页。

10 曹绍濂:《美国政治制度史》, 兰州：甘肃人民出版社，1982 年，第 44 页。我国的美国史研究前辈刘绪贻先生在为此书所做的前言中，将其称作“我国第一本比较系统地研究美国政治制度史的著作”。

11 同上，第 46 页。

12 英文书名为 *Congressional Government: A Study in American Politics*，中译本见［美］伍德罗·威尔逊：《国会政体：美国政治研究》，黄泽萱译，南京：译林出版社，2019 年。

13［美］伊多·奥伦：《美国和美国的敌人：美国的对手和美国政治学的形成》，唐小松、王义桅译，上海：上海人民出版社，2004 年，第 49—52 页。

14 王希：《威尔逊与美国政府体制研究——〈国会政体〉的写作与意义》,《美国研究》，2019 年第 4 期，第 144—146 页。

15 同上，第 143 页。

16 余志森：《美国通史第 4 卷：崛起和扩张的年代（1898—1929）》，北京：人民出版社，2002 年，第 558—559 页。

17 同上，第 564 页。

18 王名扬：《美国行政法》，北京：中国法制出版社，1995 年，第 199 页。

19 石庆环：《20 世纪美国文官制度发展对政治权力结构的影响》,《史学理论研究》，2018 年第 2 期，第 14 页。

20 刘绪贻、李存训：《美国通史第 5 卷：富兰克林·D. 罗斯福时代（1929—1945）》，北京：人民出版社，2002 年，第 448—451 页。

21 同上，第 454—455 页。

22 同上，第 456—457 页。

23 张定河：《美国政治制度的起源与演变》，北京：中国社会科学出版社，1998 年，第 351—352 页。

24 刘绪贻主编：《美国通史第 6 卷：战后美国史（1945—2000）》，北京：人民出版社，2002 年，第 368 页。

25 谭融、于家琦：《美国联邦制的发展沿革》,《天津师范大学学报》（社会科学版），2002 年第 6 期，第 16—17 页。

26 以首席大法官的名字命名其任职时期的联邦最高法院，是美国法院研究中的常用方法。1986 年 6 月，美国总统里根提名当时作为美国联邦最高法院在任大法官的威廉·伦奎斯特为首席大法官。三个月后，提名在参议院通过，伦奎斯特成为美国联邦最高法院第十六任首席大法官。1991 年，克拉伦斯·托马斯大法官进入最高法院，伦奎斯特能够比较容易地获得保守的5票多数，从而形成以保守著称、在推动“新联邦主义”方面比较积极的伦奎斯特法院。参见胡晓进:《美国伦奎斯特法院保守性初探》,《南京大学学报》，2004年第3期，第30页。

27 张业亮:《奥巴马执政以来的美国联邦权与州权冲突》,《美国研究》，2015年第5期，第52—53页。

28 爱德华·卢斯:《美国两党制已名存实亡》,《金融时报》中文网，2017年9月21日，http://www.ftchinese.com/story/001074396?adchannelID=&full=y&archive。

29 付随鑫:《美国的“深层国家”及其与特朗普的矛盾》,《当代世界》，2017年第5期，第30—33页。

30 曹绍濂:《美国政治制度史》，第61页。

第八章　到底是谁在统治美国

1 在美国殖民地时期的政治文献中，“纯粹的民主”“单一的民主”“单纯的民主”“完全的民主”“过度的民主”是反复出现的概念，且基本上被看成有害的东西。参见李剑鸣:《美国革命时期民主概念的演变》,《历史研究》，2007年第1期，第130—157页。

2 有关美国精英主义的研究，可参见［美］托马斯·戴伊、哈蒙·齐格勒、路易斯·舒伯特:《民主的反讽：美国精英政治是如何运作的》，林朝晖译，北京：新华出版社，2015年。

3 李剑鸣:《美国革命时期民主概念的演变》，第130—157页。

4 罗荣渠:《美洲史论》，第33页。

5 同上，第41—42页。

6 ［美］赫伯特·J. 斯托林:《反联邦党人赞成什么——宪法反对者的政治思想》，汪庆华译，北京：北京大学出版社，2006年，第89页。

7 ［美］查尔斯·A·比尔德:《美国宪法的经济观》，何希齐译，北京：商务印书馆，2018年。

8 张兹暑：《美国政党分肥制述略》，《高校社科信息》，2002年第1期，第9页。

9 同上，第9—10页。

10 张宇燕、富景筠：《美国历史上的腐败与反腐败》，《国际经济评论》，2005年第3期，第6—7页。

11 同上，第7—8页。

12 同上；张亚红、王秋石：《美国两次镀金时代及其后的治理转型》，《浙江大学学报》（人文社会科学版），2012年第2期，第37页。

13 ［美］加里·纳什等编著：《美国人民：创建一个国家和一个社会（下卷）》（第6版），刘德斌主译，北京：北京大学出版社，2008年，第614页。

14 同上，第615页。

15 同上，第614页。

16 国内有关美国垄断财团的研究，可参见复旦大学资本主义国家经济研究所编：《美国垄断财团》，上海：上海人民出版社，1977年；龚维敬、甘当善：《美国垄断财团》，上海：上海人民出版社，1987年；南开大学政治经济学系、经济研究所编著：《垄断·财团·大公司》，北京：人民出版社，1974年。本书在此处关于美国垄断财团的论述，主要是参考了上述这些前辈的研究成果。

17 有关“公司共同体”，可参见［美］威廉·多姆霍夫：《谁统治美国？：公司富豪的胜利》（第7版），杨晓婧译，北京：外语教学与研究出版社，2017年。

18 徐彤武：《“外围团体”对2012年美国大选的影响》，《美国研究》，2012年第3期，第33页。

19 巴克利当时是来自纽约州的保守党参议员（1971—1977），是国会中很少的第三党议员，是诉讼的主要发起者之一；瓦莱奥当时是代表美国联邦政府的联邦选举委员会委员。

20 倪春纳：《“金主政治”是如何形成的——美国竞选资金改革的历史》，《马克思主义研究》，2016 年第 10 期，第 130 页。

21 徐彤武：《“外围团体”对 2012 年美国大选的影响》，第 35 页。

22 除正文中提到的两个重要判决外，还有其他一些对美国选举政治产生重大影响的司法判决。例如 2008 年在“戴维斯诉联邦选举委员会案”中，最高法院推翻 2002 年《两党竞选改革法》中的“百万富翁修正条款”——这一条款原本规定，应提高利用公共资金竞选的候选人与自我筹资的候选人展开竞争时所能接受的捐款上限。

23 该书中文版由新星出版社于 2018 年 4 月出版，译名为《金钱暗流：美国激进右翼崛起背后的隐秘富豪》。

24 Sabrina Tavernise: “Will the Coronavirus Kill What’s Left of Americans’ Faith in Washington?”, *The New York Times*, May 23, 2020, https://www.nytimes.com/2020/05/23/us/coronavirus-government-trust.html.

25 George Packer: “We Are Living in a Failed State: The coronavirus didn’t break America. It revealed what was already broken”, *The Atlantic*, June 2020 Issue, https://www.theatlantic.com/magazine/archive/2020/06/underlying-conditions/610261/.

第九章　美国社会将变得更加不稳定

1 关于白人至上主义的历史演进和当代表现，可参见李庆四、翟迈云：《特朗普时代美国“白人至上主义”的泛起》，《美国研究》，2019 年第 5 期，第 103—120 页。

2 杨生茂：《美国南北战争资料选辑》，上海：上海人民出版社，1978 年，第 162 页。

3 这是美国联邦最高法院 1896 年做出的裁决。

4 英文书名为 *The Warmth of Other Suns*，中文版见［美］伊莎贝尔·威尔克森：《他乡暖阳：美国大迁徙史》，周旭译，北京：文化发展出版社，2018 年。

5 可参见胡锦山:《美国白人种族主义与“逆向歧视”》,《世界民族》,2008年第3期,第11—22页。

6 何晓跃:《美国少数族裔人口变化特征及其影响》,《现代国际关系》,2014年第9期,第34—35页。

7 可参见梅祖蓉:《美国种族主义“正当性”的来源与建立》,《世界民族》,2015年第4期,第1—11页;王业昭:《人种同源还是人种多元?——论美国种族主义思想的“科学化”进程》,《世界民族》,2018年第6期,第21—28页。

8 [美]伊莎贝尔·威尔克森:《他乡暖阳:美国大迁徙史》,第9页。

9 姬虹:《美国居住区种族隔离现状、特点和形成机制研究——兼对近期美国种族隔离政策的评析》,《世界民族》,2019年第4期,第9页。

10 孙群郎:《美国金融机构的种族歧视和种族隔离》,《世界民族》,2016年第5期,第27—36页。

11 [美]理查德·罗斯坦:《法律的颜色:一段被遗忘的美国政府种族隔离史》,王志欣译,上海:上海社会科学院出版社,2019年。

12 陈迹:《当代美国政治的“种族化”现象探析》,《美国研究》,2019年第4期,第46页。

13 朱世达:《关于美国中产阶级的演变与思考》,《美国研究》,1994年第4期,第44—45页。

14 [美]迈凯耳·哈林顿:《另一个美国(美国的贫困)》,卜君、金如等译,北京:世界知识出版社,1963年,第19页。

15 王永红:《美国贫困问题与扶贫机制》,上海:上海人民出版社,2011年,第40—41页。

16 同上,第43页。

17 [美]霍华德·丘达柯夫等:《美国城市社会的演变》(第7版),熊茜超等译,上海:上海社会科学院出版社,2016年,第299—300页。

18 [美]厄尔·怀松等:《新阶级社会:美国梦的终结?》(第四版),张海东等译,北京:社会科学文献出版社,2019年,第112页。

19 [美] 艾米 · 戈德斯坦:《简斯维尔: 一个美国故事》;[美] J. D. 万斯:《乡下人的悲歌》, 刘晓同、庄逸抒译, 南京: 江苏凤凰文艺出版社, 2017 年;[美] 马修 · 德斯蒙德:《扫地出门: 美国城市的贫穷与暴力》, 胡䜣谆、郑焕升译, 桂林: 广西师范大学出版社, 2018 年;[美] 罗伯特 · D. 帕特南:《我们的孩子: 危机中的美国梦》田雷、宋昕译, 北京: 中国政法大学出版社, 2017 年。

20 孙寿涛:《中产阶级理论的破产与"美国梦"的破裂》,《毛泽东邓小平理论研究》, 2013 年第 9 期, 第 70—75 页。

21 上一节论述的是非洲裔美国人作为一个整体的社会地位, 有关非洲裔美国人群体的内部分化, 可参见嵩琨:《试论后民权时代美国黑人的阶层分化和族裔特征》,《国际论坛》, 2011 年第 4 期, 第 67—72 页。

22 爱德华 · 卢斯:《书评: 特朗普与美国民主的命运》, 英国《金融时报》中文网, 2018 年 1 月 9 日, http://www.ftchinese.com/story/001076001?adchannelID=&full=y&archive。

23 爱德华 · 卢斯:《美国新阶级战争》, 英国《金融时报》中文网, 2016 年 4 月 7 日, http://www.ftchinese.com/story/001066962?adchannelID=&full=y&archive。

第三篇　新一轮世界危机与美国的前途命运

第十章　世界危机到底因何而来

1 王中保、程恩富:《马克思主义经济危机理论体系的构成与发展》,《经济纵横》, 2018 年第 3 期, 第 1 页。

2 马克思主义的不同流派在分析危机成因时的切入角度并不相同。在认同资本主义私有制是危机形成最根本原因的基础上, 不同的学者还分别从生产的计划性、再生产的比例失调、消费能力不足、利润率下降、固定资本更新等多个角度进行阐释。在笔者看来, 这些角度之间并不矛盾, 完全可以汇成一个有机的理论整体。本书在此处试着从资本积累的角度切入，并把其他理论流派的解释也融进来。

3 可参见江华：《沃勒斯坦的资本积累论评析》，《教学与研究》，2005 年第 4 期，第 74—79 页；［埃及］萨米尔·阿明：《世界规模的积累——欠发达理论批判》，杨明柱等译，北京：社会科学文献出版社，2017 年。

4 ［韩］丁声振：《马克思的危机理论：作为一种世界市场危机理论》，《马克思主义与现实》，2013 年第 2 期，第 44—45 页。

5 ［意］杰奥瓦尼·阿瑞基：《漫长的 20 世纪——金钱、权力与我们社会的根源》，姚乃强等译，南京：江苏人民出版社，2001 年；或参见王荣欣：《阿瑞吉的经济社会学研究：金融化与资本积累的系统周期——兼评〈漫长的 20 世纪〉》，《社会发展研究》，2019 年第 2 期，第 210—220 页。

6 ［意］杰奥瓦尼·阿瑞基：《漫长的 20 世纪——金钱、权力与我们社会的根源》，第 257 页。

7 刑天才等：《从金融危机到经济危机——基于"金融加速器"理论的视角》，《国际金融研究》，2011 年第 11 期，第 21—29 页。

第十一章 世界危机与主导国的兴衰

1 张健：《近代西欧历史上的泡沫事件及其经济影响》，《世界经济与政治论坛》，2010 年第 4 期，第 104 页。

2 ［美］查尔斯·金德尔伯格：《西欧金融史》（第二版），徐子健等译，北京：中国金融出版社，2010 年，第 228—229 页。

3 ［美］查尔斯·P. 金德尔伯格、［美］罗伯特·Z. 阿利伯：《疯狂、惊恐和崩溃——金融危机史》（第七版），北京：中国金融出版社，2017 年，第 140 页。

4 ［意］杰奥瓦尼·阿瑞基：《漫长的 20 世纪——金钱、权力与我们社会的根源》，第 207 页。

5 张健：《近代西欧历史上的泡沫事件及其经济影响》，第 106 页。

6 ［美］查尔斯·P. 金德尔伯格、［美］罗伯特·Z. 阿利伯：《疯狂、惊恐和崩溃——金融危机史》（第七版），第 195 页。

7 ［意］杰奥瓦尼·阿瑞基：《漫长的 20 世纪——金钱、权力与我们社会的根源》，第 191 页。

8 同上，第 190 页。

9 ［苏］门德尔逊：《经济危机和周期的理论与历史》（第一卷上册），北京：生活·读书·新知三联书店，1975 年，第 362 页。

10 同上，第 400 页。

11 同上，第 375 页。

12 同上，第 405 页。

13 ［苏］门德尔逊：《经济危机和周期的理论与历史》（第一卷下册），北京：生活·读书·新知三联书店，1975 年，第 665—670 页。

14 同上，第 679 页。

15 ［苏］门德尔逊：《经济危机和周期的理论与历史》（第二卷上册），北京：生活·读书·新知三联书店，1976 年，第 161—162 页。

16 同上，第 161—162，第 215 页；［意］杰奥瓦尼·阿瑞基：《漫长的 20 世纪——金钱、权力与我们社会的根源》，第 196 页。

17 ［意］杰奥瓦尼·阿瑞基：《漫长的 20 世纪——金钱、权力与我们社会的根源》，第 198 页。

18 ［苏］门德尔逊：《经济危机和周期的理论与历史》（第二卷上册），第 15 页。

19 ［意］杰奥瓦尼·阿瑞基：《漫长的 20 世纪——金钱、权力与我们社会的根源》，第 199 页。

20 同上，第 205—207 页。

21 ［苏］门德尔逊：《经济危机和周期的理论与历史》（第二卷上册），第 234 页。

22 同上，第 237 页。

23 ［意］杰奥瓦尼·阿瑞基：《漫长的 20 世纪——金钱、权力与我们社会的根源》，第 208 页。

24 罗志如、厉以宁：《二十世纪的英国经济——“英国病”研究》，第 24—25 页。

25 [美] 查尔斯·P·金德尔伯格：《1929—1939 年世界经济萧条》，宋承先、洪文达译，上海：上海译文出版社，1988 年，第 348 页。

26 罗志如、厉以宁：《二十世纪的英国经济——“英国病”研究》，第 32 页。

27 同上，第 43 页。

28 同上，第 39 页。

29 阎照祥：《英国政治制度史》，第 403 页。

30 罗志如、厉以宁：《二十世纪的英国经济——“英国病”研究》，第 30 页。

第十二章 “美国周期”的形成与发展

1 张友伦主编：《美国通史第 2 卷：美国的独立和初步繁荣（1775—1860）》，北京：人民出版社，2002 年，第 269—274 页。

2 丁则民主编：《美国通史第 3 卷：美国内战与镀金时代（1861—19 世纪末）》，北京：人民出版社，2002 年，第 81—83 页。

3 陈宝森：《美国经济与政府政策——从罗斯福到里根》，第 297 页。

4 罗荣渠：《美洲史论》，第 76 页。

5 刘晓君：《福特制（Fordism）的百年》，《自然辩证法研究》，2001 年第 3 期，第 62—63 页。

6 谢富胜、黄蕾：《福特主义、新福特主义和后福特主义——兼论当代发达资本主义国家生产方式的演变》，《教学与研究》，2005 年第 8 期，第 37 页。

7 唐思文主编：《现代资本主义经济研究与借鉴》，北京：中国金融出版社，1994 年，第 52—53 页。

8 同上，第 59—60 页。

9 [意] 杰奥瓦尼·阿瑞基：《漫长的 20 世纪——金钱、权力与我们社会的根源》，第 257 页。

10 李连波：《利润率动态、新自由主义与美元霸权——美国金融化资本积累模式形成机制分析》，《经济问题探索》，2016 年第 3 期，第 175 页；白钦先、薛誉华：《经济金融化、金融全球化和金融自由化的演进——美国银行业百年并购的回顾与启示》，《国际金融》，2001 年第 5 期，第 60 页。

11 ［美］艾伦·格林斯潘、［美］阿德里安·伍尔德里奇：《繁荣与衰退》，第 316—320 页。

12 王铁军：《时空修复、积累模式与欧洲主权债务危机》，《国际经贸探索》，2015 年第 4 期，第 34—35 页。

13 ［日］渡边雅男、高晨曦：《试论日本经济的金融化》，《政治经济学评论》，2017 年第 6 期，第 66—87 页。

14 ［美］威廉·K. 泰伯：《当代资本主义经济金融化与金融犯罪》，王燕译，《国外理论动态》，2016 年第 7 期，第 70—71 页。

15 吴茜：《新自由主义资本积累方式与金融垄断帝国主义》，《国外社会科学》，2016 年第 5 期，第 22 页。

16 谢富胜、匡晓璐：《金融部门的利润来源探究》，《马克思主义研究》，2019 年第 6 期，第 69 页。

17 苏格：《美国“参与和扩展”国家安全战略的定位》，《外交学院学报》，1997 年第 4 期，第 26 页。

18 张彤玉等：《当代资本主义经济的新特征》，北京：经济科学出版社，2013 年，第 97 页。

19 同上，第 99—100 页。

20 ［美］罗伯特·布伦纳：《全球生产能力过剩与 1973 年以来的美国经济史（上）》，孙宗伟、许建康摘译，《国外理论动态》，2006 年第 2 期，第 18—19 页。

21 ［美］查尔斯·P. 金德尔伯格、［美］罗伯特·Z. 阿利伯：《疯狂、惊恐和崩溃——金融危机史》（第七版），第 351 页。

22 同上，第 9 页。

第十三章　正在到来的新一轮世界危机

1　关于美国政府的调查报告，可参见美国金融危机调查委员会:《美国金融危机调查报告》，俞利军等译，北京：中信出版社，2012 年。

2　陈晓亮等:《美国房地产泡沫、世界经济不平衡与金融危机——兼驳金融危机根源外部论》,《国际金融研究》，2011 年第 2 期，第 64 页；惠宁、何磊:《当前金融危机的根源：基于马克思危机理论的分析》,《学术月刊》，2009 年第 6 期，第 77—79 页；梁亚滨:《霸权的代价——从美国霸权衰落分析美国金融危机的起因》,《太平洋学报》，2010 年第 5 期，第 31—34 页。

3　张军等:《美国金融监管改革能够成功吗——基于利益集团视角的分析》,《财经科学》，2012 年第 1 期，第 27 页。

4　朴英爱、田彪:《〈多德 – 弗兰克法案〉与特朗普政府金融监管改革》,《亚太经济》，2017 年第 5 期，第 86 页。

5　王欢星:《美国〈多德 – 弗兰克法案〉及其修订对金融稳定有效性研究》,《金融理论与实践》，2018 年第 10 期，第 114—118 页。

6　李宏谨:《全球金融危机十年：经验、教训与启示》,《金融评论》，2018 年第 5 期，第 39 页。

7　张晨、冯志轩:《再工业化，还是再金融化？——危机后美国经济复苏的实质与前景》,《政治经济学评论》，2016 年第 6 期，第 171—189 页；许平祥、周鑫:《再工业化，还是再金融化——基于美国经济“二元化”的视角》,《宏观经济管理》，2018 年第 6 期，第 84—92 页。

8　段彦飞:《美国债务经济的国际循环》,《美国研究》，2008 年第 4 期，第 53—64 页。

9　James McBride, Andrew Chatzky, and Anshu Siripurapu: “The National Debt Dilemma”, April 30, 2020, https://www.cfr.org/backgrounder/national-debt-dilemma.

10　朱颖、王玮:《解析美国国债上限的历史演变》,《金融教学与研究》,

2011 年第 4 期，第 23—24 页。

11 戴维斯：《管理新冠债务是未来 10 年的关键任务》，英国《金融时报》中文网，2020 年 6 月 22 日，www.ftchinese.com/premium/001088234?exclusive。

12 李雪莲、魏民：《美国国债危机与解决前景》，《国际问题研究》，2011 年第 5 期，第 118 页。

13 黄奇帆：《美国政府债务的演变格局和风险含义——金融危机十周年反思》，《探索与争鸣》，2018 年第 11 期，第 6 页。

14 倪峰：《失衡与分裂——特朗普治下的美国政治》，《世界社会主义研究》，2018 年第 4 期，第 62 页。

15 中国现代国际关系研究院：《国际战略与安全形势评估：2019—2020》，北京：时事出版社，2020 年，第 49 页。

16 2020 年年初美国公共广播电视公司制作了一部名为《美国的大分裂：从奥巴马到特朗普》的纪录片，很好地讲述了美国政治与社会的高度撕裂，建议观看。

17 唐慧云：《种族主义与美国政治极化研究》，《世界民族》，2019 年第 2 期，第 20 页。

18 在此方面，中国学者王湘穗在多年前就做过很好的分析，参见王湘穗：《美式全球化的终结与世界体系的未来》，《政治经济学评论》，2014 年第 3 期，第 16—36 页。

19 刘迎秋：《国际金融危机与新自由主义的理论反思》，《经济研究》，2009 年第 11 期，第 15—17 页。